Frauen in der Kommunalpolitik
Einflußfaktoren auf die politische Partizipation von Frauen
in kommunalen Räten - Eine Regionalstudie

Europäische Hochschulschriften
Publications Universitaires Européennes
European University Studies

Reihe XXXI
Politikwissenschaft

Série XXXI Series XXXI
Sciences politiques
Political Science

Bd./Vol. 161

PETER LANG
Frankfurt am Main · Bern · New York · Paris

Marianne Horstkötter

Frauen in der Kommunalpolitik

Einflußfaktoren auf die politische Partizipation von Frauen in kommunalen Räten - Eine Regionalstudie

PETER LANG
Frankfurt am Main · Bern · New York · Paris

CIP-Titelaufnahme der Deutschen Bibliothek

Horstkötter, Marianne:

Frauen in der Kommunalpolitik : Einflußfaktoren auf die politische Partizipation von Frauen in kommunalen Räten ; eine Regionalstudie / Marianne Horstkötter. - Frankfurt am Main ; Bern ; New York ; Paris : Lang, 1990
(Europäische Hochschulschriften : Reihe 31, Politikwissenschaft ; Bd. 161)
Zugl.: Braunschweig, Techn. Univ. Diss., 1989
ISBN 3-631-42996-7

NE: Europäische Hochschulschriften / 31

Diese Schrift wurde vom Erziehungswissenschaftlichen Fachbereich der Technischen Universität Braunschweig im Oktober 1989 als Dissertation genehmigt.

D 84
ISSN 0721-3654
ISBN 3-631-42996-7

Printed in Germany 1 2 3 5 6 7

V O R W O R T

Frauen wollen nicht, Frauen können nicht, Frauen sollen nicht, Frauen sind nicht dazu geboren! Oder: Was bewegt Frauen dazu, ein kommunales Ratsmandat anzustreben oder aber, was hält sie davon ab? Unter dieser populär formulierten Fragestellung sollte versucht werden, innerhalb einer Regionalstudie durch empirische Daten Antwort zu finden. Dabei ist davon ausgegangen worden, daß Kommunalpolitik für Frauen aufgrund des weiblichen Lebenszusammenhanges besonders wichtig ist. Die Datenerhebungen erstreckten sich auf den Zeitraum August bis November 1986.

Die hier vorgelegte Studie erhebt aufgrund der geringen Basisrate nicht den Anspruch auf Repräsentativität, kann aber durch die unmittelbaren Aussagen der betroffenen Frauen Handlungsperspektiven aufzeigen und Anregungen für breiter angelegte Untersuchungen geben.

Mein besonderer Dank gilt Herrn Professor Dr. Erhard Forndran, der als Doktorvater mit seinem enormen Fachwissen, seinem großen Einfühlungsvermögen und dem sicherlich notwendigen sanften Druck wesentlich dazu beigetragen hat, daß die Arbeit von mir auch in schwierigen Phasen weitergeführt wurde. Ebenso ist den Kollegen des Doktoranden-Kolloqiums zu danken für ihre kreative und motivierende Kritik, die mich veranlaßte, die Problemstellungen nicht einseitig zu beurteilen. Besonderer Dank ist zu sagen an Frau Helga Brüdgam und Herrn Siegfried Brüdgam, die mir bei der technischen Datenanalyse sehr geholfen haben.

Ohne die Frauen, die sich für die Datenerhebungen zur Verfügung gestellt haben, wäre die Studie erfolglos geblieben. Ihnen gilt mein ganz herzliches "Dankeschön" in dem Bewußtsein, daß die Gespräche neben den wissenschaftlichen Ergebnissen auch persönliche Bindungen ergeben oder gefestigt haben.

Braunschweig, im Oktober 1988

INHALTSVERZEICHNIS SEITE

I.	EINLEITUNG	13
1.	Problemdarstellung	14
1.1	Erörterung unterschiedlicher Ansätze zur politischen Partizipation von Frauen	18
1.2	Forschungsergebnisse zur politischen Partizipation von Frauen	21
1.2.1	Parteipolitische Organisationsstrukturen	22
1.2.2	Mehrfachbelastung der Frauen	24
1.2.3	Desinteresse der Frauen an Politik	25
1.2.4	Berufliche Situation der Frauen	26
1.2.5	Organisationsgrad und Funktion von Hausmacht	27
1.2.6	Zusammenfassung	28
2.	Die Funktion der Kommunalpolitik im politischen System der Bundesrepublik und in der Theorie der Politik	30
2.1	Die Kommunalpolitik im politischen System der Bundesrepublik	31
2.2	Rekrutierung der Mandatsträger/innen auf kommunaler Ebene	37
2.3	Kommunalpolitik als bevorzugtes Aufgabengebiet für Frauen?	40
2.4	Forderungen der Parteien hinsichtlich der politischen Partizipation von Frauen	41
2.4.1	Beschlußlage der Parteien	42
2.4.1.1	Programmatische Aussagen der SPD	45
2.4.1.2	Programmatische Aussagen der CDU	46
2.4.1.3	Programmatische Aussagen der FDP	47
2.4.1.4	Programmatische Aussagen der "Grünen"	48
2.4.2	Frauenvereinigungen in der Funktion "Hausmacht"	48

2.4.2.1	Aufgaben und Ziele der ASF	49
2.4.2.2	Aufgaben und Ziele der Frauenvereinigungen der CDU	50
2.4.2.3	Wirkungen der Frauenvereinigungen	50
3.	Grundlegende Fragestellungen und Auswahl der Probanden	51
4.	Aufbau der Arbeit und Methodenwahl	52
II.	**DARSTELLUNG DES UNTERSUCHUNGSGEGENSTANDES**	53
1.	Theoretischer Bezugsrahmen	53
2.	Auswahl der dominanten Einflußfaktoren	53
3.	Darstellung des untersuchten Variablenraumes	55
3.1	Abhängige Variablen	56
3.2	Unabhängige Variablen	56
4.	Beschreibung des regionalen Erhebungsraumes	58
4.1	Anteil der Frauen in den ausgewählten kommunalen Räten	60
4.2	Strukturdaten der Kommunen des Untersuchungsraumes	61
III.	**DARSTELLUNG UND DISKUSSION DER METHODEN UND INSTRUMENTE**	65
1.	Stand der wissenschaftlichen Diskussion: Qualitative Analyse versus quantitative Analyse	65
2.	Interviewtechnik	68
2.1	Elemente des problemzentrierten Interviews	68
2.2	Methodische Vorannahmen in bezug auf die Interviewten	70
2.3	Situation der Interviewerin	71
2.4	Interview-Leitfaden	72

3. Ablaufmodell der qualitativen Inhaltsanalyse der Interviews 74

3.1 Analyseansatz 75

3.2 Transkription der Interviews 76

3.3 Festlegung der zu analysierenden Problemfelder 76

3.4 Festlegung der Fragestellungen 77

3.5 Festlegung der Analyseeinheiten und Beschreibung der Reduktionsschritte 78

4. Darstellung des Fragebogens 79

4.1 Entwicklung des Fragebogens 79

4.2 Aufbau des Fragebogens 80

IV. DURCHFÜHRUNG UND VERLAUF DER UNTERSUCHUNG 95

1. Auswertung der Vorerhebung 95

2. Zeitlicher Rahmen der Erhebungsphase 96

3. Gesprächsbereitschaft der Probanden 97

V. AUSWERTUNG DER INTERVIEWS 99

1. Sozialisation Elternhaus/Schule 100

1.1 Zusammenfassung 111

2. Anlaß für kommunalpolitische Tätigkeit 112

2.1 Zusammenfassung 118

3. Mehr Frauen in politische Mandate 120

3.1 Zusammenfassung 133

4. Erlebte Erfolge/Mißerfolge 138

4.1 Zusammenfassung 149

5. Interesse der Frauen an Politik 151

5.1 Zusammenfassung 155

6.	Verhalten von Familie und Freundeskreis	157
6.1	Zusammenfassung	166
7.	Unterstützung durch Partei- und/oder Fraktionsmitglieder	170
7.1	Zusammenfassung	176
8.	Soziale Kontrolle	177
8.1	Zusammenfassung	182
9.	Erlebte Diskriminierung	184
9.1	Zusammenfassung	190
10.	Stellenwert der Kommunalpolitik	193
10.1	Zusammenfassung	201
11.	Unterstützung durch Vereine, Verbände u. ä.	204
11.1	Zusammenfassung	207
12.	Zufriedenheit mit Ratsarbeit	209
12.1	Zusammenfassung	215
13.	Ökonomische Unabhängigkeit der Frauen	216
13.1	Zusammenfassung	217
14.	Zeitaufwand	218
14.1	Zusammenfassung	219
15.	Konkrete Ziele	220
15.1	Zusammenfassung	223
16.	Zusammenfassung der Analyseergebnisse der Interviews	224
VI.	**AUSWERTUNG DER FRAGEBOGEN**	229
1.	Darstellung der Ergebnisse	229
1.1	Soziodemographische Daten	232
1.1.1	Alter	232
1.1.2	Bildungsstand	233

1.2 Interesse der Frauen an Politik 234

1.3 Stellenwert der kommunalen Räte und Präferenz der Aufgabenbereiche und Ausschüsse 235

1.4 Einschätzung der Anforderungen an kommunale Ratsmitglieder und Vertrauen in die eigenen Fähigkeiten 239

1.4.1 Eigenschaften und Fähigkeiten eines/er Kommunalpolitikers/in 240

1.4.1.1 Objektive Einschätzung 242

1.4.1.2 Subjektive Einschätzung 247

1.5 Motivationsfaktoren für die Mitarbeit im Rat 254

1.6 Begründung für die Unterrepräsentanz von Frauen in den kommunalen Räten 258

1.6.1 Allgemeine Begründungen 258

1.6.2 Individuelle Hemmnisse 261

1.7 Begründungen für Erhöhung des Frauenanteils und Motivationsfaktoren zur Aktivierung von Frauen 262

VII. ERGEBNISSE DER UNTERSUCHUNG 267

VIII. ZUSAMMENFASSUNG 273

LITERATURVERZEICHNIS 279

I. EINLEITUNG

"Frauen in der Politik, insbesondere in der Kommunalpolitik, ist ein noch immer vernachlässigtes Thema, bei dem sich die Ignoranz seitens der Wissenschaft seit dem versuchten Aufbruch zu mehr Demokratie Anfang der 70er Jahre, "feministischer" Wissenschaft zum Trotz, eher verstärkt als verringert hat. ... Daß dies geändert werden muß, liegt auf der Hand."[1]

Tatsächlich sind in den letzten Jahren zahlreiche Veröffentlichungen zum Thema "Die Frau in der Gesellschaft" erschienen. Allerdings beziehen sich diese Untersuchungen und Veröffentlichungen in der Regel auf die defizitäre Situation der Frauen in Berufs- und Arbeitswelt, im bildungspolitischen Bereich und auf ihre gesellschaftliche Rolle als Hausfrau und Mutter. Es wird zwar immer festgestellt, daß Frauen, auch gemessen am Bevölkerungsanteil, in den politischen Institutionen unterrepräsentiert sind, jedoch fehlt es an systematischen Untersuchungen über ursächliche Zusammenhänge, die diesem Tatbestand zugrunde liegen.

Fester Bestandteil in der Wahlforschung ist das Wahlverhalten der Frauen bezüglich der Wahlentscheidungen und deren Beeinflussung (Frauen entscheiden die Wahl).[2] Es könnte sich hier der Verdacht aufdrängen, daß dieses mehr im Interesse eines Wahlerfolges der einzelnen Parteien denn im Hinblick auf weibliche Interessen und Lebenserfahrungen geschieht, zumal die Parteien vielfach Auftraggeber für die Wahlforschungsinstitute sind. Insgesamt bleibt festzuhalten, daß die wissenschaftlichen Arbeiten zum Bereich der Partizipation von Frauen am politischen Willensbildungsprozeß und an politischen Entscheidungen in der Bundesrepublik Deutschland als vernachlässigt gelten müssen. Als die einzigen umfassenden Untersuchungen für den Bereich der Bundesrepublik sind die Arbeiten von Gabriele Bremme (1956)[3] und die Folgeuntersuchung von Mechthild Fülles (1969)[4] anzusehen.

---

[1] Roemhold, Regine in: Rüdiger Voigt (Hrs.): Handwörterbuch zur Kommunalpolitik, Opladen, 1984, S. 169

[2] z. B. Hofmann-Götting, Joachim: Emanzipation mit dem Stimmzettel: 70 Jahre Frauen Wahlrecht in Deutschland, Bonn 1986

[3] Bremme, Gabriele: Die politische Rolle der Frau in Deutschland, Göttingen 1956

[4] Fülles, Mechthild: Frauen in Partei und Parlament, Köln 1969

Hinzuweisen ist außerdem auf die Veröffentlichung von Beate Hoecker (1987)[5], die in einer Regionalstudie zur Situation der Frauen in den Bremer Parteien gearbeitet hat. Die Arbeiten von Bremme und Fülles können für sich in Anspruch nehmen, grundlegende Aussagen über mögliche Ursachen der Unterrepräsentanz der Frauen in der Politik erarbeitet zu haben; das entsprechende empirische Material ist aber sicherlich inzwischen als überaltet anzusehen.[6] Die Studie von Hoecker bezieht sich im wesentlichen auf die Rolle und die Situation der Frauen als Mitglied einer Partei, mit differenzierten statistischen Daten und z. T. neuen Erklärungsansätzen.

Zum speziellen Bereich "Frauen in der Kommunalpolitik", und zwar als gewählte Inhaberinnen eines kommunalen Ratsmandates, liegen für die Bundesrepublik keine wissenschaftlich relevanten Forschungsergebnisse vor. Veröffentlichungen zu diesem Themenbereich beziehen sich auf ausgewählte Probleme von Frauen im kommunalen Sozialbereich, z. B. "Einkommenssituation der Frau", "Soziales Ehrenamt für Frauen", "Kommunale Frauenhäuser" u. a.[7]

Läßt sich aus der relativ geringen wissenschaftlichen Erforschung schließen, daß die Unterrepräsentanz der Frauen in kommunalen Parlamenten und Räten nur untergeordnete Relevanz für die Politikwissenschaft besitzt?

1. Problemdarstellung

Für die Bundesrepublik Deutschland gilt seit dem Inkrafttreten des Grundgesetzes im Jahre 1949 das Postulat der Gleichberechtigung von Männern und Frauen. Daß man es bei der Formulierung von Art. 3 nicht bei dem Satz "Alle Menschen sind vor dem Gesetz gleich" belassen hat, sondern in Art. 3, Abs. 2 ausdrücklich formuliert: "Männer und Frauen sind gleichberechtigt", weist darauf hin, daß die Verfasser des Grundgesetzes einen entsprechenden Handlungsbedarf in geschlechtsspezifischer Differenzierung gesehen haben.[8]

Verfassungsrechtlich betrachtet sind Grundrechte für Frauen erst in der Weimarer Verfassung durch Art. 109, Abs. 2 "Männer und Frauen haben grundsätzlich dieselben staatsbürgerlichen

---

5 Hoecker, Beate: Frauen in der Politik: Eine soziologische Studie, Opladen 1987

6 vgl. Hoecker, a. a. O., S. 33

7 vgl. Heck, Rita/Keinhorst, Anette (Hrs.): Frauen - Alltag - Politik (Kommunale Sozialpolitik 4), München 1986

8 vgl. Janssen-Jurreit, Marieluise: Sexismus. Über die Abtreibung der Frauenfrage, München/Wien 1976

Rechte und Pflichten" festgelegt worden. Die Verfassung der Paulskirche von 1849 erwähnt nicht die Gleichberechtigung der Frauen. Aus § 137 Abs. 3 der Paulskirchenverfassung mit dem Wortlaut "Die Deutschen sind vor dem Gesetz gleich" muß eher der Schluß gezogen werden, "Frauen sind keine Deutsche" als Gleichheit vor dem Gesetz auch zwischen Frauen und Männern".[9]

War es den Frauen bis 1908 noch verboten, einer politischen Partei oder Vereinigung anzugehören, so erhielten sie 1918 das verfassungsrechtlich abgesicherte passive und aktive Wahlrecht. Diesem Recht war ein jahrelanger Kampf vorangegangen, in dessen Verlauf die Frauenvereinigungen untereinander ebenso unterschiedliche Kontroversen über den Sinn und das Wie eines Wahlrechts für Frauen austrugen[10], wie die männlich strukturierten Parteien. Hedwig Dohm faßte die Gegenargumente der Männer zusammen:

"1. Die Frauen brauchen das Stimmrecht nicht.
2. Die Frauen wollen das Stimmrecht nicht.
3. Ihr Geschlecht schließt die Frau selbstverständlich von jeder politischen Aktion aus. (S. 70)

Sie zitiert die Londoner "Pall Mall Gazette" vom März 1874: Turn women into politicians and they become at once violent and passionate".[11]

Neben der Begründung der biologischen Geschlechtszugehörigkeit - die verbunden ist mit einer Rollenzuweisung außerhalb der Öffentlichkeit und der Politik - werden die Unfähigkeit, das Desinteresse und die fehlende Notwendigkeit als weitere Begründungen ins Feld geführt, die zum Teil auch von einzelnen Frauenvereinigungen übernommen wurden. Im weiteren Verlauf der vorliegenden Arbeit wird zu fragen sein, inwieweit sich diese Argumente auch heute noch in den Einstellungen zur gleichberechtigten Teilhabe von Frauen im politischen Bereich wiederfinden.

Ein engagierter Verfechter des Frauenwahlrechtes war der Sozialdemokrat August Bebel, der in seinem Buch "Die Frau und der Sozialismus" (1879) schrieb: "Was für die Arbeiterklasse recht

---

9 Warnat, Berd: Gleichberechtigung von Männern und Frauen- Ist der Staat am Zuge? in: Beilage zur Wochenzeitung das Parlament, B 45/81

10 Brand, K.-W. u. a.: Aufbruch in eine andere Gesellschaft. Neue soziale Bewegungen in der Bundesrepublik. Frankfurt/ New York 1983, S. 121, 122

11 Dohm, Hedwig: Der Frauen Natur und Recht. 1987, zit. nach Hofmann-Götting, a. a. O., S. 21

ist, kann für die Frauen nicht unrecht sein"[12], und 1885 formulierte er eindringlich: "Der Einwand, sie (die Frau, d. V.) verstehe nichts von öffentlichen Angelegenheiten, trifft sie nicht mehr als Millionen Männer, welche die vornehmste Pflicht eines Staatsbürgers, sich um dieselben zu bekümmern, vernachlässigt. Mit der Gewährung von Rechten kommt das Interesse, mit der Übung der Rechte die Einsicht. Um schwimmen zu lernen, muß ich ins Wasser gehen können, sonst lerne ich es nicht."[13]

"Ins Wasser gehen" können die Fauen heute - das Grundgesetz sichert ihnen die gesetzliche Gleichberechtigung zu - aber haben sie auch schwimmen gelernt?

Auch die Frauen (und einige Männer), die an der Formulierung des Grundgesetzes beteiligt waren, haben sich von dem Gleichberechtigungspostulat sicherlich mehr versprochen, als nur eine oberste juristische Richtschnur, nach der sich andere gesetzliche Grundlagen, z. B. das Bürgerliche Gesetzbuch, das Familien- und Eherecht, auszurichten haben.[14]

"Versteht man unter "Gleichberechtigung" allein die Gleichstellung vor dem Gesetz, so ist sie in der Bundesrepublik erreicht. Das bedeutet jedoch nicht, Männer und Frauen wären auch in der Wirklichkeit der Familien, der Arbeitsstätten und des öffentlichen Lebens gleichgestellt."[15] Wenn Gleichberechtigung verstanden werden soll als gleichrangige Teilhabe von Männern und Frauen an allen gesellschaftspolitischen Entscheidungsfindungen und damit zunächst die Chancengleichheit an einer gleichberechtigten Teilnahme impliziert ist, so muß man feststellen, daß in Entscheidungsgremien aller gesellschaftlichen Bereiche Frauen nur vereinzelt, als "Spurenelemente", vertreten sind und damit auch spezifisch weibliche Sichtweisen, Interessen und Bedürfnisse.

---

12 Bebel, August: Die Frau und der Sozialismus. Bonn 1977, S. 285

13 Bebel, August: Die Sozialdemokratie und das Allgemeine Stimmrecht. 1895, S. 50, zitiert nach Hofmann-Götting, Joachim; a. a. O., S. 5

14 Gefordert wurde vor allem eine Aufnahme zur ökonomischen Gleichberechtigung in das Grundgesetz, nämlich "gleicher Lohn für gleiche Arbeit" im Rahmen der Verankerung von 'sozialen Grundrechten'.
Vgl. zur Auseinandersetzung um den Art. 3 Abs. 2 GG während der Beratungen im Parlamentarischen Rat: Reich-Hilweg, Ines: Männer und Frauen sind gleichberechtigt, Art. 3 Abs. 2 GG. Frankfurt/Main 1979.

15 Pross, Helge: Von der Rechtsgleichheit zur Gleichberechtigung, in: Aus Politik und Zeitgeschichte. Beilage zur Wochenzeitschrift "Das Parlament", B 45/1981, S. 14

"Gesellschaftliche Strukturen und Machtverhältnisse werden nach wie vor in nahezu allen Lebensbereichen durch historisch gewachsene männliche bzw. patriarchalische Interessen, Bedürfnisse und Zielvorgaben geprägt."[16] Auch zum Bericht der Enquete-Kommission "Frau und Gesellschaft " wird einführend festgestellt, "daß die Gleichberechtigung zwar im Grundgesetz verankert, in der sozialen Wirklichkeit aber noch nicht erreicht ist ... Die Verankerung der Gleichberechtigung im Grundgesetz hat nicht ausgereicht, den damit verbundenen Auftrag auch zu verwirklichen."[17]

Im politischen Bereich konstatiert die Kommission eine "Benachteiligung der Frauen hinsichtlich der Repräsentanz in Parteien und Parlamenten."[18] Hinzuzufügen wäre, daß diese Benachteiligung nicht nur der quantitativen Repräsentanz, sondern auch dem Innehaben von höheren politischen Funktionen entspricht.

Seit den Emanzipationsbestrebungen der 70er Jahre, verbunden mit einer veränderten Bewußtseinslage der weiblichen Rollenzuweisung in unserer Gesellschaft, läßt sich in der Mitgliedschaft zu politischen Parteien ein erheblicher Anstieg von weiblichen Mitgliedern verzeichnen. Hoecker[19] stellt aufgrund statistischer Daten fest, daß sich der Anteil weiblicher Parteimitglieder von 1974 bis 1981 fast verdoppelt hat. Er betrug Ende 1985 in der SPD 25,3 %, CDU 22 %, CSU 13,7 %, FDP 23,6 % und bei den Grünen schätzungsweise 33 %. Das Wahlverhalten in puncto Wahlbeteiligung hat sich bei Männern und Frauen seit Einführung des Wahlrechtes 1918 beinahe angeglichen. "Im Grunde könnte die Betrachtung der geschlechtsspezifischen Wahlbeteiligung mit der Feststellung schließen, daß angesichts des Defizits von nur noch -1,3 Prozentpunkten bei den Frauen gegenüber den Männern bei der Bundestagswahl 1983 kaum noch von signifikanten Unterschieden gesprochen werden kann, weil sich weitgehend eine Angleichung vollzogen hat."[20] Dennoch hat die positive Entwicklung in diesen Bereichen nicht zu einer höheren Beteiligung der Frauen an politischen Mandaten geführt. Der Anteil der Frauen im Deutschen Bundestag betrug im Juli 1986 9,4 %[21], in den Länderparlamenten liegt er durchschnittlich bei

---

[16] Caroli, Ilona: Kommunale Gleichstellungsstellen, in: Heck, R./Keinhorst, A.: a. a. O., S. 208

[17] Bericht der Enquete-Kommission Frau und Gesellschaft (II), Bonn 1981

[18] ebd., S. 12

[19] Hoecker, Beate, a. a. O., S. 41 f.

[20] Hofmann-Götting, a. a. O., S. 39

[21] Nach der Bundestagswahl vom 25.01.1987 erhöhte sich der Frauenanteil im 11. Deutschen Bundestag auf 15,4 %

10,6 %. In den Kommunalparlamenten schwankt der Frauenanteil zwischen 25 und 0 %, und zwar mit geringerer Einwohnerzahl der Kommune wird auch der Anteil der weiblichen Mandatsträger geringer. Durchschnittlich wird eine Prozentzahl von 10,4 v. H. im Jahre 1985 angegeben.[22] Damit bleibt festzustellen, daß der hohe Grad der Wahlbeteiligung der Frauen und die zunehmende Mitgliedschaft von Frauen in den Parteien keinen nennenswerten Einfluß auf die Partizipation der Frauen an politischen Mandaten hatte. Es stellt sich hier die Frage nach dem Warum? Ist es überhaupt für Frauen attraktiv, unter den gegebenen Verhältnissen ein politisches Mandat anzustreben, oder sehen Frauen ein solches Engagement mit negativen Begleitumständen verknüpft, die eher abschreckend wirken?

Welches sind die Faktoren, die Frauen bewegen können, in dieser Weise politische Partizipation auszuüben und welche Mechanismen verhindern dies?

Bevor diese Fragestellungen, die Grundansatz der vorliegenden Arbeit sind, differenzierter vorgestellt werden (Kap. II), sollen zunächst Positionen zur Notwendigkeit einer stärkeren Beteiligung von Frauen an öffentlichen Ämtern und Funktionen erörtert werden.

1.1 Erörterung unterschiedlicher Ansätze zur politischen Partizipation von Frauen

"Diese Diskussion der institutionellen politischen Beteiligung von Frauen ist geprägt durch die jeweilige grundlegende Auffassung von der Stellung der Frau in unserer Gesellschaft."[23]

Hoecker stellt in ihrer Arbeit die grundlegenden Aufassungen in drei unterschiedliche Richtungen zusammen, die hier kurz wiedergegeben werden sollen:[24]

I. Paritätsansatz:
Die faktische Unterrepräsentanz der Frauen im politischen Bereich als Inhaberinnen von Führungspositionen innerhalb der Parteien, der Parlamente und der Regierungen wird von den Vertreter/-innen als Ungleichheit und damit als Verstoß gegen das gesetzliche Gleichberechtigungspostulat interpretiert.[25] Ebenso

---

22 Das Parlament, 33. Jg. Nr. 34, 27.08.83, Datenhandbuch (Schindler, Peter)

23 Hoecker, Beate, a. a. O., S. 13

24 nach Hoecker, Beate, a. a. O., S. 13

25 so z. B. Pross, Helge, a. a. O. /Strecker, Gabriele: Der Weg der Frau in die Politik, Bonn 1975

werden Meinungen geäußert, daß eine geringe Beteiligung von Frauen am politischen Entscheidungsprozeß letztendlich eine Gefährdung unseres demokratischen Systems bedeuten könnte. Grundsätzlich geht es um die Vertetung weiblicher Sichtweisen und - gemessen an dem Maßstab "männliche" Interessen - um die zusätzliche Erweiterung weiblicher Interessen durch Frauen. Die Notwendigkeit der politischen Teilhabe von Frauen als Umsetzung des Gleichberechtigungsgrundsatzes wird hier nicht nur, wie z. B. bei Renate Hellwig[26], rein quantitativ, sondern qualitativ im Sinne von Erweiterung männlichen Politikverständnisses gesehen.

II. Emanzipationsansatz:
Für diesen Ansatz steht im Zentrum die Emanzipation der Frau, d. h. Befreiung von allen Zwängen, die nicht allein durch eine gesetzliche Regelung, durch Rechtsgleichheit schon gegeben ist.[27] Die Diskrepanz zwischen Gleichberechtigung im Sinne von gesetzlichen Regelungen und Emanzipation wird in den gesellschaftlichen Voraussetzungen und den Ungleichheiten zwischen den Menschen begründet. Innerhalb dieses Ansatzes lassen sich zwei Varianten unterscheiden. Die marxistische Theorie sieht als Hauptursache der Unterdrückung der Frau den Hauptwiderspruch zwischen Kapital und Arbeit und damit die Notwendigkeit der Aufhebung der kapitalistischen in eine klassenlose sozialistische Gesellschaft. Die Frauenfrage wird als soziale Frage angesehen, die sich vor allem in der Unterdrückung im Produktionsprozeß manifestiert. Gefordert wird deshalb eine vermehrte Teilnahme der Frauen am Produktionsprozeß und die Mitarbeit in Gewerkschaften, Organisationen und Parteien, um so die Unterdrückung der Frauen abzubauen. Demgegegenüber sehen Vertreter/-innen des feministisch-sozialistischen Ansatzes das Hauptproblem nicht im Bereich der Produktion, sondern in der häuslichen Arbeitsteilung, "darin, daß Frauen vorrangig für die Arbeit im Haushalt und die physische wie psychische Versorgung von Mann und Kindern zuständig seien. Auf diesen bereitgestellten Leistungen der Frauen im Reproduktionsbereich baue das kapitalistische System auf und könnte ohne sie nicht weiter existieren."[28] Parlamentarische Präsenz und parteipolitische Partizipation von Frauen wird als Teil der Strategie zur Veränderung der Gesellschaft und als Unterstützung feministischer Arbeit angesehen. Es geht um die Veränderung festgefahrener traditioneller Strukturen in der Politik und um ein verändertes Ver-

---

[26] Hellwig, Renate: Frauen verändern die Politik. Stuttgart 1975, S. 93, 104

[27] vgl. Menschik, Jutta: Gleichberechtigung oder Emanzipation? Frankfurt 1971

[28] Hoecker, a. a. O., S. 16

hältnis zur Macht.[29]

III. Autonomieansatz
Dieser Ansatz unterscheidet sich von den beiden oben angeführten eklatant dadurch, daß er eine institutionelle Mitarbeit von Frauen grundsätzlich ablehnt. Innerhalb dieser Theorie kann es einen gemeinsamen Klassenkampf mit den Männern nicht geben, da die Hauptursache der Unterdrückung nicht im herrschenden System des Kapitalismus, sondern im historischen Patriarchat begründet ist. Der Kampf der radikalen Feministinnen gilt somit der patriarchalischen Weltordnung. Autonomie bedeutet für sie Abbau von hierarchischen Organisationsformen und Stellvertreterpolitik, die als entfremdet und männerspezifisch interpretiert werden und statt dessen fordern sie die Verwirklichung feministischer Prinzipien "wie Unmittelbarkeit, Spontaneität, Authenzität und Selbstbestimmung als Regulative nicht nur des alltäglichen Umgangs, sondern - in Aufhebung der Trennung von Privatheit und Politik - auch der politischen Ausdrucksformen."[30] Demzufolge wird eine institutionalisierte Mitarbeit in Parteien als aussichtslos abgelehnt und der Schwerpunkt in außerparlamentarischen Aktionen gesehen, um somit Druck auf politische Entscheidungsfindungen auszuüben.

Diese idealtypische Skizzierung der unterschiedlichen Ansätze zur Beteiligung von Frauen an institutionalisierten öffentlich-politischen Aufgaben legt eine Bewertung hinsichtlich persönlicher Zuordnung nahe. Der Autonomieansatz scheint mir angesichts der geschichtlichen Erfahrungen der Frauenbewegung wenig realitätsbezogen. Er überschätzt die Wirkungen außerparlamentarischer Aktivitäten auf konkrete parlamentarische Entscheidungen - es sein denn, eine Auflösung des parlamentarischen Systems steht im Hintergrund dieser Theorie. Selbst wenn man einige Erfolge z. B. der Friedens- und Umweltbewegung auf politische Maßnahmen registrieren kann, sind sie doch von Vertretern in den Parlamenten übernommen und durchgesetzt worden. Auch die APO der 60er Jahre mußte diese Erfahrungen mit dem langen Marsch durch die Institutionen machen, und das Dilemma der Grünen heute trifft exakt diese Problematik. Ein Rückzug aus institutioneller politischer Arbeit - und damit eine gewollte Nicht-Partizipation - bedeuet gleichzeitig den Verzicht auf direkte Einwirkungsmöglichkeiten auf diese Institutionen. Dagegen kann es auch nicht ausreichen, lediglich die Anzahl der in den Parlamenten vertretenen Frauen bis zu einer Parität anzuheben, ohne dabei gleichzeitig auf die politisch-inhaltliche Qualität hinzuarbeiten. Eine nur quantitative Erhöhung des Frauenanteils bedeutet nur eine veränderte äußere Form der Po-

---

29 Zur Machtdiskussion in der Neuen Frauenbewegung vgl. Meyer, Birgit: Frauen an die Macht!? Beilage zum Parlament B 9-10/87, 28.02.87

30 Brand, Karl-Werner u. a., a. a. O., zitiert nach Hoecker, a. a. O., S. 18

litik, nicht aber unbedingt eine andere inhaltliche Willensbildung und stellt damit lediglich eine "symbolische Gratifikation" dar.[31]

Allein die Tatsache, daß über 50 % der Bevölkerung weiblichen Geschlechts sind, mag als Argumentation für Quotierung ausreichend sein, jedoch eine Veränderung hinsichtlich überkommener und verfestigter Machtstrukturen und dem Einbringen von spezifisch weiblichen Interessen macht qualifizierte frauenpolitische Momente, wie sie der emanzipatorische Ansatz beinhaltet, unabdingbar.

Es scheint mir also eine Synthese zwischen dem Partizipations- und dem Emanzipationsansatz angemessen, um die berechtigten Interessen der Frauen in den Parlamenten auf dem Hintergrund der Analyse der kapitalistisch-gesellschaftlichen Gegebenheiten in Zusammenarbeit mit den Männern hinreichend vertreten zu können.

1.2 Forschungsergebnisse zur politischen Partizipation von Frauen

Geht man davon aus, daß aus gesellschaftspolitischen, emanzipatorischen, pluralistischen und nicht zuletzt demokratischen Gründen eine stärkere Beteiligung von Frauen am politischen Entscheidungsprozeß anzustreben ist, erhebt sich die Frage nach Erklärungsansätzen für die Tatsache, daß wir nach wie vor auf allen Ebenen der Politik eine Unterrepräsentanz von Frauen zu verzeichnen haben.

Jahrzehntelang fand die politische Randstellung der Frau kaum Einlaß in die politikwissenschaftliche Diskussion. In neuerer Zeit - nicht zuletzt als Ergebnis zunehmender Politisierung der Frauenbewegung der 70er Jahre[32], wurde besonders in den amerikanischen Politikwissenschaften nach Erklärungen gesucht, die sich im wesentlichen auf zwei Ebenen zusammenfassen lassen. Zum einen geht es um den gesellschaftlichen Status der Frau und damit um Sozialisationsbedingungen, berufliche Chancengleichheit, weiblichen Lebenszusammenhang mit dem Schwerpunkt Ehe und Familie und zum anderen um parteipolitische Organisationsstrukturen. Da in unserem politischen System die Rekrutierung von Kandidaten/-innen und Mandatsträger/-innen grundsätzlich den

---

[31] Offe, Claus, zitiert nach Hoecker, a. a. O., S. 19

[32] vgl. hierzu: Brandt, K. W., a. a. O., S. 123 ff, Wisbar, Renate: Frauenpolitik in der Bundesrepublik und die Entwicklung politischen Bewußtseins, Demokratische Erziehung 2/1975; Hoecker, Beate, a. a. O., S. 11; Beck-Gernsheim, Elisabeth, in: Soziale Welt, 34. Jg., 3/1983

politischen Parteien zugeordnet ist, kommt diesem institutionalisierten Ausleseverfahren eine besondere Bedeutung zu. Die Parteien haben letztlich das Instrumentarium zu einer verbesserten Repräsentanz der Frauen zur Verfügung, wenn denn die Frauen bereit sind, Einflußnahme, Verantwortung und Beteiligung an öffentlichen politischen Aufgaben zu übernehmen.[33]

1.2.1 Parteipolitische Organisationsstrukturen

Hinter den sicherlich wahrheitsgetreuen, vielfach anklagenden Aussagen von Partei- und/oder Kommunalpolitikern, daß Frauen kaum zu einer Kandidatur zu bewegen seien, selbst wenn ihnen ein oberer Listenplatz zugesichert würde, steht die Frage: Warum wollen sie nicht?

Heinze[34] stellt in ihrer Untersuchung u. a. fest, daß die geringe Beteiligung der Frauen am politisch-öffentlichen Leben zurückzuführen ist auf die männliche Prägung der politischen Institutionen und Parteien. Die Formen und Ordnungen dieser Bereiche sind männlich organisiert und erschweren die Mitarbeit für Frauen. "Mit dem Eintritt in das öffentliche Leben ist die Frau in eine Welt gekommen, die bis dahin ausschließlich Domäne des Mannes war. Die Formen und Ordnungen dieser Welt sind vom Mann entwickelt und geprägt ... Der Rhythmus in der Öffentlichkeit ist männlicher Rhythmus".[35] Das Vorurteil 'Politik ist Männersache' scheint sich mindestens unterschwellig bei Männern und Frauen gehalten zu haben, trotz der Tatsache, daß sich in den letzten zehn Jahren der Anteil der Frauen in den Parteien verdoppelt hat. Die These von der Politikunfähigkeit der Frau, die auch auf tradierten Rollenzuweisungen beruht, führt dazu, daß entsprechendes Diskriminierungsverhalten Frauen nur schwer motivieren kann, sich für ein öffentliches Amt zur Verfügung zu stellen. Hoecker (1986) weist in ihrer Untersuchung über innerparteiliche Elitenrekrutierung darauf hin, "daß auch das Vorurteil von der Politikunfähigkeit der Frau im Wettbewerb um Ämter und Mandate mit eine Rolle spielt ... Geschlechtsspezifische Diskriminierung ist danach durchaus Bestandteil parteiorganisa-

---

[33] Es wird folgende übliche Definition von 'Politischer Partizipation' zugrunde gelegt: "Jede Art von Versuchen der Einflußnahme oder Beteiligung an dem durch die staatlichen Institutionen und den Bestand der öffentlichen Aufgaben ausgewiesen politisch/administrativen Bereich": Buse, Michael: Beteiligung woran und wozu? Zur Abgrenzung von Begriffen, in: Ulrich von Alemann (Hrs.): Partizipation-Demokratisierung - Mitbestimmung, Opladen 1975, S. 41

[34] Heinze, Margarete: Politisches Bewußtsein der Frauen. München 1971

[35] ebd., S. 86

torischer Wirklichkeit ... Es ist anzunehmen, daß diese Vorurteile vor allem dann zum Tragen kommen, wenn es darum geht, insbesondere höhere politische Positionen zu besetzen."[36] Diese Diskriminierungsthese geht davon aus, daß offene oder versteckte Diskriminierung dem Zweck dient, die männlichen Hierarchien gegen die Frauen abzusichern, und Abweichungen davon vielfach nur aus Opportunität oder durch Zufall eine Alibifrau hervorzubringen, die als Ausnahme die Regel bestätigt.[37]

Heinze stellt 1971 fest[38], daß die politische Tätigkeit der Frau noch nicht den männlichen Vorstellungen von dem Bild der Frau entspreche. Sie bezieht sich auf eine UNESCO-Untersuchung, wonach der Vorbehalt der Männer gegen eine politische Betätigung der Frau besonders eklatant auf kommunaler Ebene zum Tragen kommt.

Bremme[39] schließt aus dieser Untersuchung, "daß man im Prinzip für eine parlamentarische Mitarbeit der Frau ist, sobald die Frage aber mehr in den konkreten Bereich rückt, wie beim Gemeinderat ..., die parlamentarische Mitarbeit der Frauen jedoch verneint." Zum gleichen Ergebnis kommt infas-Report[40]: "Vielleicht verbirgt sich noch in dieser Stellungnahme eine Bastion des Mißtrauens gegen politisch aktive Frauen: Bonn ist weit und nach Bonn kommen nur wenige. In der eigenen Gemeinde könnte man selbst, die eigene Ehefrau betroffen sein."

In der Praxis der Nominierungen muß man wohl auch feststellen, daß in der Regel auf allen parlamentarischen Ebenen seit Jahren, manchmal seit Jahrzehnten, Männer die Mandate innehaben, die nicht ohne weiteres bereit sind, den Platz zu räumen. Geschieht dies doch, sind in der Regel schon Männer da, die den freigewordenen Platz einnehmen möchten. "Doch ist ihr (der Partei, d. V.) Einfluß auf die Basis, die für die Aufstellung von mehr weiblichen Kandidaten sorgen müßte und die oft noch nicht bereit ist, diesen "modischen Trend" mitzumachen, begrenzt. An der Basis sitzen hauptsächlich Männer, die selbst etwas werden wollen und deshalb nicht ohne weiteres bereit sind, einer Frau den Vortritt zu lassen."[41]

---

36 Hoecker, a. a. O., S. 229

37 Die Forderungen der Parteien nach mehr Frauen in der Politik wird in Kap. II ausführlicher dargestellt.

38 Heinze, a. a. O., S. 83

39 Bremme, Gabriele (Hrs.): Frauen in Partei und Parlament. Köln 1969

40 Frau und Öffentlichkeit, infas-Report 1964, S. 43

41 Hellwig, Renate: Frauen veränder die Politik. Stuttgart 1975, S. 78

Selbst wenn man aufgrund jüngster Parteibeschlüsse in bezug auf Frauenanteil, Quotierungen u. ä. die Suche nach kandidaturwilligen Frauen in den Parteien ernsthaft betrieben hat, kann allein die Angst vor innerparteilicher und/oder öffentlicher Diskriminierung die Frauen von vermehrten Kandidaturen abgehalten haben. Frauen, die dennoch ein öffentliches Amt übernehmen, begeben sich vielfach in Rollenkonflikte. Nach der normativen Rollenzuweisung sind Frauen während eines wichtigen Lebensabschnitts auf Familie, Kindererziehung und Haushalt zentriert. Das Anstreben einer politischen Karriere ist für Frauen nicht vorgesehen und wird vielfach gesellschaftlich sanktioniert.

1.2.2 Mehrfachbelastung der Frauen

Es wird davon ausgegangen, daß Frauen mit Familie kaum Zeit für politische Aktivitäten haben, verstärkt wird der Zeitmangel durch eine zusätzliche Berufstätigkeit der Hausfrau und Mutter. Nach der neuesten Untersuchung von Helge Pross in Zusammenarbeit mit der Zeitschrift BRIGITTE sind zwar inzwischen heute Männer durchaus bereit, kleinere Arbeiten, insbesondere Reparaturen an der Wohnung und am Auto sowie Gartenarbeiten im Haushalt zu übernehmen, die Hauptlast der Arbeit liegt aber nach wie vor bei den Frauen. "In den Ehen fast aller Befragten gibt es eine klare Arbeitsteilung: Die Frau kümmert sich um den Haushalt, der Mann packt "gelegentlich" und bloß ausnahmsweise "häufig" zu ... Ob die Frau berufstätig ist oder nicht, der Haushalt ist ihr Ressort."[42] Heinze kam in ihrer Untersuchung zu dem Ergebnis, daß Frauen die traditionelle Aufgabenverteilung zwischen den Geschlechtern soweit internalisiert haben, daß sie ihre Funktion im wesentlichen in der Erfüllung häuslicher Aufgaben sehen.[43] Zehn Jahre später stellte die Enquete-Kommission Frau und Gesellschaft fest: "Die Analyse der Frau hat gezeigt, daß die eigentliche Ursache für die mangelnde Chancengleichheit der Frauen in der nach wie vor traditionellen Rollenfixierung zu suchen ist. Dieses Klischee sieht vor: Der Mann ist verantwortlich für den Gelderwerb, die Frau ist verantwortlich für den Haushalt und Kindererziehung. Das führt dazu, daß die Familienaufgaben auch dann fast ausnahmslos allein von den Frauen wahrgenommen werden, wenn beide Ehepartner erwerbstätig sind."[44]

Selbst wenn der männliche Partner bereit ist, einen angemessenen Teil der familiären Pflichten zu übernehmen, bleibt die Frage offen, ob er dieses auch noch tut, wenn die Frau die dadurch gewonnene Freizeit für politische Aktivitäten nutzt.

---

[42] Pross, Helge: Die Männer. Reinbek 1984, S. 94

[43] Heinze, a. a. O., S. 84 f

[44] Enquete-Kommission, a. a. O., S. 55

Die gesellschaftliche Norm sieht für Frauen als gesellschaftspolitische Tätigkeiten allenfalls und überwiegend das Engagement in sozialpolitischen Bereichen vor und zwar als ehrenamtliche Tätigkeiten.[45] Hinzu kommen Tätigkeiten, die dem Rollenverständnis entsprechen, wie z. B. Organisation von Spielgruppen für Kinder, schulische Aktivitäten, Nachbarschaftshilfen u. a. "Während die Aktivitäten von Frauen auf der lokalen Ebene für sie "angemessene" Tätigkeiten darstellen, die zudem kaum belohnt werden und auch nicht zu Macht und Einfluß führen, gilt das Streben nach einer politischen Karriere als unvereinbar mit der weiblichen Rolle und ist den Männern vorbehalten."[46] Wagt sie diesen Schritt trotzdem, wird sie mit entsprechender verstärkter sozialer Kontrolle zu rechnen haben. "Sie (die Vorstellungen der Männermehrheit, d. V.) summieren sich zu Definitionen weiblicher Rollen, von denen grundsätzlich abzuweichen in jedem Fall ein Existenzrisiko ist. ... Sie (die Frauen, d. V.) können die Übernahme der ihnen angesonnen Rollen verweigern, aber damit setzen sie sich der Etikettierung als Außenseiter aus."[47] Die politisch tätige Frau muß versuchen, beiden Rollenerwartungen gerecht zu werden: Sie muß weiterhin ihren Pflichten als Hausfrau, Ehefrau und Mutter nachkommen und ebenso die erhöhten Erwartungen, die an Politikerinnen gestellt werden, erfüllen. Verschärfend kommt hinzu, daß sie als Inhaberin eines politischen Mandats - mindestens am Anfang - verstärkt im Kreuzfeuer öffentlicher Kritik stehen wird.

1.2.3 Desinteresse der Frauen an Politik

Als weitere Auswirkung dieser einseitigen Festlegung der Frauen auf innerhäusliche Tätigkeiten wird das Desinteresse der Frauen an Politik und das fehlende Wissen über aktuelles politisches Geschehen wie auch mangelnde Kenntnisse über politische Institutionen gesehen.[48] Wichtige Grundvoraussetzungen zur Aktivierung von politischem Interesse werden nach Meinung von Heinze bereits in der frühkindlichen Sozialisation gelegt, wobei sich das fehlende politische Interesse der Frauen und Mütter besonders auf die Einstellung der Mädchen auswirkt, weil sie sich verstärkt an dem Vorbild Mutter orientieren. Als zweite wichtige Sozialisationsinstanz kämen Schule und Ausbildung

---

[45] Epstein, Cynthia Fuchs, 1981, zitiert nach Hoecker, a. a. O., S. 25

[46] Auch im ehrenamtlichen Bereich werden Führungspositionen überwiegend von Männer besetzt, Frauen hingegen machen die Arbeit. Vgl. Politik für Frauen, Presse und Informationsdienst der Bundesregierung, Bonn 1986, S. 124

[47] Pross, Helge, a. a. O., S. 172

[48] vgl. Heinze, a. a. O., S. 77 f

infrage.

Der Sozialkundeunterricht könne allerdings nur dort verstärkend wirken, wo bereits grundlegendes Interesse geweckt wurde. Dieses Desinteresse der Frauen trägt dazu bei, daß nur wenige Frauen eine langfristige politische Karriere planen und anstreben und bewirkt als circulus virtuosus, daß sich die These von der politischen Unfähigkeit der Frau - allenfalls wird ihr eine passive Rolle in der Politik als Wählerin oder Parteimitglied zugetraut - in dem Vorurteil "Sie haben nicht die Fähigkeit, es auszuüben" (siehe S. 4) manifestiert. "Je weniger der Frau zugetraut wird, um so unsicherer wird sie. Ihre Initiative erlahmt, sie verhält sich reaktiv. Vor allem aber unterliegt sie dem Gefühl, nichts ändern zu können. Sie resigniert, und indem sie sich nach der überkommenen Rollennorm richtet, vermeidet sie Konflikte und schafft sich einen Raum der Sicherheit und Geborgenheit. Durch dieses Verhalten aber bestätigt und erfüllt sie gerade die alten Vorurteile."[49] Pross vermutet, daß eine große Anzahl von Frauen diese überlieferten Klischees als Alibi für ihre Trägheit, Bequemlichkeit und Indifferenz benutzen.[50]

1.2.4 Berufliche Situation der Frauen

Neben der rollenspezifischen Erziehung in den primären Sozialisationsinstanzen wird als weitere Ursache für die Unterrepräsentanz der Frauen im öffentlichen Leben die immer noch einseitige berufliche Ausrichtung gesehen. Auch wenn das Bildungsdefizit der Mädchen als Folge der Bildungsexpansion der 70er Jahre sich in den letzten Jahren verringert hat,[51] so läßt die berufliche Bildung und Ausbildung nach wie vor zu wünschen übrig. Mehr als 86 % der Mädchen machen eine beruflichen Ausbildung in Bereichen, die durchaus als typisch weiblich angesehen werden können, wie z. B. Verkäuferin, Friseuse, Bürokaufmann, Arzthelferin.[52] Obwohl bundesweite Aktionen gestartet wurden, Mädchen auch in Männerberufen auszubilden, hatte dieses wenig Erfolg. Sicherlich ist auch hier noch das überkommene Rollenbild vorherrschend. Zu einem prinzipiellen Problem der Frauen in der Arbeitswelt gehört die überproportionale Arbeits-

---

[49] Fülles, Mechthild, a. a. O., S. 18

[50] ebd., S. 18

[51] Mädchen sind im Bereich weiterführender Schulen führend: Realschule 53,3 %, Gymnasium 50 %. Der Anteil der Studentinnen betrug 1985/86 37,9 %; vgl.: Politik für Frauen, Presse und Informationsdienst, Bonn 1986

[52] vgl. Enquete-Kommission, Pross, Helge, Politik für Frauen, a. a. O., S. 19

losigkeit der Frauen, die sich mit zunehmender Verschärfung der Arbeitsmarktsituation erhöhen wird. Welche Chancen haben Frauen in der heutigen Situation, wenn sie - selbst bei gleicher Qualifikation - gegen einen männlichen Mitbewerber antreten müssen? Hinzu kommt, daß viele Frauen aufgrund ihrer Doppelbelastung als Hausfrau und Mutter oftmals auf Teilzeitarbeit angewiesen sind. Festzustellen bleibt ferner, daß berufstätige Frauen überwiegend in untergeordneten beruflichen Positionen zu finden sind, was nicht zur Förderung von politischen Fähigkeiten, wie "Routine, Redegewandtheit und vor allem Selbstbewußtsein"[53] beiträgt.

1.2.5 Organisationsgrad und Funktion von Hausmacht

Als letzter Erklärungsansatz für die geringe Beteiligung von Frauen an politischen Mandaten ist anzuführen, daß Frauen einen zu geringen Organisationsgrad in Verbänden und Vereinen haben. Nach diesem Ansatz bedeutet die Mitgliedschaft in Vereinen und Verbänden einen höheren Bekanntheitsgrad und damit die Chance, bei Wahlen mehr Stimmen auf sich vereinen zu können. An diesem Bekanntheitsgrad in der Öffentlichkeit orientiert sich in nicht geringem Maße das Ausleseverfahren der Parteien bei Kandidatenaufstellungen.[54]

Eine weitere wichtige Voraussetzung für eine erfolgreiche Nominierung in den Parteien ist die sogenannte Hausmacht, die in der Lage ist, durch Mehrheitsbeschaffung eine Kandidatur durchzusetzen. Ohne an dieser Stelle näher auf die Forderungen der Frauengemeinschaften innerhalb der Parteien einzugehen (s. 2.4), läßt sich als Ergebnis der vorliegenden Untersuchungen festhalten, daß die Frauenvereinigungen der Parteien nicht als Hausmacht zur Unterstützung und Durchsetzung von Kandidaturen gelten können, sondern durch ihre organisatorische Sonderstellung innerhalb der Parteien eher integrationshemmend und damit bei Nominierungen hinderlich sind.[55] Die Entwicklung zu einer innerparteilichen Hausmacht, die Kandidaturen der weiblichen Mitglieder wirkungsvoll unterstützt und durchsetzt, haben weder die Arbeitsgemeinschaften sozialdemokratischer Frauen noch die Frauenvereinigungen der CDU bislang vollzogen.[56]

---

[53] Fülles, Mechthild, a. a. O., S. 19

[54] vgl. Hoecker, B.; Fülles, M.; a. a. O.

[55] vgl. Fülles und Hoecker, a. a. O.

[56] Hoecker, Beate: Politik: Noch immer kein Beruf für Frauen?, in: Aus Politik und Zeitgeschichte, B 9-10/87

1.2.6 Zusammenfassung

Die vorliegenden Erklärungsansätze aus den angeführten Forschungsergebnissen in der Literatur lassen sich, bezogen auf die zwei Ebenen Gesellschaft und Parteipolitik, wie folgt zusammenfassen:

Gesellschaftlicher Status der Frau:

- Die geschlechtsspezifische Rollenzuweisung in unserer Gesellschaft sieht eine politische Karriere für Frauen nicht vor.

- Frauen haben die traditionelle Rollenzuweisung soweit internalisiert, daß sie dem innerhäuslichen Aufgabenbereich erste Priorität einräumen.

- Eine politische Tätigkeit ist für Frauen infolge der Doppelbelastung - besonders bei Berufstätigkeit - aus Zeitmangel stark erschwert.

- Die politischen Aktivitäten der Frauen sollen sich nach der geltenden gesellschaftlichen Norm eher auf ehrenamtliche Tätigkeiten im sozialpolitischen Bereich beschränken.

- Um den Aufgaben eines politischen Mandates gerecht werden zu können, fehlt es Frauen an den notwendigen beruflichen Erfahrungen und Positionen.

- Frauen fehlt es am nötigen Selbstvertrauen für politische Arbeit und an Fähigkeiten, die mit der Übernahme eines politischen Amtes verbunden sind.

- Frauen haben ein zu geringes Interesse am politischen Geschehen und mangelnde Kenntnisse über politische Zusammenhänge.

- Politisch tätige Frauen geraten in Rollenkonflikte und unterliegen verstärkt der sozialen Kontrolle.

- Frauen benutzen geltende Klischees als Alibi für Trägheit, Bequemlichkeit und mangelnde Konfliktbereitschaft.

Parteipolitische Strukturelemente:

- Die männliche Prägung der politischen Institutionen und Parteien wirkt sich negativ auf die Motivation der Frauen zur Mitarbeit aus.

- Offenes und verstecktes Diskriminierungsverhalten hält Frauen von Kandidaturen für ein öffentliches Amt fern.

- Frauen haben einen zu geringen Organisationsgrad in Vereinen und Verbänden und damit einen niedrigen Bekanntheitsgrad, was sich bei der Nominierungsauslese negativ auswirkt.

- Die Frauenvereinigungen der Parteien sind als Hausmacht ineffektiv und behindern eher eine aussichtsreiche Nominierung.

- Das Mißtrauen gegen politisch aktive Frauen und vorhandene Vorurteile verhindern an der Parteibasis eine verstärkte Nominierung von Frauen, besonders bei männlichen Gegenkandidaturen.

Allen Aussagen ist als ursächliche Begründung die immer noch nicht überwundene tradierte Rollendifferenzierung in männliche und weibliche Aufgabenbereiche immanent, deren Übernahme bereits in den frühen Sozialisationsinstanzen eingeübt werden und sich auf alle gesellschaftspolitische Bereiche erstrecken. Es muß aber auch festgestellt werden, daß sich im letzten Jahrzehnt das Verständnis über die Rolle der Frau gewandelt hat.[57] Indikatoren hierfür sind u.a. das Aufholen der Frauen und Mädchen im bildungspolitischen Bereich, was eine veränderte Bewußtseinslage über die eigene Situation mit sich brachte und die vermehrte Berufsbereitschaft auch verheirateter Frauen und Mütter, die sich nicht in die Rolle der "Nur-Hausfrau" drängen lassen wollen. Verbunden mit der Berufstätigkeit der Frauen ist ein erhöhtes Selbstbewußtsein, was zum einen aus den Erfahrungen und dem "Sich-behaupten" in der Arbeitswelt und zum anderen aus der ökonomischen Unabhängigkeit erklärt werden kann. Nicht zuletzt haben Frauen seit zwei Jahrzehnten die Möglichkeit, durch sichere Schwangerschaftsverhütungsmittel die eigene Lebensgestaltung in bezug auf Zeitpunkt der Schwangerschaft und Anzahl der Kinder langfristig zu planen und zu gestalten. Dieser veränderten Bewußtseinslage stehen aber, wie o. a., reale gesellschaftspolitische Faktoren (z. B. hohe Arbeitslosigkeit bei Frauen) und Vorurteile gegenüber, die eine Umsetzung dieser Bewußtseinsveränderung in konkrete Auswirkungen bezüglich einer vermehrten Teilhabe von Frauen am politischen Entscheidungsprozeß verhindern.

Das veränderte Bewußtsein für die Situation der Frauen ist vor allem an den Bemühungen der Parteien zu erkennen, den Frauenanteil bei Kandidaturen zu erhöhen und sich parteiintern mit Frauenfragen auseinanderzusetzen. Dieses ist auch auf das gestiegene Selbstbewußtsein der Frauen zurückzuführen, die ihre Rechte in den Parteien verstärkt einfordern (siehe Kap. II). Die institutionelle Einrichtung von Gleichstellungsstellen auf Bundes-, Länder- und kommunaler Ebene kann ebenfalls als Indiz angeführt werden. Dennoch sind es nur wenige Frauen, die ein

---

[57] vgl. u. a. Enquete-Kommission, Politik für Frauen, Beck-Gernsheim 1983, Hoecker, B 46-47/87

politisches Mandat erringen oder höhere Funktionen in Partei und Staat einnehmen. Wie bereits angeführt, wird diese Situation in der Literatur vielfach diskutiert, allerdings fehlen nach wie vor entsprechende Untersuchungen. Die vorliegenden Untersuchungen beziehen sich auf weibliche Abgeordnete in Länderparlamenten und im Bundestag, neuere Studien eher auf regionale Untersuchungen zur Situation der Frauen in Parteien.[58] Es fehlen bisher gänzlich Untersuchungen über die Situation von Frauen in kommunalen Räten. Gelten auf dieser untersten Stufe der Mandatsausübung die gleiche Regeln, die gleichen Einflußfaktoren wie auf den höheren Ebenen oder lassen sich andere Indikatoren als die angeführten finden? Und vor allem, wie empfinden die betroffenen Frauen selbst ihre Situation, welche Motivation liegt ihrer politischen Tätigkeit zugrunde und wie werden in der Kommunalpolitik tätige Frauen von ihren Geschlechtsgenossinnen gesehen und eingeschätzt? Welche Gewichtung kommt überhaupt der Kommunalpolitik in unserem politischen System zu? Diese letztgenannte Frage soll zunächst diskutiert werden, bevor die Abgrenzung der Fragestellung der vorliegenden Arbeit für den Bereich der Kommunalpolitik erfolgen kann.

2. Die Funktion der Kommunalpolitik im politischen System der Bundesrepublik und in der Theorie der Politik

Die Erforschung der Kommunalpolitik hat vor allem in den USA eine längere Tradition. Seit Mitte der 50er Jahre ist die Community-Power-Forschung dort ein eigenständiger Forschungszweig, der sich insbesondere unter demokratietheoretischen Fragestellungen mit den Machtstrukturen und Entscheidungsprozessen auf kommunaler Ebene beschäftigt.[59] Für die Bundesrepublik wurde dieser Forschungszweig lange Zeit vernachlässigt. Veröffentlichungen waren überwiegend von verfassungs- und verwaltungsrechtlichen Grundfragen geprägt, empirische Gemeindestudien wurden fast ausschließlich von soziologischen Themen wie soziale Beziehungen, Familie und Nachbarschaft beherrscht. Erst zu Beginn der 70er Jahre wurde die Kommunalpolitik verstärkt zum

---

58 vgl. Hoecker, a. a. O., für Bremer Parteien, Vorholz, Angelika: Sozialdemokratie und Frauen, 1908-1914 in Düsseldorf, Reinbek 1982
Wichert, Christel: Zwischen Familie und Parlament. Kassel 1983

59 Auftakt dazu war eine Untersuchung von Floyd Hunter, der versuchte, nachzuweisen, daß Atlanta von Cliquen und Klüngeln beherrscht wurde, die ihre jeweiligen Interessen durchsetzen und an deren Spitze der Finanz- und Wirtschaftsklüngel stand.
vgl. Beiträge von Hassis, Hans-Arthur; Köser, Helmut; Zipfel, Horst u. a. in Köser, Helmut (Hrs.): Der Bürger in der Gemeinde, Hamburg 1979

Untersuchungsgegenstand der Politikwissenschaft. Anlaß dafür gaben die Forderungen der Studentenbewegung nach mehr Demokratie und politischer Partizipation und die massiven Bürgerproteste gegen die Umweltpolitik der Kommunen, insbesondere gegen die Praktiken des Städtebaus.

Inzwischen gibt es auch in der Bundesrepublik eine umfassende wissenschaftliche Literatur zu kommunalpolitischen Problemen, die im Rahmen dieser Arbeit im einzelnen nicht wiedergegeben werden kann. Es sollen hier lediglich zwei Fragenkomplexe dargestellt werden und zwar

a) zur Einordnung der Kommunalpolitik ins politische System:[60]

- Sind die Gemeinden Bestandteil des Staates oder etwas anderes?
- Ist die Kommunalpolitik überhaupt Politik
- In welchem Verhältnis stehen die Gemeinden zur Gewaltenteilung und zur Demokratie?

und

b) zur Rekrutierung der Mandatsträger auf kommunaler Ebene:

- Nach welchen Kriterien stellen die Parteien ihre Kandidaten/-innen auf?
- Wer kommt für die Übernahme eines kommunalen Amtes bevorzugt in Betracht?
- Ist die Kommunalpolitik ein bevorzugtes Aufgabenfeld für Frauen?

2.1 Die Kommunalpolitik im politischen System der Bundesrepublik

"Den Gemeinden muß das Recht gewährleistet sein, alle Angelegenheiten der örtlichen Gemeinschaft im Rahmen der Gesetze in eigener Verantwortung zu regeln."
Art. 28 Abs. 2 des Grundgesetzes beinhaltet die institutionelle Garantie der kommunalen Selbstverwaltung, läßt aber zur Frage der Aufgabenbestimmung, des territorialen Bestandes und der Finanzierung der eigenen Aufgaben erhebliche Interpretationen offen.

Wehling[61] bestimmt innerhalb des dezentral organisierten politischen Systems der Bundesrepublik die Gemeinden neben Bund und

---

60 nach: Naßmacher, Hiltrut/Naßmacher, Karl-Heinz: Kommunalpolitik in der Bundesrepublik. Opladen 1979, S. 8

61 Wehling, Hans-Georg: Kommunalpolitik in der Bundesrepublik Deutschland. Berlin 1986, S. 7 f

Ländern als eigenständige politische Ebene mit eigenen finanziellen Einkünften, eigenen nicht von oben übertragenen Zuständigkeiten und der grundgesetzlich garantierten Existenz. Zwar sieht Wehling eine vielfältige überlokale Verflechtung in allen Lebensbereichen und den kommunalen Entscheidungsraum durch mannigfache Verordnungen und Gesetze übergeordneter Behörden und durch das gezielte Einsetzen des staatlichen Zuschußwesens erheblichen Einschränkungen unterworfen. Auf der anderen Seite weist er aber darauf hin, daß sich der Aufgabenkatalog der Gemeinden beträchtlich erweitert hat, z. B. im Bereich der Wohnungsbaupolitik und des Umweltschutzes.

Verfassungsrechlich wird die Annahme, die Gemeinden seien neben Bund und Ländern die dritte Ebene im Staatsaufbau einhellig verneint. "Aus staatsrechtlicher Sicht wird immer wieder betont, daß die Gemeinden zwar "rechtlich selbständige", (jedoch) in den Staat integrierte Gebietskörperschaften sind, daß das Grundgesetz nicht von einem dreistufigen Gesamtstaatsaufbau in Bund, Ländern und Gemeinden ausgeht, sondern nur einen zweistufigen Aufbau kennt, wobei die Gemeinden zu den Ländern gerechnet werden, deren innere Gliederung sie darstellen", daß die kommunale Ebene "nicht - wie bisweilen behauptet wird - dritte Säule im Staat sei, daß also "nicht von einer Durchförderalisierung des Staatsaufbaues bis hin zur gemeindlichen Ebene gesprochen werden kann, kurz, daß die Gemeinden "keine Staatsqualität" besitzen."[62] Diese Beschränkung begründet sich auf folgende Defizite gegenüber der grundgesetzlichen Garantie der Länder:

- Es besteht für die Gemeinden <u>keine territoriale Bestandsgarantie</u>. Die Länder können durch territoriale Neuordnungen Gemeinden auflösen oder zusammenfassen (siehe Gebietsreform).

- Die Gemeinden besitzen <u>keine Rechtssprechungsorgane</u>. Es fehlt ihnen die dritte Gewalt; Gemeindegerichte sind unzulässig. Die Rechtssprechungsorgane sind entweder Bundes- oder Landesgerichte.

- Die Gemeinden besitzen nur ein <u>beschränktes Normsetzungsrecht</u>. Sie können im Rahmen der Gesetze nur das Satzungsrecht ausüben, keine eigenen Gesetze erlassen.

- Die Gemeinden besitzen <u>keine Verfassungshoheit</u>, sondern die Gemeindeverfassungen sind durch Kommunalverfassungsgesetze geregelt, die in der Kompetenz der Länder liegen.

- Gemeinden unterstehen der <u>Staatsaufsicht</u> durch die Länder. Das Land wacht nicht nur darüber, daß sein Recht, das es den Gemeinden zur Ausführung übertragen hat, richtig angewendet

---

[62] Tillmann, Berthold in: Friedrich-Ebert-Stiftung (Hrs.): Kommunale Politik. Bonn 1978

wird, sondern auch darüber, daß der Bürger überhaupt zu seinem Recht kommt.

- In den Gemeinden ist eine <u>starke Verwaltungskompetenz</u> festgelegt. Die Verwaltung kann überall dort, wo sie Probleme erkennt, die die Gemeinschaft lösen muß, die Initiative ergreifen und tätig werden. Das gilt sowohl für die eingreifende, als auch für die leistende, als auch für die planende Verwaltung.

- Die Gemeinden unterliegen einer <u>Beschränkung der Personalhoheit</u> durch Stellenobergrenzenverordnung sowie durch die Regelungen der Finanzverfassungen einer <u>Beschränkung der Finanzhoheit</u>.

Diese Einschränkungen beruhen auf einer staatsrechtlichen Betrachtungsweise. Eine politologische Betrachtung der Wirklichkeit, die sich auf die "politische Entscheidungs- und Planungsmöglichkeiten auf der untersten Ebene der politischen Willensbildung"[63] richtet, ergibt folgende Aspekte:

- Gemeinden und Kreis sind Träger wichtiger Einrichtungen der Kommunalwirtschaft, z. B. Versorgungsbetriebe, Sparkassen, Krankenhäuser, Schulen. Dieses stellt ein erhebliches Wirtschaftspotential dar und impliziert Bürgernähe.

- Die Masse aller Verwaltungsaufgaben wird in der Praxis durch kommunale Verwaltungen abgewickelt, z. B. Durchführung der Volksbefragung.

- Die Kommunalaufsicht und die staatliche Fachaufsicht gegenüber den Kommunen ist nur bedingt effektiv. Dieses gilt insbesondere für Großstädte, die selbst über hochqualifizierte und spezialisierte Beamte verfügen.

- Zwischen Staat und Kommunen bestehen vielfältige Verbindungen über Parteien, Abgeordnete usw., die die politischen Spielräume der Gemeinden erweitern.

- Die Gemeinden haben sich zu schlagkräftigen Verbänden zusammengeschlossen, die im politischen Bereich, oft als Lobby, operieren.

"So entfaltet sich ein Bild der kommunalen Wirklichkeit, das von dem des Kommunalrechtes erheblich abweicht. Legt man politologisch-verwaltungswissenschaftliche Maßstäbe an, so ist das Bild von den drei Säulen durchaus zutreffend."[64]

---

[63] Klönne, Arno zitiert nach Naßmacher/Naßmacher, a. a. O., S. 9

[64] Naßmacher/Naßmacher, a. a. O., S. 143

Die Frage nach der Funktion der Gemeinden im demokratischen Staat ist eng verbunden mit der Fragestellung nach dem Gehalt des Politischen in der Kommunalpolitik oder: sind kommunale Entscheidungen lediglich Erfüllung sachgerechter Verwaltungsaufgaben oder sind sie als Politik zu definieren. Naßmacher/Naßmacher stellen fest: "Jener Ausschnitt des gesellschaftlichen Lebens, der durch "Wählen unter alternativen Handlungsmöglichkeiten" allgemein verbindliche Entscheidungen hervorbringt, wird häufig als Politik bezeichnet ... Innerhalb des politischen Systems ist die Kommunalpolitik dem lokalen Geschehen als Entscheidungsebene zugeordnet."[65] Den gleichen Politikbegriff, Entscheidung nach Alternativen, legt Wehling zugrunde und führt aus: "Ob in einer Gemeinde zuerst ein Altersheim oder ein Freibad gebaut werden soll, ob stärker die vereinsgebundene oder die offene Jugendarbeit finanziell gefördert werden soll, ob das geplante Jugendhaus selbstverwaltet sein soll oder nicht-das alles sind in der Kommunalpolitik in höchstem Maße strittige, und das heißt: politische Entscheidungen."[66] Claus Offe[67] sieht als Vertreter einer anderen wissenschaftlichen Richtung aufgrund mangelnder kommunaler Entscheidungskompetenzen die örtliche Entscheidungsebene als nicht mehr notwendig an. Zugrunde liegt die Argumentation, daß "weder die Geschlossenheit, eines ökonomischen Systems noch die autonome Dispositionsmöglichkeit über kommunale Angelegenheiten, noch die verwaltungstechnische Zweckmäßigkeit einer autonomen Kommunalverwaltung noch schließlich der Selbstbestimmungswille als politisches Motiv der Gemeindebürger" die plausible Erklärung für eine organisatorische Eigenständigkeit der "schein-autonomen Ebene der kommunalen Politik abgeben." Dieser Auffassung nach kann kaum noch von Kommunal-Politik gesprochen werden und demzufolge sollten die kommunalen Aufgaben vom Zentralstaat übernommen werden, da sie ja ohnehin von der übergeordneten Ebene im wesentlichen vorentschieden seien. Er sieht allenfalls eine Funktion in der Entlastung des Zentralstaates in Hinblick auf Abschiebung von Konflikten auf die unterste Ebene.

Die Befürworter der kommunalen Selbstverwaltung führen an, daß trotz starker Vorgaben durch Bund und Länder noch erheblicher Entscheidungsspielraum im konkreten Fall der Kommune belassen wird. Als Gründe für den Erhalt einer eigenständigen kommunalen

---

65 Naßmacher/Naßmacher, a. a. O., S. 10

66 Wehling, a. a. O., S. 10

67 vgl. Offe Claus: Zur Frage der Identität der kommunalen Ebene in: Rolf-Richard Grauhan: Lokale Politikforschung Bd. 2, Frankfurt 1975, S. 303 ff.,
Voigt, Rüdiger: Restriktionen kommunaler Selbstverwaltung, in: Aus Politik und Zeitgeschichte, B 3/77 in: Helmut Köser (Hrs.), a. a. O., S. 90;
Naßmacher/Naßmacher, a. a. O., S. 12

Ebene, bzw. sogar für eine Ausweitung wird angeführt:[68]

1. Effiziensargument: Höhere Sach- und Bedarfsgerechtigkeit der ortsnahen dezentralen Entscheidung und Entlastung der höheren Ebene von vielfältigem Kleinkram.

2. Demokratietheoretisches Argument: Förderung der Gewaltenteilung durch eine hohe Zahl von unabhängigen Entscheidungszentren; der Willensbildungsprozeß ist überschaubarer, die Chance für eine politische Partizipation der Bürger ist größer; Möglichkeit vieler Pilotentscheidungen durch Bund, Länder und Gemeinden hält den Gesamtaufbau des Staates flexibel.

3. Legitimatorisches Argument: Verminderte Gefahr einer Konfliktüberlastung durch Stufung der Verwaltung, die höhere Ebene kann sich ungestörter auf grundsätzliche Aufgaben konzentrieren und wird nicht gleich für jedes Leistungsdefizit verantwortlich gemacht; Gemeinden wirken als "Vorfluter" für den politischen Willensbildungsprozeß der höheren Ebenen des politischen Systems.

4. Sozialisations- und elitentheoretisches Argument: Gemeinden gelten als ursprüngliches Feld für die politische Beteiligung der Bürger. Die örtlichen Verhältnisse gelten als überschaubar, Problemlagen stellen sich als durchschaubar dar, Entscheidungsprozesse als unmittelbar beeinflußbar und von den Maßnahmen ist der einzelne unmittelbar betroffen. Hier können politische Talente entdeckt und gefördert werden. Kommunalpolitik gilt als "Grundschule der Demokratie". Hier muß kritisch gefragt werden, ob die Argumente der Überschaubarkeit und der Nachvollziehbarkeit auch noch für Großstädte gelten können, die ebenfalls unter den Begriff der Gemeinde fallen. Naßmacher nennen hierfür als optimal Städte von 5.000 bis 50.000 Einwohner.

Kommunalpolitik steht also in dem Ruf, besonders bürgeroffen und mitwirkungsfreundlich und für eine sachgerechte Beteiligung aller Mitbürger geeignet zu sein. In den Kommunen der einzelnen Bundesländer sind unterschiedliche demokratische Formen der Bürgerbeteiligung durch die Kommunalverfassungen festgelegt; in der Niedersächsischen Gemeindeordnung sind dies der Bürgerantrag und die Beteiligung von sachkundigen Bürgern - jedoch gilt auch auf der untersten Ebene das Prinzip der repräsentativen Demokratie, das heißt, die Mitglieder des Rates werden durch regelmäßige Wahlen neu bestimmt. Sie sind somit eine Auswahl aus den Reihen der Bürger, die die Entscheidungen im Namen aller Bürger treffen.

---

[68] vgl. Wehling, a. a. O., S. 8, Naßmacher/Naßmacher, a. a. O., S. 13

Neben den Parteien können auch Freie Wählergemeinschaften Kandidatenlisten zur Wahl aufstellen, ebenso können Einzelkandidaten unter bestimmten Voraussetzungen sich zur Wahl stellen. Hier manifestiert sich ein Konfliktfeld der Kommunalpolitik, nämlich die Frage, ob Parteipolitik auf der gemeindlichen Ebene angemessen ist. Die lokale Politik wird vielfach als gegensätzlich zur Parteipolitik gesehen und diese als nicht vereinbar mit den Gemeinschaftsinteressen einer Gemeinde. Gemeindepolitik wird als "Naturschutzpark"[69] gekennzeichnet und "zur ideologie-, konflikt- und agitationsfreien Idylle erklärt"[70] und ist von Parteipolitik möglichst freizuhalten. Wehling formuliert drastisch: "Was sollen, so die Ideologie der Freien Wähler, in der Kommunalpolitik Parteien, da es doch weder eine christlich-demokratische Straßenbeleuchtung noch sozialdemokratische Bedürfnisanstalten gibt?"[71] Naßmacher führt an, daß aber das vermeintliche "Gemeinwohl" heute nicht mehr gegeben ist, sondern sich auch in den Gemeinden vielfältige Interessen von unterschiedlichen Menschen wiederfinden. Die Parteien haben die Aufgabe, diese vielfältigen Interessen zu bündeln, zu artikulieren und als einheitliche Fraktionsmeinung umzusetzen. Insofern sind sie Interessensgemeinschaften der aktiven Bürger.

Auch die Freien Wählergemeinschaften können in ihren Zusammensetzungen sehr unterschiedliche Interessen vertreten.[72] In kleineren Gemeinden gibt es mitunter nur eine Liste, die der Wählergemeinschaft, auf der sich alle Gruppen oder auch Familienclans, Vereine oder konkurrierende Gruppe wiederfinden. Sie verdrängen jedenfalls vollständig die Parteilisten, für die sich dann kaum ein Kandidat finden ließe. Freie Wählerlisten können aber auch Benachteiligten oder Bürgerinitiativen die Chance gewähren, ins Rathaus einzuziehen, z. B. als reine Frauenlisten. Oder aber sie sind mit Kandidaten bestückt, die dem Honoratiorenbild entsprechen, wie Handwerker, Rechtsanwälte usw.

Aber auch die Parteien versuchen auf lokaler Ebene der vermeintlichen Einstellung der Bürger nach unpolitischen Parteien gerecht zu werden und treten eher als Verein auf "mit unpolitischem Erscheinungsbild und Verhaltensmustern"[73]. Schneider stellte in seiner Studie über eine Landgemeinde fest, daß die örtlichen Parteiverbände offensichtlich eher der Mobilisierung von Wählern für Landtags- und Bundestagswahlen dienen und dabei auch von ihren überörtlichen Organisationen unterstützt werden.

---

[69] Naßmacher/Naßmacher, a. a. O., S. 15

[70] ebd.

[71] Wehling, a. a. O., S. 92

[72] vgl. Wehling, a. a. O., S. 91 f.

[73] Wehling, a. a. O., S. 91 f.

Bei der Kommunalwahl sind sie auf sich selbst gestellt. "Sie müssen Kandidaten aussuchen, Wahlprogramme aufstellen und eine eigene Wahlkampagne führen. Nach dieser Kraftanstrengung fallen sie aber wieder in einen Dämmerzustand zurück, denn ihre sonstigen Aktivitäten in der Lokalpolitik bleiben gering."[74]

Die Bedeutung der Parteien scheint aber abhängig von der Gemeindegröße zu sein. In den größeren Städten wird ihnen in der Funktion der Interessenbindung eine wichtige Rolle zugewiesen, in Kleinstädten und Dörfern fällt sie in dieser Kompetenz hinter die Vereine zurück.[75]

2.2 Rekrutierung der Mandatsträger/-innen auf kommunaler Ebene

Zur Rekrutierung des politischen Führungspersonals der Parteien hat Herzog[76] im wesentlichen zwei Aufstiegsmuster herausgearbeitet. Zu den innerparteilichen Karrierevoraussetzungen gehören eine langjährige Funktion in den Führunggremien an der Parteibasis. Damit verbunden ist die Herstellung einer Vertrauensbasis und die Beschaffung von Mehrheiten, respektive einer Hausmacht. Die regelmäßige Teilnahme an Sitzungen und anderen politischen Aktivitäten sowie die Fähigkeiten zum Argumentieren und Überzeugen sind weitere wichtige Voraussetzungen.

Das zweite Aufstiegsmuster vollzieht sich über "Positionen auf höherer Organisationsebene (Bezirk, Land, Bund), vor allem in Sonderoragnisationen, Beiräten oder Fachausschüssen. Bei diesem Start sind folgende Voraussetzungen notwendig:

a) Eine einflußreiche Position in Verbänden oder Institutionen oder

b) ein einflußreiches öffentliches Amt oder

c) eine einflußreiche private Berufsposition oder

d) Fachwissen aufgrund des privaten Berufes oder

e) erfolgreiche Tätigkeit in studentischen oder sonstigen Jugendgruppen des vorpolitischen Raumes."[77]

---

74 Kaack, Heino, zitiert nach Schneider, Herbert: Lokalpolitik in einer Landgemeinde, in: Aus Politik und Zeitgeschichte, B 3/77, S. 25

75 vgl. Haasis, Hans-Arthur in: Köser, a. a. O., S. 189

76 vgl. Herzog, Dietrich: Politische Karrieren, Selektion und Professionalisierung politischer Führungsgruppen, Opladen 1975

77 ebd., S. 74

Dieses Aufstiegsmuster ist sehr berufsorientiert, wobei hinzukommt, daß im wesentlichen politiknahe Berufe, z. B. juristische oder journalistische, den Vorzug haben.

Für beide Karrieremuster gilt, daß eine intensive, langfristige und zeitaufwendige Mitarbeit erforderlich ist, es gilt das Prinzip der Abkömmlichkeit.

Auch ohne nähere Analyse dieser Aufstiegsmuster dürfte offensichtlich sein, daß auch hier Frauen aufgrund der o. a. gesellschaftlichen Bedingungen eine schwierigere Ausgangsbasis haben als Männer.

Aus den Untersuchungen auf kommunaler Ebene, vor allem in kleineren Gemeinden, lassen sich folgende Kriterien für die Aufstellung von Kandidaten/-innen für ein lokalpolitisches Mandat benennen:[78]

Alle Untersuchungen kommen zu dem Ergebnis, daß dem Rekrutierungsprozeß für Gemeinderäte eine soziale Selektion zugrunde liegt. Hierbei ist vor allem die Vereinsaktivität hervorzuheben, weniger die Parteiaktivitäten. "Nicht die parteipolitische Betätigung führt ... zur Aufstellung als Kandidat für den Gemeinderat, sondern soziale, insbesondere Vereinsaktivitäten."[79] Vereine gelten als besonders sozialintegrativ und das Gemeinschaftsleben fördernd. Die Mitarbiet in den Vereinen sorgt für einen hohen Bekanntheitsgrad auf lokaler Ebene und bietet zudem die Möglichkeit, politische Fähigkeiten, wie Reden in der Öffentlichkeit, Überzeugen für bestimmte vereinsinterne Ziele, zu üben und zu vervollständigen. Allerdings gilt dieses nur für die Vereinsführer, die sich nach den vorliegenden Untersuchungen fast ausschließlich aus Angehörigen der Mittelschicht zusammensetzt. "Die Sozialaktiven stellen die lokale Elite. Bezüglich ihrer Einordnung kommen alle Autoren zum gleichen Schluß: Vereinsführung ist eine Domäne der Selbständigen in Handwerk und Handel sowie mittlerer Angestellten und Beamter ..., die somit die Rekrutierungsschicht des Gemeinderates darstellen."[80] Jeder Verein wird versuchen, "seinen Mann" in den Rat zu bringen, um dadurch vereinspezifische Interessen besser durchzusetzen.

---

[78] vgl. Schneider, Hermann: Lokalpolitik in einer Landgemeinde, a. a. O., S. 17 ff; Holler, Wolfgang/Naßmacher, Karl-Heinz: Rat und Verwaltung im Prozeß kommunalpolitischer Willensbildung, in: Köser, Helmut, a. a. O., S. 275 f; Haller, Hans-Martin: Die Freien Wähler in der Kommunalpolitik, in: Köser, Helmut, a. a. O., S. 342 ff; Voigt, Rüdiger, B 46-47/86, S. 10 - 11; Wehling, Hans-Georg, a. a. O., S. 93 ff.

[79] Voigt, Rüdiger, B 46-47/86, S. 11

[80] Haller, H.-W., a. a. O., S. 344

Der hohe Bekanntheitsgrad kann auch erreicht werden durch eine herausgehobene berufliche Position oder durch eine große Familie, letzteres gilt besonders für alteingesessene Familien.

Daneben gilt das Kriterium der "Erfüllung öffentlicher Tugenden". Hierzu zählen z. B. Verantwortungsbewußtsein, Hilfsbereitschaft, Einsatzfreudigkeit, geordnetes Familienleben aber auch Amtskompetenz, d. h. seine Ansichten sachgerecht und gewandt im Gemeinderat vertreten zu können.[81] "Gemeinderat kann nur werden, wer sich mit den gängigen Normen der Gemeindegesellschaft identifiziert oder sich ihnen anpaßt."[82] Danach scheinen konfliktfreudige Personen von vornherein keine Möglichkeit der direkten Entscheidungsbeteiligung zu haben. Holler und Naßmacher stellen fest, daß sich die Mandatsträger in den kommunalen Gremien überwiegend an mittelständischen Normen und Wertmaßstäben ausrichten, und daß Personen, zwischen denen es intensivere Konflikte geben könnte, in der Kommunalpolitik gar nicht erst auftreten.[83] Bei den Selbständigen wird darüber hinaus oftmals ein eigenes berufliches Interesse als Motivation für eine kommunalpolitische Tätigkeit gesehen, aber selten offen vertreten.

Als weiteres wichtiges Selektionskriterium wird die für Ratsarbeit zur Verfügung stehende Zeit angesehen. Da die Ratsarbeit in größeren und kleineren Kommunen mit erheblichem Zeitaufwand verbunden ist, sind solche Personen im Vorteil, die über ein entsprechendes Zeitbudget verfügen. Dieses sind zunächst Personen, die keiner Berufstätigkeit nachgehen. Das sind neben Rentnern und Pensionären "auch Hausfrauen, wenn sie, in höherem Lebensabschnitt stehend, nicht durch Kleinkinder und Kinder im schulpflichtigen Alter auf ihren häuslichen Tätigkeitsbereich beschränkt werden."[84] Bei den abhängig Beschäftigten ist die Gruppe im Vorteil, die zeitlich nicht genau festgelegt am Arbeitsplatz sein muß oder deren Arbeitgeber an einem politischen Mandat ihrer Beschäftigten interessiert sind. Dieses betrifft insbesondere Angestellte und Beamte im öffentlichen Dienst, hier besonders das Lehrpersonal, freigestellte Betriebsratsmitglieder und leitende Angestellte vor allem größerer Betriebe. Ebenso gehören dazu die hauptamtlichen Mitarbeiter von Parteien, Gewerkschaften und Verbänden. Bei den Selbständigen kommen nur solche infrage, deren zeitliche Abwesenheit wenigstens zum Teil im Betrieb aufgefangen werden kann oder wenn ein kommunales Mandat in direktem beruflichen Interesse liegt, was besonders bei Architekten der Fall sein dürfte.

---

[81] vgl. Scheider, H., a. a. O., S. 27

[82] Haller, H.-W., a. a. O., S. 343

[83] Holler/Naßmacher, in: Köser, a. a. O., S. 282

[84] ebd., S. 280

Als Fazit kann gesagt werden, daß die Rekrutierung der Kandidaten für ein politisches Mandat auf kommunaler Ebene sich weniger an parteipolitischen Kriterien orientiert, sondern eine Personen(aus)wahl darstellt, die sich nach folgenden Gesichtspunkten richtet:

- Die Kandidaten/-innen müssen über einen hohen Bekanntheitsgrad verfügen, um möglichst viele Wählerstimmen zu gewährleisten.

- Dieser Bekanntheitsgrad kann durch aktive Vereinsführung - auch in karitativen Verbänden -, herausgehobener beruflicher Position oder durch einen großen Familienkreis erworben sein.

- Die Kandidaten/-innen müssen sich der gemeindschaftlichen Norm anpassen und öffentliche Tugenden, wie Einsatzbereitschaft, Verantwortungsbewußtsein, geordnetes Familienleben erfüllen.

- Sie müssen über Amtskompetenz verfügen.

- Die zeitliche Abkömmlichkeit von Beruf und Haushalt muß gewährleistet sein.

Dieser aufgezeigte Selektionsmechanismus macht deutlich, daß das Ausleseverfahren große Gruppen der gesellschaftlichen Struktur der Kommunen in der Chance, ein kommunales Ratsmandat zu erlangen, benachteiligt. Ein normaler Arbeiter, der acht Stunden täglich an seinem Arbeitsplatz stehen muß und von daher auch kaum einen Vereinsvorsitz ausüben kann, hat zumindest wesentlich größere Schwierigkeiten, ein Mandat zu erlangen und auszufüllen, als der selbständige Architekt mit hohem Bekanntheitsgrad und der evtl. Vereinsvorsitzender ist. "In den Gemeinderäten bleiben Frauen, Arbeiter und das produzierende Gewerbe unterrepräsentiert, Selbständige, Beamte, die Landwirtschaft und der Dienstleistungsbereich überrepräsentiert."[85]

2.3 <u>Kommunalpolitik als bevorzugtes Aufgabengebiet für Frauen?</u>

Die defizitäre Situation von Frauen in allen gesellschaftspolitischen Bereichen wurde bereits ausführlich dargestellt und begründet durch geschlechtsspezifische Erziehung, berufliche Sozialisation, weibliche Lebenszusammenhänge und damit verbunden internalisierten Rollenfixierungen. Geht man davon aus, daß diese Erfahrungen und Einstellungen auch auf die Bereitschaft und Möglichkeit zur Übernahme eines kommunalen Mandats wirken,

---

[85] Naßmacher, Karl-Heinz: Parteien I, in: Voigt, Rüdiger: Handwörterbuch zur Kommunalpolitik, a. a. O., S. 325

bleibt dennoch die Frage zu stellen, ob nicht im Gegensatz zur Landes- und Bundesebene die kommunale Ebene mit ihren spezifischen Anforderungen ein bevorzugtes Aufgabenfeld für Frauen darstellen könnte. Dabei sind folgende Bedingungen näher zu betrachten:

a) Die zeitliche Abwesenheit von zu Hause ist durch die Arbeit "vor Ort" geringer und leichter zu vereinbaren mit den Aufgaben als Hausfrau und Mutter. Hinzu kommt das engere Netz der sozialen Beziehungen wie Nachbarschaft, Verwandtschaft, Freunde und Bekannte, auf deren Hilfe man zurückgreifen kann, z. B. wenn es um die Betreuung der Kinder geht.

b) Geht man von dem Vorurteil aus, daß Frauen geringere politische Fähigkeiten entwickelt haben als Männer, ist die Ratsarbeit mit ihren örtlichen Problemen aufgrund ihrer Nachvollziehbarkeit und Durchschaubarkeit für Frauen zu bewältigen.

c) Die Aufgabenstellung der Kommunen begrenzt sich auf Themen, die im besonderen Interessenbereich von Frauen liegen. Es sind dies vor allem die Bereiche der Daseinsvorsorge, wie Müllabfuhr oder Versorgung mit Gütern des täglichen Lebens, Schul- und Kindergartenprobleme, Verkehrsanbindungen, soziale Aufgaben, wie Jugendarbeit, Altenpflege, Gesundheitsfragen, ärztliche Versorgung, der Freizeit- und Kulturbereich und nicht zuletzt Fragen des Wohnungsbaus und der Stadtplanung. Von den Entscheidungen in diesen Bereichen und ihren Auswirkungen sind Frauen durch ihre Tätigkeitsbereiche besonders betroffen. Durch diese besondere Betroffenheit könnte eine verstärkte Motivation zur Mitwirkung an den Entscheidungsfindungen abgeleitet werden.

d) Durch ihre vielfältigen Betätigungen in ehrenamtlichen Bereichen und durch ihre sozialen Kontakte können Frauen gerade im abgegrenzten kommunalen Bereich einen adäquaten Bekanntheitsgrad erwerben. Auch wenn hier gilt, daß Frauen die Arbeit machen und Männer die Vorstandsposten innehaben, ist doch durch den Umgang mit den Betroffenen der Kontakt zur Bevölkerung eng und der positive Bekanntheitsgrad durch Gespräche und "Mund-zu-Mund"-Propaganda gegeben.

e) Hinzu kommt, daß heute keine Partei mehr sich den Forderungen nach weiblichen Kandidaten entziehen mag und Frauen- wenn auch nicht immer bereitwillig - eine Kandidatur nicht mehr mit vordergründigen Argumenten verwehren können.

2.4 Forderungen der Parteien hinsichtlich der politischen Partizipation von Frauen

Die Relevanz des Themas für die wissenschaftliche Diskussion spiegelt sich auch in den programmatischen Forderungen der politischen Parteien nach einem höheren Anteil der Frauen an politischer Teilhabe wieder. Diese Forderungen der Parteien sollen im einzelnen nachfolgend dargestellt werden.[86]

Wie bereits festgestellt wurde (2.2), ist die Rekrutierung von Kandidaten/-innen für die kommunale Ebene und damit auch die Auslese möglicher Mandatsträger/-innen primäre Aufgabe der Parteien, die die Aufstellung der Listen nach demokratischen Prinzipien vorzunehmen haben. Ebenfalls aufgezeigt wurde, daß eine der wesentlichen innerparteilichen Voraussetzungen für die Nominierung die Verankerung der kandidaturbereiten Parteimitglieder eine Hausmacht ist, die in der Lage ist, Kandidaturen und eine erfolgversprechende Plazierung auf der Liste durchzusetzen. Es soll nun der Frage nachgegangen werden, welchen Stellenwert Frauenfragen in den Parteiprogrammen der einzelnen Parteien haben, und ob die Frauenvereinigungen innerhalb der Parteien in der Lage sind, die Hausmachtfunktion im oben beschriebenen Sinn einzunehmen.

2.4.1 Beschlußlage der Parteien

Nach dem Parteiengesetz ist jede Partei verpflichtet, ein Programm zu erstellen, in dem sie ihre politischen Ziele niederlegt (§ 1 Satz 3 Part. G.). Diese gesetzliche Vorschrift kann zum einen ein formaler Akt zwecks Anerkennung als Partei im Verfassungssinn sein, zum anderen aber weitergehende inhaltliche Funktionen übernehmen. In der wissenschaftlichen Literatur werden unterschiedliche Arten und unterschiedliche Funktionen der Programme dargestellt.[87] Kremendahl faßt die verschiedenen Programmarten in drei Typen zusammen:[88]

---

[86] Nicht berücksichtigt werden kann hier die juristische Kontroverse über die Verfassungsmäßigkeit einer bewußten Bevorzugung von Frauen bei der Nominierung für Mandate und Funktionen. Es geht hier vorrangig um den politischen Willen der Parteien, den Frauenanteil in Ämtern und Mandaten zu erhöhen; die Rechtmäßigkeit der vorgesehenen möglichen Maßnahmen wird gutachterlich und/oder gerichtlich festzustellen sein.

[87] vgl. u. a. Kaack, Heino: Geschichte und Struktur des deutschen Parteiensystems, Opladen 1971; Flechtheim, Ossip K.: Parteiprogramme, in: Lenk/Neumann: Theorie und Soziologie der politischen Parteien, 1974, Bd. 2; Flohr, Heiner: Parteiprogramme in der Demokratie, Göttingen 1968

[88] Kremendahl, Hans: Einführung, in: Froemer, Friedel (Hrs.): Parteiprogramme, Leverkusen 1982, S. 11 ff.

a) Grundsatzprogramme

b) Orientierungsprogramme

c) Wahl- und Regierungsprogramme

Grundsatzprogramme "fassen den theoretischen, weltanschaulichen und prinzipiellen Standort einer Partei zusammen, legen "Grundwerte" fest und geben die für die Partei verbindliche Einschätzung der gesellschaftlichen Handlungsbedingungen bekannt."[89] Sie haben für einen längeren Zeitraum (20 bis 30 Jahre) Geltung, sind eher allgemein gehalten und haben Bekenntnischarakter.

Orientierungsprogramme sind ebenfalls auf einen längeren, aber ausgewiesenen Zeitraum ausgerichtet und beinhalten konkretere Gestaltungsplanungen, Handlungsmittel und Strategien der Durchsetzung. "Orientierungsrahmen sind besonders geeignet für Regierungsparteien als Anleitung einer abgestimmten, kontinuierlichen Politik."[90]

Wahl- und Regierungsprogramme sind konkreter gefaßt und legen in Einzelpunkten inhaltlich fest, was die Partei der jeweiligen Ebene in der nächsten Legislaturperiode verwirklichen will.

Die Programme der Parteien haben eine Außen- und eine Binnenfunktion. Die Außenfunktion wird nach Kaack gesehen als "Werbefunktion", d. h. neue Mitglieder und Wähler anzusprechen, die "Profilfunktion" im Sinne von Abgrenzung gegenüber anderen Parteien, die "Agitationsfunktion" als Mittel der Auseinandersetzung im Rahmen der Konkurrenzsituation zu anderen Parteien und die "Operationsbasisfunktion" für die Sachforderungen in einem bestimmten Zeitraum.

Die Binnenfunktion der Programme macht sich fest an der "Integrations- und Identifikationsfunktion", die zum einen unterschiedliche Gruppierungen innerhalb einer Partei eine allgemeingültige Richtschnur geben soll und zum aderen die vielen Einzelinteressen mit dem Parteiwillen identifizieren soll. Innerparteilich sollen Programme die "Herrschafts- und Legitimationsfunktion" erfüllen, d. h. gegen einzelne Mitglieder oder Gruppierungen der Partei, die sich nicht an diese verabschiedeten Programmlinien halten, kann die Parteiführung mit Sanktionen vorgehen, auf der anderen Seite kann jeder, der sich auf Parteiprogramme berufen kann, als legitimiert erscheinen. Die "Stimulationsfunktion" der Programme besteht in der Auseinandersetzung und Diskussion des innerparteilichen Willensbil-

---

[89] ebd., S. 12

[90] ebd., S. 12

dungs- und Entscheidungsprozesses.

Diese Funktionen können den jeweiligen Programmen in unterschiedlichen Ausprägungen zugeordnet werden. Generell kann gesagt werden, daß die höchste Binnenfunktion den Grundatzprogrammen, die höchste Außenfunktion den Wahl- und Regierungsprogrammen zugeschrieben werden kann.

Eines allerdings dürfte allen Programmen gemeinsam sein: Sie sind daran zu messen, inwieweit die programmatischen Forderungen und Zielsetzungen in der Praxis verwirklicht werden können. "Dieses Problem ist von einer Partei im Falle von Mißerfolg und Auseinanderklaffen von Programm und Praxis nach der einen oder der anderen Seite zu lösen (neues Programm oder Änderung der praktischen Politik)."[91]

Dieses gilt auch für die Frauenfrage. Für die für diese Arbeit interessanten Parteien SPD, CDU, FDP und "Grüne" sind zur Zeit folgende Programme von Wichtigkeit:

Die SPD verfügt seit 1959 über ein Grundsatzprogramm, das "Godesberger Programm", und über einen ökonomisch-politischen Orientierungsrahmen für die Jahre 1975 - 1985, den im November 1975 auf dem Mannheimer Parteitag verabschiedeten "Orientierungsrahmen 85". Darüber hinaus arbeitet eine Grundsatzprogrammkommission an einem neuen Grundsatzprogramm, das in einem ersten Entwurf bereits vorliegt und auf einem Parteitag 1989 verabschiedet werden soll.

Seit Oktober 1978 verfügt die CDU ebenfalls über ein Grundsatzprogramm, das unter dem Vorsitz von Richard von Weizsäcker erarbeitet und auf dem Parteitag in Ludwigshafen beschlossen wurde. Daneben sind wichtig die "Mannheimer Erklärung" von 1975, in der zu politischen Themen aktuell Stellung genommen wird.

Für die FDP gelten die "Freiburger Thesen" von 1971, die eine Mischung aus Grundsatz- und Aktionsprogramm darstellen.

Die "Grünen" diskutieren seit 1986 ein Bundesprogramm.

Neben diesen programmatischen Forderungen, die grundsätzliche Stellung nehmen zur gesellschaftspolitischen Situation der Frauen, gelten in der SPD, CDU und FDP Programme und Parteitagsbeschlüsse zur innerparteilichen Gleichstellung der Frauen.

Eine Durchsicht dieser Parteiprogramme auf Aussagen bezüglich spezieller Frauenpolitik ergibt folgendes Bild:

---

[91] ebd., S. 15

2.4.1.1 Programmatische Aussagen der SPD

Das "Godesberger Programm" der SPD[92] fordert im Abschnitt "Frau - Familie - Jugend" die Verwirklichung der Gleichberechtigung der Frau in rechtlicher, sozialer und wirtschaftlicher Hinsicht. Dabei soll Gleichberechtigung die "psychologischen und biologischen Eigenarten der Frau" beachten, Hausfrauenarbeit soll als Berufsarbeit anerkannt und Mütter von vorschul- und schulpflichtigen Kindern nicht aus wirtschaftlichen Gründen einem Erwerb nachgehen müssen.

Weitere Aussagen zur Situation der Frau oder über Wege und Mittel der Erreichung der angestrebten Gleichberechtigung werden im "Godesberger Programm" nicht gemacht.

Wesentlich konkreter wird der "Orientierungsrahmen 85" hierzu in einem Unterkapitel "Die Gleichstellung der Frauen". Er nimmt eine gesellschaftspolitische Analyse vor, die die Benachteiligung der Frauen im Bildungs- und Ausbildungsbereich, im Beruf, den beruflichen Aufstiegsmöglichkeiten und in der Entlohnung sowie in der Wahrnehmung politischer Ämter offenlegt. "Frauen sind benachteiligt in der Wahrnehmung politischer Ämter. Mehrfachbelastung und Vorurteile stehen auch hier im Wege und erschweren es den Frauen erheblich, gleichberechtigt politische Verantwortung zu übernehmen."[93] Nach dieser Analyse werden "nächste Schritte" aufgezeigt, die Diskriminierung aufheben und Gleichberechtigung verwirklichen sollen und zwar für die Bereiche Arbeitswelt, Bildung und Familie. Es wird festgestellt, daß die Gleichstellung der Frau ein gesellschaftliches Problem ist und nur von Männern und Frauen gemeinsam bewältigt werden kann. Für die innerparteiliche Gleichstellung der Frauen wird folgende Aussage getroffen: "Die SPD wird diese Politik nur dann glaubhaft vertreten können und für andere gesellschaftliche Gruppen beispielgebend sein, wenn sie in ihren eigenen Reihen mit der Gleichstellung der Frauen ernst macht."[94]

Der Essener Parteitag 1984 der SPD verabschiedete einen Antrag des Parteivorstandes zur innerparteilichen Gleichstellung der Frauen, der in seinen konkreten Forderungen und Handlungsanweisungen über die Berliner Beschlüsse von 1979 weit hinausgeht.[95] Neben der Berichterstattungspflicht der jeweiligen Vorstände über den Fortgang der Gleichstellungsbemühungen, der Beteiligung der Frauen in den Vorständen und bei den repräsentativen Aufgaben der Partei werden Frauenförderpläne für die Besetzung der hauptamtlichen Funktionen innerhalb der Partei und Einfluß-

---

92 Godesberger Programm der SPD, S. 18

93 Orientierungsrahmen 85 der SPD, Pt. 4.6.2

94 ebd., Pt. 4.6.4

95 Antrag 596, Essener Parteitag 1984

nahme auf einen erhöhten Anteil von Frauen für öffentliche Ämter und Mandate festgelegt. Eine Gleichstellungskommission hat die Verwirklichung dieser Vorstellungen zu kontrollieren und weitere Schritte zur innerparteilichen Gleichstellung vorzuschlagen. Wie hoch der Anteil der Frauen in innerparteilichen und öffentlichen Ämtern, Funktionen und Mandaten sein soll, wurde in Essen nicht prozentual festgelegt. Es heißt dort: "... ist darauf zu achten, daß jeweils eine angemessen größere Zahl von Genossinnen berücksichtigt wird. "Angemessen" ist in keinem Fall die bloße Verbesserung um "eine Frau": das Ziel einer gleichberechtigten Vertretung von Männern und Frauen muß in erkennbaren Planschritten vollzogen werden.[96]

2.4.1.2 Programmatische Aussagen der CDU

Das Grundsatzprogramm der CDU von 1978 beinhaltet unter dem Kapitel "Sozialordnung" einen Abschnitt "Frau in der Gesellschaft".[97] Es wird hier festgelegt, daß die Frau an der Gestaltung des politischen, wirtschaftlichen und gesellschaftlichen Lebens vollen Anteil haben muß und zwar im Sinne des Gleichberechtigungspostulats des Grundgesetzes und der "besonderen Möglichkeiten der Lebensführung" der Frau. Es wird die volle Gleichwertigkeit von Hausfrauentätigkeit und Berufstätigkeit und eine eigenstänige soziale Sicherung aller Ehefrauen und Mütter gefordert. Die Tarifpartner werden aufgefordert, gleichen Lohn für gleiche Arbeit zu garantieren, ebenso werden für Frauen gleiche Aufstiegsmöglichkeiten wie für Männer gefordert. Für den Wiedereinstieg von Hausfrauen werden verbesserte Fortbildungs- und Umschulungseinrichtungen postuliert. Ausdrücklich wird auf die Partnerschaft von Mann und Frau über den Bereich von Ehe und Familie hinaus auch in der Verbindung von Familie und außerhäuslicher Berufstätigkeit hingewiesen.

Zur innerparteilichen Gleichstellung werden in diesem Grundsatzprogramm keine Aussagen gemacht.

Auf ihrem 34.Bundesparteitag der CDU in Essen 1985 hat die Partei die "Leitsätze für eine neue Partnerschaft zwischen Mann und Frau" verabschiedet. Hierin werden ebenfalls Maßnahmen ge-

---

[96] ebd., Pt. 4
Inzwischen hat die SPD mit ihrem Parteitagsbeschluß von Nürnberg, 25. - 29.08.1986, den Terminus "angemessen" in konkreten Prozentzahlen definiert. Danach sollen in den 90er Jahren der Anteil der Frauen an Ämtern und Mandaten ihrem Anteil an der Gesamtbevölkerung, mindestens jedoch 40 % entsprechen. Diese Zielsetzung soll durch Änderung des Organisationsstatutes, der Wahlordnung oder auf anderen Wegen verpflichtend gemacht werden.

[97] CDU Grundsatzprogramm von 1978, Abs. 110

gefordert, die einen erhöhten Anteil weiblicher Mandats- und Funktionsträger zur Folge haben sollen. Entgegen den Beschlüssen der SPD werden hier keine konkreten Zielvorgaben gemacht, sondern die Parteigliederungen werden aufgefordert, Frauen stärker zu berücksichtigen und "... sollte außerdem eine klare Zielangabe der Beteiligung formuliert und planvoll stufenweise verwirklicht werden."[98]

Außerdem hat der Generalsekretär unter Beteiligung der Parteigliederungen regelmäßig auf den Bundesparteitagen über die Verwirklichung der Leitsätze zu berichten.

2.4.1.3 <u>Programmatische Aussagen der FDP</u>

In den Freiburger Thesen der Liberalen von 1971 finden sich keine Aussagen zu spezifischen Frauenfragen.

Mit dem Beschluß des Parteitages in Hannover im Mai 1986 nahm die FDP eine Fortschreibung ihres Programmes zur Gleichberechtigung von 1978 vor. Dieser Beschluß, der zugleich der frauenpolitische Teil des Wahlprogrammes der FDP für die Jahre 1987 bis 1991 ist, steht unter dem Motto: "Wir wollen die Konzentrierte Aktion für Frauen". In der Einleitung wird zusammenfassend festgestellt: "Deshalb will die FDP:

1. Die Familie zur Bewältigung ihrer Aufgaben ideell und finanziell wesentlich stärken,

2. bessere Voraussetzungen für die Vereinbarkeit von Beruf und Familie schaffen,

3. die Beteiligung von Frauen an politischen und gesellschaftlichen Entscheidungen ausbauen."[99]

Unter den Ausführungen zu Pt. 3 wird analysiert, daß zwar die politischen Rahmenbedingungen zur Unterstützung von mehr Beteiligung der Frauen begleitend wirken sollen, die Frauen selbst aber nur eine wirkliche Veränderung erreichen können, indem sie die Herausforderung annehmen, vermehrt in Parteien eintreten, kandidieren und andere Frauen unterstützen. Es wird eine Wahlrechtsänderung gefordert, die die Reihenfolge auf den Parteilisten verändern kann, Quotierung wird grundsätzlich abgelehnt ("Liberale Frauen stellen sich dem Wettbewerb")[100], Frauen-

---

[98] Leitsätze der CDU "Die neue Partnerschaft zwischen Mann und Frau", Abs. 35

[99] Beschluß des 37. ord. Bundesparteitages der FDP in Hannover vom 23. - 25. Mai 1986, Einleitung

[100] ebd. unter 3.

selbsthilfegruppen auf kommunaler Ebene gefordert und eine nicht weisungsgebundene Bundesbeauftragte zur Gleichstellung von Mann und Frau soll eingesetzt werden. Diese "Konzentrierte Aktion für Frauen" wird als gemeinsame Aufgabe von Männern und Frauen und als Aufgabe der Gesellschaft insgesamt angesehen.

2.4.1.4 Programmatische Aussagen der "Grünen"

Das Bundesprogramm der "Grünen"[101] faßt in Abschnitt V.2 "Frauen" ihre programmatischen Aussagen zusammen, die als Ziel eine "humane Gesellschaft, aufgebaut auf der vollen Gleichberechtigung der Geschlechter im Rahmen einer ökologischen Gesamtpolitik" formuliert. Es werden hierzu für die Einzelbereiche Ausbildung und Arbeit, Rente, Militärdienst, Gewalt gegen Frauen, Kinder, Mutterschutz und Schwangerschaft (§ 218) detaillierte Forderungen gestellt, die Ungerechtigkeiten und Benachteiligung der Frauen beseitigen und eine volle Gleichberechtigung beider Geschlechter herbeiführen soll. Für die "Grünen" ist die gleichberechtigte Teilnahme von Männern und Frauen Parteiprinzip. Dieses dokumentiert z. B. die Liste für die Niedersachsenwahl im Juni 1986. Bis zum 40. Platz wurde nach dem sog. Reißverschlußprinzip, eine Frau, ein Mann, eine Frau, verfahren. Dieses Prinzip gilt im allgemeinen auch auf kommunaler Ebene und für die Besetzung innerparteilicher Ämter und Funktionen, z. B. für den Bundesvorstand.

Faßt man die vorliegenden Parteibeschlüsse zum Thema Gleichstellung zusammen, kommt man zu dem Ergebnis, daß alle Parteien die gleichberechtigte Teilnahme der Frauen an parteiinternen und öffentlichen Ämtern und Mandaten als notwendig formulieren und mehr oder weniger konkrete Vorstellungen über deren Verwirklichung als für die Partei bindend ansehen.

Diese Untersuchung stützt sich aber hinsichtlich des Frauenanteils an den Mandaten in den kommunalen Räten auf die Kommunalwahl in Niedersachsen von 1981. Bis auf die Partei die "Grünen" lagen bei den sog. etablierten Parteien CDU, SPD und FDP weniger konkrete Beschlüsse bezüglich einer Steigerung des Frauenanteils vor. Wie sich die danach gefaßten Parteibeschlüsse in der Praxis auswirken, bleibt abzuwarten und anderen Untersuchungen vorbehalten.

2.4.2 Frauenvereinigungen in der Funktion "Hausmacht"

Von den Partein CDU, SPD, FDP und "Grüne" haben nur die beiden großen Parteien CDU und SPD eigene Frauenorganisationen, die SPD die "Arbeitsgemeinschaft sozialdemokratischer Frauen" und

---

[101] Die "Grünen", das Bundesprogramm, Abschnitt V

die CDU die "Frauenvereinigung".[102] Die FDP verfügt über keine Frauenorganisation auf Bundesebene.

Für beide Frauengemeinschaften gilt, daß ihre Mitgliedschaft rein geschlechtsspezifisch definiert ist: Alle Frauen in der SPD sind automatisch Mitglieder in der ASF, ebenso alle Frauen in der CDU Mitglieder in der Frauenvereinigung. Alle anderen Arbeitsgemeinschaften und Gemeinschaften innerhalb der Partei beruhen auf beruflichen oder gesellschaftlichen Positionen und Interessen. Es handelt sich also um eine rein förmliche Mitgliedschaft, was über den Grad der Mitarbeit nichts aussagt. Beide Frauenorganisationen sind in ihrem Selbstverständnis so angelegt, daß sie sich als einen Schritt zur Verwirklichung der gleichberechtigten Teilnahme in allen Gremien der Partei ansehen und nach Verwirklichung dieser Gleichstellung überflüssig werden.

2.4.2.1 Aufgaben und Ziele der ASF

Zu den wesentlichen Zielen und Aufgaben der ASF zählen die Integration der Frauen in Partei und Gesellschaft, zur Änderung des gesellschaftlichen Bewußtseins beizutragen, die Frauen mit der Politik und den Zielen der Partei vertraut zu machen und neue Mitglieder zu werben. Die Interessen und Forderungen der Frauen sollen über die ASF artikuliert in der Partei zur Geltung gebracht und die Mitarbeit der Frauen in der Partei verstärkt werden.[103]

Die ASF verfügt über kein eigenes Antragsrecht zu Parteitagen, sondern muß versuchen, ihre Anträge über die jeweilige Organisationsebene der Partei einzubringen. Sie hat gegenüber dem Parteivorstand lediglich Beratungsfunktion, verfügt über keinen eigenen Etat und ist in ihrer politischen Tätigkeit an Absprachen mit den jeweiligen Vorständen gebunden.

Diese Richtlinien machen deutlich, daß die ASF keine autonome Politik machen kann. Es kann aber festgestellt werden, daß innerhalb der Partei die ASF als eine kritische und beharrliche Arbeitsgemeinschaft angesehen werden muß. Die laufenden Diskussionen um mehr weibliche Beteiligung haben zwar im Augenblick noch zu keinen merklichen Ergebnissen geführt; die Beschlüsse der Partei bezüglich Quotierungen sind aber sicherlich auch auf die nachhaltigen Forderungen der ASF zurückzuführen. "Wenn auch im einzelnen oft mühevolle Auseinandersetzungen in Kauf genommen werden mußten, so ist den Frauen in der Partei letztendlich doch gelungen, den Freiraum der Eigenorganisation zu nutzen, um

---

[102] seit Febr. 1988 "Frauen-Union"

[103] Richtlinien für die Arbeitsgemeinschaft sozialdemokratischer Frauen, 1972

die Zielvorstellungen der SPD bestimmend zu beeinflussen."[104]

2.4.2.2 Aufgaben und Ziele der Frauenvereinigung der CDU

Im Gegensatz zur ASF hat die Frauenvereinigung der CDU ein eigenes Antragsrecht und das Recht auf eigene Verlautbarungen. Finanziell ist die Frauenvereinigung ebenfalls völlig von der Partei abhängig. Ihre Aufgaben sieht sie im wesentlichen darin, sich für die politischen Anliegen, die sich aus den Lebensbereichen der Frauen ergeben, einzusetzen, eine stärkere Beteiligung der Frauen in der Partei und den Parlamenten zu erreichen, zu politischen Fragen Stellung zu nehmen und die politische Bildung der Frauen zu fördern.[105] Eine Quotierungsdiskussion findet in der Frauenvereinigung nicht statt, vielmehr wird eine bessere Beteiligung der Frauen im Sinne von mehr Partnerschaft gefordert (vgl. Leitsätze für eine neue Partnerschaft zwischen Mann und Frau).

2.4.2.3 Wirkungen der Frauenvereinigungen

Kritikerinnen der Frauenvereinigungen beider Parteien beklagen, daß trotz verbaler Bekundungen es den Frauen nicht gelungen ist, ihre Ansprüche auf höhere Beteiligung durchzusetzen und daß eine aktive Mitarbeit in den Arbeitsgemeinschaften sich eher negativ auf eine politische Karriere auswirkt, zumal die Mitarbeit in den Frauenorganisationen eine zeitliche Beschränkung der Mitarbeit in anderen Parteigremien mit sich bringt.

Daneben hat sich gezeigt, daß die Frauenorganisationen keineswegs als "Durchgangslager", sondern eher als Endstation für die aktiven Frauen fungieren.[106] Neben diesen Bedingungen dürfte bei den männlichen und auch vielen weiblichen Mitgliedern eine emotionelle Antipathie gegen die Frauen gelten, die sich stark in den Frauenorganisationen betätigen. Vielfach dürfte ihnen die Beschränkung auf Frauenthemen und - mindestens im Hinblick auf Quotierung und größere Beteiligung der Frauen - eigennützige Vorteilnahme zum Vorwurf gemachte werden, was sich letztlich negativ auswirkt.

Für diese Arbeit ist es wichtig, zu erfahren, wie die betroffenen Frauen den Stellenwert der Frauenvereinigungen in der Partei im allgemeinen und für die Durchsetzung der Forderung "mehr

---

[104] Wettig-Danielmeier, Inge, ASF-Bundesvorsitzende, 1983, zitiert nach Hoecker, Beate, a. a. O., S. 119

[105] vgl. Satzung der Frauenvereinigung der CDU

[106] vgl. hierzu auch Hoecker, a. a. O., S. 124 f.

Frauen in Mandate" aus eigener Erfahrung beurteilen.

3. Grundlegende Fragestellungen und Auswahl der Probanden

Zusammenfassend kann festgestellt werden, daß die aufgezeigten gesellschaftlichen Restriktionen auch auf kommunalpolitischer Ebene als Barrieren für das Anstreben und das Erreichen eines politischen Mandates wirken können, daneben aber kommunalpolitisch spezifische Elemente wirken, die im besonderen Interessenbereich von Frauen liegen und damit die Motivation für Frauen zur Ausübung eines politischen Mandates positiv beeinflussen können.

Die grundlegenden Fragestellungen dieser Arbeit richten sich also auf

- das Herausfinden von Einflußfaktoren auf die Bereitschaft und die Möglichkeit von Frauen zur politischen Partizipation, d. h. hier konkret "Ausübung eines kommunalen Ratsmandates",

- die Erfahrungen und Selbsteinschätzungen von betroffenen Mandatsinhaberinnen und

- die Einstellungen und Vorurteile, die politisch interessierte Frauen, die aber kein Mandat innehaben oder anstreben, einem kommunalen Mandat und weiblichen Mandatsträgerinnen auf kommunaler Ebene entgegenbringen.

Die vorliegende Arbeit wurde bewußt auf Frauen spezifiziert, also nicht im Vergleich zu männlichen Verhaltensweisen und Einstellungen gestellt. Die Begründung liegt zum einen in der in vielfältigen Statistiken belegten Unterrepräsentanz von Frauen auf allen Ebenen, auch auf der kommunalpolitischen. Es ist daher zu erwarten, daß die hier aktiven Frauen sich stärker von ihren eher passiven Geschlechtsgenossinnen unterscheiden als die politisch aktiven Männer von den politisch passiven Männern. Zum anderen liegen, wie bereits o. a., kaum Arbeiten vor, die diese geschlechtsspezifische Sichtweise in bezug auf die Unterrepräsentanz von Frauen differenziert aufgenommen haben. Es erscheint also sinnvoll, sich mit den soziologischen, demographischen und emotional-psychologischen Besonderheiten von politisch aktiven Frauen zu beschäftigen, bzw. solche Besonderheiten festzustellen und zu analysieren.

Ein weitere Grund für die geschlechtsspezifische Beschränkung innerhalb dieser Arbeit ist ein eher pragmatischer. Die notwendigen ökonomischen und technischen Mittel sowie der Zeitaufwand ließen es nicht zu, im Rahmen einer Einzelarbeit den Gegenstand der Untersuchung noch weiter auszubauen. Dieses muß weiteren Untersuchungen im Rahmen eines Forschungsprojektes oder einer

Institutsarbeit vorbehalten bleiben. Hier kann es nur darum gehen, innerhalb einer regionalen Erhebung Pilotfunktion für nachfolgende umfangreichere Studien zu übernehmen.

4. Aufbau der Arbeit und Methodenwahl

Methodischer Ansatzpunkt dieser empirischen Arbeit ist es, anhand von Einzelfällen möglichst direkte Erfahrungen der betroffenen Personen zu erhalten, mögliche Übereinstimmungen in einen Begründungszusammenhang zu bringen, divergierende Einstellungen zu analysieren. Neben den auf individuelle Aussagen beruhenden Daten sollen aber im Rahmen einer vergleichenden Studie Aussagen der Primär- und einer Kontrollgruppe zu einzelnen Aspekten des Problembereiches Antworten auf standardisierte Fragen liefern. Es soll darum gehen, die Erfahrungen der in einer bestimmten sozialen Situation sich befindenden Probandengruppe zu vergleichen mit den Einstellungen und Meinungen einer Kontrollgruppe über diese soziale Situation, ohne sie jedoch konkret erfahren zu haben.

Als primäre Erhebungsgruppe gelten Frauen, die in einem regional begrenzten Raum ein Ratsmandat innehaben. Als Kontrollgruppe sollen Frauen fungieren, die in diesem regionalen Raum leben, politisch interessiert aber nicht aktiv im Sinne der Ausübung eines Ratmandates sind.

Für diesen Ansatz schien es sinnvoll, eine Befragung in Form eines Fragebogens vorzunehmen, der für alle Frauen im wesentlichen die gleichen Fragestellungen beinhaltet, um so gleiche Voraussetzungen bei der Auswertung der erhobenen Daten zu erhalten. Darüber hinaus wurden die politisch aktiven Frauen in Form von Intensiv-Interviews befragt, um möglichst "hautnah" an die Erfahrungen dieser Frauen heranzukommen, sie selbst zu fragen, wie sie die Probleme bewältigen, die in diesem Bereich vorprogrammiert zu sein scheinen.

Diese induktive Vorgehensweise setzt eine Offenheit für neue Sichtweisen voraus, auch wenn natürlich von Vorannahmen ausgegangen werden muß. Die Interviews wurden anhand eines Interviewleitfadens durchgeführt, der allerdings sehr flexibel und der jeweiligen Gesprächssituation angemessen, gehandhabt werden sollten. Die ausführliche Darstellung und Diskussion der Erhebungsinstrumente soll in Kapitel III, die genauere Darstellung des konkreten Untersuchungsgegenstandes in Kapitel II erfolgen.

Im weiteren Aufbau der Arbeit wird der Verlauf und die Durchführung der Untersuchung offengelegt, bevor die Auswertung der Interviews und der Fragebogen dargestellt wird. Den Abschluß dieser Arbeit bildet die Darstellung und Diskussion der Ergebnisse dieser Untersuchung sowie die Einordnung der Ergebnisse in den wissenschaftlichen Diskussionsstand und das Aufzeigen möglicher Handlungsperspektiven.

II. DARSTELLUNG DES UNTERSUCHUNGSGEGENSTANDES

1. Theoretischer Bezugsrahmen

Faßt man die in der Literatur angegebenen Erklärungsansätze für das Phänomen der Unterrepräsentanz von Frauen auf allen politischen Ebenen und die Fragestellung der vorliegenden Arbeit nach motivierenden oder verhindernden Einflußfaktoren auf die Partizipation von Frauen im Hinblick auf die Übernahme eines öffentlichen Wahlamtes auf kommunaler Ebene zusammen, so lassen sich zahlreiche Beziehungsgeflechte der unterschiedlichen Einzeldisziplinen innerhalb der Sozialwissenschaften aufzeigen.

Die Fragestellungen sind so angelegt, daß sie Aussagen erwarten lassen, die z. B. auch der Psychologie, Soziologie oder den Wirtschaftswissenschaften zuzuordnen wären. Dieses gilt für den politischen Sozialisationsprozeß, der biographischen Entwicklung, der aktuellen, gegenwärtigen Lebenssituation, d. h. ökonomisch, emotional, soziologisch und politisch-handelnd und für die Einschätzung von persönlichen Eigenschaften und Fähigkeiten.

Es soll hier nicht die Eigenständigkeit der Politikwissenschaften als Königs- oder Hilfswissenschaft[107] diskutiert, sondern auf die Notwendigkeit des interdisziplinären Charakters innerhalb der Sozialwissenschaften bei der Analyse komplexer gesellschaftlicher Probleme hingewiesen werden. "In der Realität gibt es keine nur wirtschaftlichen, soziologischen oder historischen Probleme. Es gibt nur Probleme und in der Regel sehr komplexe. Für manche sind die Werkzeuge der einen Wissenschaft geeigneter, aber nie sind sie völlig ausreichend."[108]

Wenn der Schwerpunkt der Arbeit auf bisheriges, gegenwärtiges und zukünftiges Handeln im Hinblick auf politische Teilnahme orientiert ist, kann sie als Beitrag zur Partizipationsforschung und damit als politikwissenschaftlich ausgerichtet gelten.

2. Auswahl der dominanten Einflußfaktoren

Die Diskrepanz zwischen theoretischem Anspruch der Parteien bezüglich der Repräsentanz von Frauen in Ämtern und Mandaten und politischer Praxis wurde bereits ausführlich dargestellt. Zum Zeitpunkt der Erhebung lag der Anteil der Frauen an politi-

---

[107] vgl. von Aleman, Ulrich/Erhard Forndran: Methodik der Politikwissenschaft, Stuttgart/Mainz 1974, S. 18 - 21

[108] ebd., S. 20

schen Mandaten auf kommunaler Ebene durchschnittlich bei 10,8 v. H., er variierte je nach Größe der Kommunen von über 20 v. H. bis unter 9 v. H. und zwar je kleiner die Gemeinde, je geringer der Frauenanteil.[109] Die möglichen Verursachungsfaktoren wurden ebenfalls weiter oben aufgeführt.

Für die grundlegende Fragestellung der vorliegenden Arbeit nach den Einlußfaktoren, die Frauenkandidaturen auf kommunaler Ebene verhindern oder begünstigen, sollen folgende Faktoren gemessen, bzw. näher untersucht werden:

1. Inwieweit beeinflussen Erfahrungen der primären Sozialisation die Bereitschaft der Frauen, politische Verantwortung zu übernehmen.

2. Kann davon ausgegangen werden, daß besondere Ereignisse oder die besondere Betroffenheit der Frauen durch kommunale Entscheidungen auslösende Faktoren für das kommunalpolitische Interesse von Frauen sind.

3. Wirkt sich die sog. Doppelbelastung der Frauen auch negativ aus auf die Wahrnehmung eines kommunalen Mandates.

4. Welches sind die besonderen Interessengebiete der Frauen in der Kommunalpolitik.

5. Mit welchen Repressalien bzw. Diskriminierungen werden aktive Frauen auf kommunaler Ebene konfrontiert oder werden sie von ihnen befürchtet.

6. Wie stark ist das Selbstvertrauen der Frauen in ihre politischen Fähigkeiten für die Übernahme eines kommunalen Mandates.

7. Welchen Stellenwert hat die Kommunalpolitik für Frauen im politischen System.

8. Wie wirkt sich eine aktive Mitarbeit in Frauenvereinigungen auf Kandidaturen aus.

9. Inwieweit unterstützen die Parteien weibliche Kandidaturen und nach welchen Kriterien.

10. Wie stellen sich die befragten Probanden zur Quotierungsforderung.

11. Inwieweit dient die kommunale Tätigkeit der politischen Karriere.

12. Welche Möglichkeiten zur Verbesserung der Partizipation der Frauen werden bevorzugt gesehen.

---

[109] Statistisches Jahrbuch Deutscher Gemeinden 1981

3. Darstellung des untersuchten Variablenraumes

Um diesen Fragestellungen systematisch nachgehen zu können, wurde folgender Variablenraum festgelegt:

Determinanten für die Möglichkeit und Bereitschaft von Frauen zur politischen Partizipation "Ausübung eines kommunalen Ratsmandates"

VARIABLENRAUM

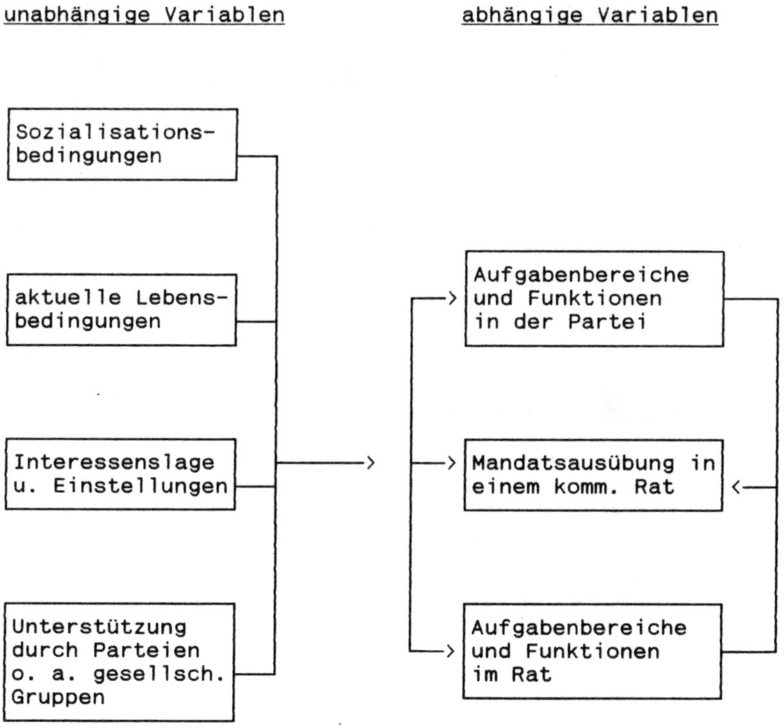

3.1 Abhängige Variablen

Die abhängige Variable "politische Partizipation" wird operationalisiert als "Mandatsausübung in einem kommunalen Rat". Diese abhängige Grundvariable wird ersetzt durch die konstant gesetzten Variablen "Aufgabenbereiche und Funktionen im Rat" und "Aufgabenbereiche und Funktionen in der Partei". Diese beiden Variablen können sowohl von den unabhängigen Variablen beeinflußt sein, wie aber auch ihrerseits die abhängige Variable "Mandatsausübung in einem kommunalen Rat" beeinflussen.

Beispiel:

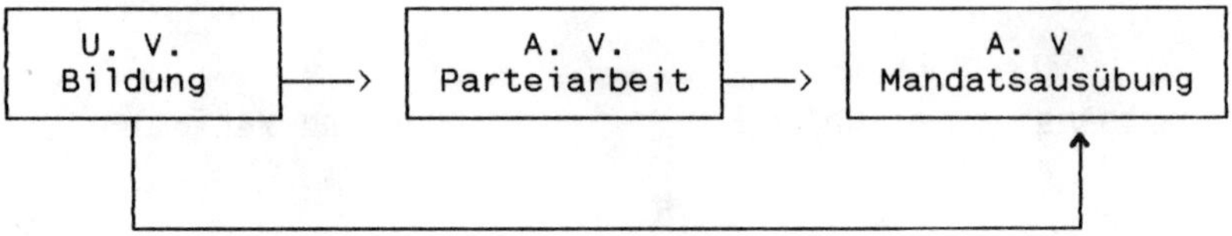

Grundsätzlich ist anzumerken, daß bei dem gesetzten Untersuchungsziel, nämlich der Suche nach Einflußfaktoren, diese allenfalls aufgrund von deduktiven Überlegungen als "unabhängige" bzw. "abhängige" Variablen bezeichnet werden können. Ansonsten wäre eine enorm große Ausgangsstichprobe zu wählen, wobei hierfür die 'base rate' der aktiven Frauen angesichts der aktuellen Situation nicht gegeben ist.

3.2 Unabhängige Variablen

Das gestellte Thema der vorliegenden Arbeit ist als Untersuchungsgegenstand vielfältig strukturiert und breit gefächert. Im nachfolgenden soll eine kurze Begründung und die Definition der ausgewählten Untersuchungsschwerpunkte erfolgen. Es handelt sich um die unabhängigen Variablen, von denen angenommen werden kann, daß sie Einfluß auf die Möglichkeit und die Bereitschaft von Frauen auf die Übernahme eines kommunalen Ratsmandates haben.

1. U. V. "Sozialisationsbedingungen"

Die Sozialisationsforschung hat sich in vielfältigen Einzeldisziplinen mit den Auswirkungen der Sozialisation auf individuelle Lebensläufe und gesellschaftspolitische Strukturen befaßt, z. B. bezüglich der Leistungsmotivation, der Autoritätshörigkeit und des Demokratieverständnisses. Hier soll untersucht werden, ob Sozialisationsbedingungen die Bereitschaft zur aktiven Partizipation, begrenzt auf die Ausübung eines Ratsmandates, wesentlich beeinflussen.

Folgende Einzelvariablen sollen erhoben werden:

- politische Interessen und Engagement im Elternhaus,
- Ausbildung in Schule und Beruf,
- besondere Tätigkeiten oder Ereignisse, die das politische Interesse weckten.

2. U. V. "aktuelle Lebensbedingungen"

Die aktuellen Lebensbedingungen der Probanden können Auswirkungen auf Einstellungen und individuelle Interessenlagen hinsichtlich des Partizipationsverhaltens haben.

Die Variable "aktuelle Lebensbedingungen" wird operationalisiert in die Einzelvariablen:

- demographische Daten (Familienstand, Alter, Kinder, Konfession)

- Berufstätigkeit (nicht berufstätig, Vollzeit-, Halbtags-, stundenweise -beschäftigung, Freiberuflich, selbständig, flexible Arbeitszeit)

- Unterstützung/Ablehnung (moralische und praktische) durch Partner, Familie, Freunde

- soziale Kontrolle durch das gesellschaftspolitische Umfeld (Nachbarn, Bekannte, Öffentlichkeit allgemein)

- ökonomische Situation (Höhe des eigenen Einkommens)

- durchschnittlicher Zeitaufwand für die kommunalpolitische Tätigkeit

3. U. V. "Interessenslage und Einstellungen zum politischen und zur aktiven Partizipation von Frauen auf kommunaler Ebene

Die Erfassung dieses Komplexes dürfte eines der wichtigsten Bereiche dieser Arbeit sein. Die Schwierigkeit wird darin bestehen, "ehrliche" Antworten zu erhalten; die Informantinnen müssen bewogen werden, über ihre Situation nachzudenken, frei darüber zu sprechen und sehr persönliche Erfahrungen offenzulegen. Während im Interview versucht werden muß, die emotionale Ebene dieses Bereiches aufzudecken und zu rekonstruieren, wird die Beantwortung entsprechender Fragen im Fragebogen anhand von Skalen und vorgegebenen Antwortmöglichkeiten erfolgen.

Zu folgenden Einzelvariablen sollen Angaben erhoben werden:

- Einstellung generell zum politischen Engagement
- Einstellung speziell zum politischen Engagement von Frauen
- Einstellung zur Mandatsbesetzung im Rat durch Frauen
- subjektive Einschätzung der eigenen Interessenlage
- Einschätzung der Interessenlage der Mandatsträger allgemein
- persönliche Zielsetzung in bezug auf die Mandatsausübung
- subjektive Einschätzung der eigenen Fähigkeiten und Eigenschaften
- Gewichtung der Eigenschaften und Fähigkeiten für kommunalpolitische Tätigkeit
- Erleben von Erfolgen und Mißerfolgen
- Zufriedenheit mit Ratstätigkeit

4. U. V. "Unterstützung durch Parteien oder andere gesellschaftliche Gruppen"

Das Auseinanderklaffen von Theorie und Praxis bezüglich der Forderungen der Parteien nach mehr weiblicher Beteiligung an öffentlichen Mandaten macht die Frage an die Informantinnen notwendig, inwieweit sie bei ihren Kandidaturen unterstützt wurden und wie sich der Nominierungsverlauf darstellte. Gestützt auf das oben dargestellte Rekrutierungsmuster auf kommunaler Ebene ist zu erforschen, ob die befragten Frauen eine Verbindung zwischen der Tätigkeit in Vereinen und Verbänden und dadurch verbesserte Nominierungs- und Wahlchancen sehen.

Im einzelnen soll gefragt werden nach

- Parteizugehörigkeit - seit wann
- bisher ausgeübte Parteifunktionen
- Mitgliedschaft in Verbänden, Vereinen, Initiativen
- öffentliche Funktionen, ehrenamtliche Tätigkeiten
- Nominierungsverlauf - Unterstützung und Behinderungen

4. Beschreibung des regionalen Erhebungsraumes

Ausgehend von der eingeschränkten Arbeitskapazität und der begrenzten finanziellen Mittel im Rahmen einer Untersuchung durch eine Einzelperson mußte eine starke Reduzierung des ursprünglich geplanten Untersuchungsraumes vorgenommen werden. Legt man an die Arbeit den Anspruch zugrunde, keine repräsentativen Aussagen, sondern mögliche Erklärungsansätze aufgrund von individuellen Aussagen zu finden, scheint eine entsprechende Begrenzung nicht nur gerechtfertigt, sondern auch notwendig. Es wurde die Form einer Totalerhebung gewählt in dem Sinne, daß alle Individuen innerhalb eines regional begrenzten Raumes, die die festgelegten Kriterien erfüllen, in die Untersuchung eingehen. Diese Kriterien sind:

a) Personen weiblichen Geschlechts

b) Ausübung eines Ratsmandates in ihrer Kommune.

Der regional begrenzte Raum bezieht sich auf den

- Rat der Stadt Braunschweig,
- Rat der Stadt Wolfsburg,
- Rat der Stadt Gifhorn,
- Rat der Stadt Wittingen,
- Kreistag des Landkreises Gifhorn,
- Rat der Gemeinde Hankensbüttel,
- Rat der Gemeinde Steinhorst.

Insgesamt waren zum Zeitpunkt der Erhebung in diesen Räten 20 Frauen tätig und zwar:

- im Stadtrat Braunschweig 5 Frauen (4 SPD, 1 CDU),
- im Stadtrat Wolfsburg 4 Frauen (2 SPD, 1 "Grüne", 1 parteilos),
- im Stadtrat Gifhorn 5 Frauen (3 SPD, 2 CDU),
- im Stadtrat Wittingen 1 Frau (SPD),
- im Kreistag Gifhorn 2 Frauen (1 SPD, 1 FDP),
- im Gemeinderat Hankensbüttel 2 Frauen (1 SPD, 1 FDP),
- im Gemeinderat Steinhorst 1 Frau (SPD).

Von diesen Frauen hatten zwei ein Doppelmandat (Kreistag und Stadtrat) inne, eine Frau mußte wegen Krankheit ausfallen,[110] ebenso konnte die Autorin selbst als Mandatsträgerin nicht als Probandin fungieren. Die verbleibenden 16 Frauen bilden die Hauptuntersuchungsgruppe. Sie wurden durch ein Intensiv-Interview befragt und füllten außerdem einen Fragebogen aus.

Neben dieser Primärgruppe wurde eine Kontrollgruppe von Frauen gebildet, die das Kriterium "politisch interessiert" erfüllen. Bei der Rekrutierung dieser Kontrollgruppe wurde zum einen das 'Schneeballsystem' angewandt, zum anderen wurden Frauen aus-

---

[110] Diese Frau füllte nur den Fragebogen aus

gewählt, die innerhalb von Erwachsenenbildungskursen sich für die Teilnahme an einem Kursus mit politischen Themen entschieden hatten. Insgesamt wurden 55 Frauen für die Kontrollgruppe ausgewählt. Diese Frauen wurden nicht interviewt, sondern von ihnen wurde der Fragebogen, der im wesentlichen für alle gleich war, ausgefüllt. Durch die wesentlich höhere Quote der Kontrollgruppe soll versucht werden, signifikante Merkmalsunterschiede zwischen politisch aktiven und den nicht aktiven Frauen aufzuzeigen, bzw. Übereinstimmungen festzustellen.

4.1 Anteil der Frauen in den ausgewählten kommunalen Räten

Die geringe Rate von nur 20 Frauen in 7 kommunalen Räten spiegelt die numerische Situation der Frauen in der Kommunalpolitik wieder. Im einzelnen stellt sich der Anteil der Frauen im Untersuchungsraum wie folgt dar:

Rat	Ratsmitgl. insgesamt	davon Frauen	%-Anteil
Stadt Braunschweig	57	5	8,77
Stadt Wolfsburg	49	4	8,16
Stadt Gifhorn	39	5	12,82
Stadt Wittingen	29	1	3,44
Kreistag Gifhorn	47	2	4,25
Gemeinde Hankensbüttel	15	2	13,33
Gemeinde Steinhorst	11	1	9,09
Gesamt / Durchschnitt	247	20	8,09

(Alle Angaben aus den amtlichen Wahlergebnissen der Kommunen und aktuellen kommunalen Statistiken)

Die SPD stellt mit 13 Frauen den größten Anteil - 65 %, die CDU mit 4 Frauen - 20 %, FDP, "Grüne" und Parteilose mit je 1 Frau jeweils 5 %.

Laut Statistik des Niedersächsischen Wahlleiters[111] beträgt der Anteil der Frauen in den niedersächsischen Kommunen nach der Kommunalwahl 1981 durchschnittlich lediglich 6,9 %, d. h. von insgesamt 29.912 Mandatsträgern sind 2.057 Frauen. Mit der Größe der Kommune nimmt der Anteil der Frauen zu. Laut Statistik des Innenministeriums ist in den Parlamenten der niedersächsischen Großstädte durchschnittlich jedes fünfte Ratsmitglied weiblich, in den kleineren Gemeinderäten beträgt der An-

[111] Schnellbrief KW 81/12 - LWL - 320/24

teil weiblicher Mandatsträger nur 3,5 %.

Mit 8,09 % Frauenanteil durchschnittlich liegen die kommunalen Räte des Untersuchungsraumes über dem niedersächsischen Durchschnitt, die Generalisierung "je größer die Gemeinde, desto höher ist der Frauenanteil" läßt sich jedoch nicht übertragen. Die Stadt Braunschweig gehört mit rund 252.000 Einwohnern zu den Großstädten Niedersachsens und kann nur einen Frauenanteil von 8,77 % aufweisen, während die Gemeinde Hankensbüttel als kleine Kommune mit rund 4.000 Einwohnern einen Anteil von 13,3 % Frauen im Rat hat. Entgegen den amtlichen Durchschnittswerten stellt sich im Einzelfall die Situation sehr unterschiedlich dar.

4.2 Strukturdaten der Kommunen des Untersuchungsraumes

Um einen Eindruck von der sozio-ökonomischen Situation der in dem Untersuchungsraum aufgenommenen Kommunen zu vermitteln, sollen nachstehend einige Strukturdaten vergleichend dargestellt werden.[112]

Kommune	Gemeindefläche (ha)	Einwohner insgesamt			Sitzverteilung im Rat				Haushaltsvolumen	
		insgesamt	männl.	weibl.	CDU	SPD	FDP	parteilos / Grüne	Verwaltungshaushalt	Vermögenshaushalt
Stadt Braunschweig	19.203	251.935	117.900	134.035	26	24	3	1 / 3	693.926.200	171.640.100
Stadt Wolfsburg	20.359	128.813	64.437	64.376	26	18	2	1 / 2	360.728.382	150.791.600
Stadt Gifhorn	10.484	36.321	18.208	18.113	22	13	1	1 / 2	59.195.000	55.148.000
Landkreis Gifhorn	156.055	127.100	*		28	13	4	- / 2	149.550.100	33.768.700
Stadt Wittingen	22.496	12.582	6.134	6.448	19	9	1	- / -	15.747.000	6.821.000
Gemeinde Hankensbüttel	3.400	3.575	*		8	4	3	- / -	3.163.800	3.932.500
Gemeinde Steinhorst	5.777	1.341	*		6	5	-	- / -	1.093.900	495.900

*keine Differenzierung nach Geschlecht angegeben
Stand: 30. 6. 1986
(entnommen aus den kommunalen Statistiken)

---

112 Alle Angaben über Strukturdaten sind den jeweiligen Broschüren und Statistiken der Kommunen entnommen.

Braunschweig zählt mit seinen über 250.000 Einwohnern zu den kreisfreien Großstädten der Bundesrepublik und ist nach Hannover die zweitgrößte Stadt in Niedersachsen. Sie ist Bezirkshauptstadt der Verwaltungseinheit 'Bezirk Braunschweig' mit Sitz der Bezirksregierung.

Der Anteil der Ausländer an der Wohnbevölkerung beträgt 4,9 % und ist gemessen am Ausländeranteil anderer Städte dieser Größenordnung als relativ gering zu bezeichnen. Aufgrund der Gebietsreform von 1974 wurden 22 Nachbargemeinden mit rund 52.000 Einwohnern in das Stadtgebiet eingegliedert, der Landkreis Braunschweig wurde aufgelöst. Braunschweig verfügt über zahlreiche kulturelle, wissenschaftliche und soziale Einrichtungen, wie z. B. Staatstheater und vier weitere Bühnen, vier Museen, Bibliotheken und Büchereien, Universität und Hochschulen, staatliche Forschungsinstitute und Bildungsstätten, Begegnungsstätten, Senioreneinrichtungen, Beratungsstellen, ein Frauenhaus, fünf städtische und drei freie gemeinnützige Krankenhäuser und Kliniken sowie drei Privatkliniken.

Die Statistik der nicht landwirtschaftlich Beschäftigten nach Wirtschaftsabteilungen[113] gibt an, daß im Jahr 1983 von den insgesamt Beschäftigten 33,3 % im Bereich "Produzierendes Gewerbe", 23,4 % in "Handel und Verkehr", 15,5 % im Bereich "private Dienstleistungen" und 27,8 % in "Organisationen ohne Erwerbscharakter" tätig waren.

Der öffentliche Personennahverkehr wird im Stadtgebiet durch Busse und Straßenbahnen betrieben. Neben Bahnverbindungen verfügt Braunschweig über einen Flughafen und einen Hafenbetrieb am Mittellandkanal. Braunschweig ist direkt an das Bundesautobahnnetz angeschlossen.

Entgegen der Stadt Braunschweig, die auf eine lange Geschichtsschreibung zurückblicken kann, gilt die Stadt Wolfsburg als sehr junge Stadt. Verbunden mit der Grundsteinlegung des Volkswagenwerkes erhielt die Stadt am 1. Juli 1938 die Bezeichnung "Stadt-des-KdF-Wagens bei Fallersleben" und 1945 den endgültigen Namen "Wolfsburg" nach dem gleichnamigen Schloß an der Aller. 1972 wurden im Rahmen der Niedersächsischen Gebietsreform 20 Gemeinden, darunter die "alten" Städte Fallersleben und Vorsfelde eingegliedert. Dadurch vergößerte sich die Einwohnerzahl um ein Drittel und die Gebietsfläche um mehr als das Sechsfache.

Auch die Altersstruktur der Bevölkerung ist im Durchschnitt jünger als in Braunschweig. Der Anteil der über 65-jährigen Einwohner in Wolfsburg beträgt 10,8 v. H., in Braunschweig 17,1 v. H. Der Anteil der Ausländer an der Wohnbevölkerung beträgt 8,4 %.

---

[113] Braunschweig in der Statistik, Sechzehnte Folge 1984

Die Stadt Wolfsburg ist ebenfalls kreisfreie Stadt und zählt zu den kleineren Großstädten der Bundesrepublik. Sie hat mit 528 Kfz pro 1000 Einwohner die größte Kfz-Dichte aller Großstädte, was in Verbindung mit dem Hauptwerk der Volkswagen-AG zu sehen ist. Das VW-Werk ist neben der wichtigsten Steuereinnahmekraft für die Stadt auch der hauptsächliche Arbeitgeber für die Bevölkerung. Von allen Beschäftigten sind rund 80 % im produzierenden Gewerbe und rund 20 % in Handel, Verkehr und im Dienstleistungsbereich tätig.

Verkehrsmäßig ist Wolfsburg über Bundesautobahnanschluß, Haupteisenbahnlinien sowie Mittelland- und Elbe-Seitenkanal trotz seiner Zonenrandlage als verkehrsgünstig gelegen zu bezeichnen. Der innerstädtische öffentliche Personenverkehr wird durch Busbetrieb geregelt.

Die Stadt Gifhorn liegt im südlichen Teil des Landkreises Gifhorn und ist seit 1858 Kreisstadt mit überörtlicher Zentralfunktion. Sie verfügt über zentrale Bildungseinrichtungen, wie z. B. Sitz der Kreisvolkshochschule und der Berufsbildenden Schulen des Landkreises sowie überregionale Einrichtungen wie das Kreiskrankenhaus. Verkehrlich ist Gifhorn über Bundesstraßen an die Autobahn Berlin-Dortmund und über Bahnstrecken an das überregionale Eisenbahnnetz angeschlossen.

Die Tatsache, daß 82 % der Fläche des Stadtgebietes sich auf Landwirtschaft, Grün- und Gartenland, Wald- und Wasserfläche, Erholung und Fremdenverkehrsgebiete verteilen, macht die geringe Industrieansiedlung deutlich. Neben wenigen mittleren und einem größeren Industriebetrieb (Zulieferfirma für das VW-Werk Wolfsburg) ist der Dienstleistungsbetrieb, insbesondere im Bereich des Fremdenverkehrs, wichtigster Beschäftigungszweig. Wichtigster Arbeitgeber für die gesamte Region ist das VW-Werk in Wolfsburg. Gifhorn verfügt von daher über einen hohen Pendleranteil.

Der Landkreis Gifhorn umfaßt die Städte Gifhorn und Wittingen, eine Gemeinde und sieben Samtgemeinden. Er ist flächenmäßig der größte Landkreis Niedersachsens mit einer Bevölkerungsdichte von nur 82,5 E/km². Seit 1975 hat der Landkreis eine stetige Bevölkerungszuwachsrate zu verzeichnen, bis zum 31.12.84 betrug sie 7,59 %. Die Ursachen dafür sind in der geographischen Nähe zu den Großstadtbereichen bzw. Industriezentren Braunschweig und Wolfsburg und in dem hohen Freizeit- und Wohnwert im Landkreis zu sehen. Im Landkreis sind 23 Naturschutz- und 19 Landschaftsschutzgebiete mit einer Fläche von insgesamt rund 36.000 ha festgesetzt. 91 % der Gesamtfläche entfallen auf landwirtschaftlich genutzte Flächen, Moor-, Heide-, Wald-, Wasser- und Erholungsflächen. Im gesamten Landkreis einschließlich der Stadt Gifhorn sind 46 Industriebetriebe mit rund 7.000 Beschäftigten angesiedelt. Der Landkreis zählt zum Einzungsgebiet des VW-Werkes Wolfsburg und verfügt dadurch bedingt über einen hohen Pendleranteil. Angestrebt wird eine stärkere Entwicklung des Fremdenverkehrs, da die Ansiedlung von gewerblichen und industriellen Betrieben durch die marktferne Zonenrandlage des Landkreises erheblich erschwert ist. Die verkehrsmäßige und infrastrukturelle Versorgung der Bevölkerung insbesondere in den kleinen Orten stellt aufgrund der Flächengröße des Landkreises ebenfalls eine besondere Schwierigkeit dar.

Die Gemeinden Hankensbüttel und Steinhorst können mit ihrer geringen Einwohnerzahl zu den Landgemeinden gezählt werden. Sie sind nach der Gebietsreform unter Einbeziehung kleinerer Dörfer selbständige Gemeinden geblieben und gehören zu der größeren Einheit "Samtgemeinde Hankensbüttel". Der Ort Hankensbüttel ist als Mittelzentrum ausgewiesen und Sitz der Samtgemeindeverwaltung. Hankensbüttel verfügt über ein Schulzentrum (Grund- und Hauptschule, Orientierungsstufe) sowie über eine Außenstelle der Berufsbildenden Schulen des Landkreises Gifhorn und über ein Gymnasium. Darüber hinaus unterhält die Augenoptikerinnung in Hankensbüttel ein überregionales Ausbildungszentrum mit Internat. Ein mittlerer Betrieb der kartoffelverarbeitenden Industrie bietet ca. 500 Einwohnern Beschäftigung. Das bedeutet, daß ein Großteil der Erwerbstätigen außerhalb der Gemeinde beschäftigt ist. Im Ort Hankensbüttel befinden sich einige soziale und kulturelle Einrichtungen, wie ein Kindergarten, eine Jugendherberge, ein Freibad, drei Sporthallen, drei Sportplätze, die z. T. in der Bewirtschaftung der Samtgemeinde bzw. des Landkreises sind. Trotz der zahlreichen Außenkontakte hat sich die Gemeinde noch immer ein intensives Netz der sozialen Beziehungen und der innerörtlichen Interaktion erhalten, insbesondere ein reges und intaktes Vereinsleben. Dieses Merkmal der intakten sozialen Wirklichkeit gilt noch verstärkt für die Gemeinde Steinhorst, die als noch "ländlicher" bezeichnet werden kann. Hier fehlen gänzlich mittlere oder größere Betriebe ebenso wie zentrale soziale oder kulturelle Einrichtungen. Umso intensiver scheinen hier die zwischenmenschlichen Interaktionen zu sein. "Hier weiß jeder über jeden Bescheid." Neben den soziologisch positiven Aspekten kann dies bedeuten, daß es hier besonders schwierig sein wird, herkömmliche Strukturen aufzuweichen. Dies betrifft auch die Problematik von Frauenkandidaturen.

III. DARSTELLUNG UND DISKUSSION DER METHODEN UND INSTRUMENTE

1. Stand der wissenschaftlichen Diskussion: Qualitative Analyse versus quantitative Analyse

Seit Beginn der 70er Jahre ist auch in der Bundesrepublik eine verstärkte Hinwendung der Sozialwissenschaften zu qualitativen Methoden zu vermerken, die begleitet wurde von einer Kritik an naturwissenschaftlich orientierten Forschungsmethoden und ihre standardisierten Erhebungs- und Analyseverfahren.[114] Bereits 1894 hat Wilhelm Diethey den Satz geprägt: "Die Natur erklären wir, das Seelenleben verstehen wir". Daraus entwickelte sich eine Bewegung, die der "erklärenden" naturwissenschaftlichen Psychologie eine "verstehende" geisteswissenschaftliche gegenüberstellte.[115] Dieser Satz wird zurückgeführt auf die Orientierung am "Besonderen" versus Orientierung am "Allgemeinen". Qualitative Wissenschaft als verstehende will eher induktiv am Einmaligen, am Individuellen ansetzen, quantitative Wissenschaft als erklärende eher deduktiv an allgemeinen Prinzipien, an Gesetzen. Als weiteres Unterscheidungskriterium gilt die Gegensätzlichkeit von Komplexität und Variablenisolation. Quantitative Analyseverfahren zerlegen ihren Untersuchungsgegenstand nach standardisierter Vorgehensweise in einzelne Variablenteile, um so die einzelnen sauber voneinander getrennten Aspekte in meßbare Skalen umzusetzen. Begründet wird diese Vorgehensweise damit, daß erst die analytische Sammlung von Einzelerkenntnissen die Voraussetzung für die Erfassung des Gesamtgegenstandes sei. Kritisiert wird an den quantitativen Methoden, daß die Zerlegung des Gegenstandes in isolierte Daten und Fakten bestenfalls auf eine Theorie verweisen können, die Komplexität der sozialen Realität jedoch nicht widerspiegeln.

Qualitative Sozialforschung verzichtet nicht durchgehend auf jede Art von Quantifizierung, jedoch ist entscheidend, daß eine Quantifizierung des Materials erst auf der Basis einer umfangreichen Auseinandersetzung des qualitativ erhobenen Materials vorgenommen wird.[116] Entscheidender Unterschied der beiden Untersuchungsansätze ist, daß qualitative Forschung versucht, durch offene Verfahren die soziale Realität zu erfassen und auf die Entdeckung sozialer Phänomene ausgerichtet ist, während quantitative Forschung theoretische Annahmen und vorab entwickelte Begriffe mit standardisierten Erhebungsmethoden zu belegen und zu verallgemeinern sucht.

---

[114] vgl. Berger, 1974; Kreppner, 1975; Heinke u. a. 1975

[115] vgl. Mayring, Philipp: Qualitative Inhaltsanalyse, Weinheim 1983, S. 16

[116] vgl. Hopf und Weingarten (Hrs.): Qualitative Sozialforschung, Stuttgart 1979, S. 13 f.

Als Arbeitsmethoden werden in der quantitativen Forschung überwiegend angewandt:[117]

- vorgegebene Skalen zur Messung von Einstellungen, Intelligenz, Leistung u. ä.;
- vorgegebene Skalen oder Indizes zur Messung von Strukturmerkmalen von Organisationen oder Gruppen;
- vorgegebene Instrumente zur Beobachtung sozialer Szenen;
- standardisierte Fragebögen;
- standardisierte Tests unterschiedlicher Art.

Typisch für qualitative Forschung sind folgende Vorgehensweisen:

- unstrukturierte oder wenig strukturierte Beobachtung,
- qualitative Interviews und Beobachtung unterschiedlicher Intensität und Dauer,
- Erhebung und Analyse von Dokumenten unterschiedlichster Natur (Biographien, Zeitungen, Protokolle u. a.).

"Entscheidendes Merkmal qualitativer Forschung ist allerdings, daß die vorhandenen Erwartungen und theoretischen Überzeugungen nach Möglichkeit offenen Charakter haben sollen. Sie sollen - idealiter - in einem stetigen Austauschprozeß zwischen qualitativ erhobenem Material und zunächst noch wenig bestimmtem theoretischen Vorverständnis präzisiert, modifiziert und revidiert werden."[118]

Die Anwendung qualitativer Forschungsmethoden hat in der Regel zur Folge, daß eine Reduzierung auf einzelne oder relativ wenige Fälle aufgrund der aufwendigen Verfahren erfolgen muß. Kohli[119], der für eine ergänzende Anwendung beider Verfahren plädiert, stellt fest: "Aus Gründen der Forschungsökonomie liegt es deshalb nahe, die Ansprüche etwas tiefer zu setzen und bei der geschlossenen Befragung zu bleiben, solange angenommen werden kann, daß sie passable Ergebnisse liefert." Die Beschränkung auf eine kleine Anzahl von Fällen beinhaltet einen Verzicht auf stichproben-theoretisch abgesicherte Repräsenta-

---

[117] vgl. ebd., S. 14 f.

[118] ebd., S. 15

[119] Kohli, M.: "Offenes" und "geschlossenes" Interview: Neue Argumente zu einer alten Kontroverse. Soziale Welt 1978, 29, S. 2 - 25. Hier: S. 23

tivanspüche. "Die dabei erreichte "Repräsentativität" bleibt jedoch auf den jeweils untersuchten Fall beschränkt. Verallgemeinernde Aussagen, die über die untersuchten Bereiche hinausgehen, sind theoretisch zu begründen, mit Argumenten der Statistik können sie nicht begründet werden."[120] Qualitative Forschungsmethoden werden in der Literatur vielfach in der Funktion des Lückenbüßers gesehen, deren Einsatz im wesentlichen am Anfang und am Ende einer Untersuchung sinnvoll ist: Am Anfang, um zu erfahren und zu klären, welche Fragestellungen für das zu lösende Problem relevant sind, am Ende, um zur Klärung unerwarteter statistischer Beziehungen beizutragen.[121] Damit wird betont, "daß die eigentliche Studie jedoch lediglich in standardisierter Form zu erfolgen hat, obwohl man doch gerade dem qualitativen Interview die Eigenschaft zuerkannt hat, eine adäquate Bewältigung der Probleme, Dataillierung und Interpretation zu leisten.[122]

Roth faßt die unterschiedlichen Argumente und Ansätze der Vertreter der beiden Forschungsrichtungen, die er mit "herkömmlich" und "alternativ" bezeichnet, in vier Thesen zusammen. Da es nicht möglich ist, an dieser Stelle eine umfangreiche Analyse des Methodenstreits, der von Th. W. Adorno, Vertreter der Frankfurter Schule bis zu Luzesch als Vertreter der Aktionsforschung reicht, vorzunehmen, sollen diese Thesen kurz vorgestellt werden:[123]

1. Die verschiedenen Sozialforschungen unterscheiden sich in der <u>Art der Aussagen</u>, an deren Überprüfung sie interessiert sind.

2. Es bestehen unterschiedliche Vorstellungen über <u>die Ziele</u>, die im Rahmen einer Untersuchung erreicht werden sollen.

3. Alternative Sozialforschungen unterscheiden sich in <u>moralischen Vorschriften über die Rolle</u>, die dem zu untersuchenden vom Forscher zugedacht wird.

4. Alternative Sozialforschungen unterscheiden sich hinsichtlich der <u>akzeptierten empirischen Hypothesen über Vorgehensweisen</u>, die zur Realisierung bestimmer Ziele führen.

---

[120] Hopf, a. a. O., S. 15

[121] vgl. Roth, Erwin (Hrs.): Sozialwissenschaftliche Methoden, München 1984, S. 158; vgl. dazu ebenfalls: Lazarsfeld 1944, Kunz 1975, Scheuch 1973, Kohli 1978

[122] Witzel, Andreas: Verfahren der qualitativen Sozialforschung, überblick und Alternativen, Frankfurt 1982, S. 82

[123] Roth, a. a. O., S. 68 ff. (Unterstreichungen durch d. Verf.)

Auch wenn die Erläuterungen dieser Themen durch Roth den Eindruck mangelnder Objektivität hinterlassen ("Zur Verteidigung einer Weltanschauung gehört wohl auch, daß zuweilen "Argumente" vorgebracht werden, die wohl nur "Parteigänger" überzeugen können." Zitat, S. 70), läßt sich daraus die allgemein anerkannte Formel ableiten, daß die gewählten Methoden sich zu richten haben nach der gestellten Aufgabe, der besonderen Problemlage und der gesetzten Ziele der Untersuchung.

Im Rahmen dieser Arbeit soll versucht werden, sowohl mit quantitativen wie qualitativen Methoden dem Anspruch der Fragestellung gerecht zu werden. Als qualitatives Erhebungsinstrument wurde das "problemzentrierte" Interview, als quantitatives Instrument ein Fragebogen eingesetzt.

2. Interviewtechnik

Das "problemzentrierte" Interview gehört zur Kategorie der offenen Befragungsinstrumente, die auch mit Adjektiven wie "themenzentriert", "unstrukturiert", "qualitativ", "fokkussiert", "nicht gelenkt", versehen oder als "Tiefeninterview" oder "Intensivinterview" bezeichnet werden. Witzel[124] begründet die Benennung seiner methodischen Alternative damit, "um deutlich zu machen, daß es uns weder um Sondierungen von Persönlichkeitsmerkmalen noch um eine klinische Zielsetzung geht, sondern um individuelle und kollektive Handlungsstrukturen und Verarbeitungsmuster gesellschaftlicher Realität". Da es sich in dieser Untersuchung bei der Befragung der betroffenen Frauen um exakt diesen Ansatz handelt, wird hier ebenfalls dieser Terminus gewählt.

2.1 Elemente des problemzentrierten Interviews

"Problemzentriert" meint:

1. Es geht um die Erforschung gesellschaftlich relevanter Probleme,

2. um die Orientierung der Probleme aus der Sicht der Befragten und

3. um Zentrierung der Gesprächsführung auf diese Problembereiche.[125]

---

[124] Witzel, a. a. O., S. 67

[125] Witzel, a. a. O., S. 116

Die Erforschung gesellschaftlich relevanter Probleme beinhaltet zum einen eine intensive Befassung des Forschers mit der Problemlage und ihre theoretische Ausformulierung und zum anderen die elastische Handhabung dieses Vorwissens in der Erhebungsphase durch den Interviewer. Konkret bedeutet dieses, daß die Situation der Frauen, die ein politisches Mandat ausüben, aus theoretischer Sicht zu analysieren ist, mögliche Erklärungsansätze empirischer Untersuchungen aus diesem Themenbereich mit einzubeziehen und institutionelle Bedingungen zu berücksichtigen sind. Durch diese inhaltliche Auseinandersetzung mit der Problemstellung wird der Forscher in die Lage versetzt, durch umfangreiches Vorwissen eine positive Einschränkung auf relevante Fragestellungen vornehmen zu können. (Im vorliegenden Fall kommt hinzu, daß durch eigene Betroffenheit d. Verf. dieses Vorwissen vertiefend wirken kann.) Dieses Vorwissen ermöglicht es dem Interviewer "so ein Themengebiet in seiner Vollständigkeit ab(zu)tasten, indem sein Wissen ihm dazu verhilft, kürzelhafte stereotype oder widersprüchliche Explikationen der Interviewten zu entdecken und durch entsprechende Nachfragen zur detaillierten Klärung zu stellen."[126]

Dieses angesammelte Vorwissen des Interviewers darf jedoch nicht dazu führen, das eigentliche Anliegen der Erhebungsphase, nämlich das ausgewählte Problem aus der Sicht der Befragten zu erörtern, zu vernachlässigen. Vielmehr müssen Strategien zum Tragen kommen, die die Befragten in die Lage versetzen, ihre Problemsicht auch gegen die Interpretation des Forschers und gegen die in den Fragen implizierten Unterstellungen zur Geltung zu bringen. Es geht ja gerade darum, die objektiven Rahmenbedingungen zu untersuchen, von denen die betroffenen Individuen in ihrer jeweiligen sozialen Situation abhängig sind und die sie in ihrem Handeln berücksichtigen und in ihren Absichten interpretieren müssen. "Ziel eines Intensivinterviews im Rahmen soziologisch orientierter Forschung ist, genauere Informationen vom Befragten mit besonderer Berücksichtigung seiner Perspektive, Sprache und Bedürfnisse zu erlangen."[127]

Im Gegensatz zu den "unstrukturierten", "offenen" oder "nichtgelenkten" Interviewformen wird im problemzentrierten Interview eine Gesprächsstruktur angewendet, die es ermöglicht, neben allgemeineren biographischen und gesellschaftspolitischen Beiträgen tatsächlich die Problematik des gewählten Themenbereiches systematisch zu erfragen und zu erforschen.

Zu diesem Zweck wurde ein Leitfaden für die Gesprächsführung entwickelt, der vom Interviewer flexibel zu handhaben und nicht in Form einer "Abhaktechnik" zu verstehen ist. Vielmehr dient er als Stütze, um gegebenenfalls das Gespräch auf die eigentli-

---

126 Witzel, a. a. O., S. 68

127 Friedrich, Jürgen: Methoden empirischer Sozialforschung. Reinbek 1973, S. 224

che Problematik zurückzuführen. Es geht darum, das vor der Erhebung dem Probanden unterstellte Interesse an dem Thema nicht während der Erhebungsphase durch ein eintöniges Frage-Antwort-Spiel abzubauen, sondern vielmehr dieses Interesse durch die Art der Kommunikation zwischen Interviewer und Befragten zu intensivieren und dadurch mehr als oberflächliche Antworten zu erhalten.

2.2 Methodische Vorannahmen in bezug auf die Interviewten

Im allgemeinen kann nicht davon ausgegangen werden, daß die vom Forscher ausgewählten Probanden von vornherein große Bereitschaft zeigen, in einem Forschungsprozeß mitzuarbeiten. Besonders deutlich wird dies an der geringen Rücklaufquote schriftlicher Fragebögen, wie in der Fachliteratur vielfach dargestellt wird. Dieses Desinteresse der Versuchspersonen wird vielfach auf die vorhandene Skepsis der Praxis gegenüber der Theorie zurückgeführt. In der Regel muß dann nach erfolgter Gesprächszusage zwischen Interviewer und Befragten erst eine Vertrauensbasis geschaffen werden. Für beide Beteiligten ist die Interviewsituation keine Alltagssituation, wobei der Befragte grundsätzlich in einer unsicheren Position ist, da er nicht genau weiß, was der Forscher ihn fragen und von ihm wissen will und grundsätzlich unterschiedliche Interessen vorliegen können. Hinzu kommt, daß im Rahmen von Intensivinterviews biographischer Natur z. T. Themenkomplexe angesprochen werden, die in der Vergangenheit liegen, vielfach bereits verdrängt wurden und während des Gespráchs rekonstruiert werden müssen, um frühere Handlungsmuster und Wertvorstellungen aufzuzeigen und in die Gegenwart transferieren zu können.[128] Es ist für die Interviewten im allgemeinen ungewohnt, eigene Erfahrungen, Wünsche, Wertvorstellungen Dritten gegenüber detailliert darzulegen, zumal es sich z. T. um Bereiche ihrer Privatsphäre handelt.

Im konkreten Fall der vorliegenden Untersuchung waren die üblichen Vorannahmen in bezug auf die Interviewten grundsätzlich anders gelagert. Die Verfasserin war mit den meisten der Interviewten schon vor der Erhebungsphase persönlich bekannt oder es wurden über allgemeine Gespräche über ein solches Vorhaben Bekanntschaften geschlossen. Die Autorin konnte bei allen Gesprächen feststellen, daß bei den infrage kommenden Frauen ein sehr großes Interesse, ja Begeisterung, vorlag, dieses als überfällig angesehene Vorhaben in die Tat umzusetzen. Insofern stellte sich nicht das Problem mangelnder Motivaton, Kooperations- und Kommunikationsbereitschaft, sondern für die Autorin, die gleichzeitig Interviewerin war, ergaben sich anders gelagerte Schwierigkeiten.

---

128 vgl. Witzel. a. a. O., S. 72 f.

2.3 Situation der Interviewerin

In der Literatur über qualitative Interviews gibt es eine ganze Reihe von Handlungsanweisungen für die Interviewer, wie sie sich zu verhalten haben, um Verzerrungen im Interview zu vermeiden: "Der Untersucher muß sich seine Erwartungen bewußt machen und versuchen, ihren Einfluß auszuschalten und alle Äußerungen des Erstaunens, der Überraschung, der positiven oder negativen Bewertung des vom Explorierten berichteten Verhaltens oder Erlebens vermeiden (vgl. Cicourel, 1970). Für die Bereitschaft des Befragten, sich offen zu äußern, spielt eine wichtige Rolle, daß er sich lieber und leichter mitteilen wird, wenn er überzeugt sein kann, daß der Interviewer ihn versteht; nicht verstanden zu werden, birgt fast unvermeidlich die Gefahr, falsch und daher ungerecht beurteilt zu werden (vgl. Undeutsch, 1983). Nach Merton & Kendall (1946) kann nur ein non-direktives Interviewverhalten zu einer möglichst unverzerrten Darstellung des Befragten beitragen."[129]

Das wohl am häufigsten diskutierte Problem im Hinblick auf Fragen und Antworten im Interview ist der Einfluß von Suggestivfragen auf die jeweiligen Antworten.[130] Die Regeln, die daraufhin für den Interviewer aufgestellt werden, lauten zusammenfassend: "Die vom Interviewer gestellte Frage sollte in keiner Weise die Richtung der Antwort beeinflussen. Vielmehr sollte man versuchen, die vom Befragten gewünschte Information zu bekommen, ohne ihn in die eine oder andere Richtung hin zu beeinflussen..."[131] Den Einfluß, Gebrauch und die Wirkung von Suggestivfragen haben Richardson und Dohrenwud (ebd.) in einer empirischen Untersuchung, begründet auf die vorliegenden Forschungsergebnisse über die Wirkung von Suggestivfragen, zu definieren versucht. Sie kommen zu dem Ergebnis, daß erfahrene und kompetente Interviewer ebenso wie Interviewer mit Kurzzeitausbildung trotz des wohlbekannten Verbots der Verwendung ein Drittel ihrer Fragen als Suggestivfragen formulieren und zwar ohne signifikante Unterschiede bezüglich der Kompetenz der Interviewer. Ebenso wurde festgestellt, daß die Antworten auf Suggestivfragen nicht mehr Verfälschungen enthalten als die Antworten auf nicht suggestiv gestellte Fragen. Wesentlich für die Erhaltung von validen Antworten ist vielmehr die Informiertheit und die Vertrautheit des Interviewers mit dem Gegenstand seiner Fragestellung. "Generell können wir wiederum davon ausgehen, daß die Wahrscheinlichkeit, daß eine Unterstellung

---

[129] Paul, Regine: Zum Entstehungsprozeß politischer Handlungsbereitschaft, unveröffentlichte Diplomarbeit, TU Berlin, Fachbereich 2, o. Datum

[130] vgl. Richardson; Stephen, A.; Dohrenwud u. Klein: Die "Suggestivfrage", in Hopf/Weingarten, a. a. O., S. 205 ff.

[131] Maccoby u. Maccoby (1954) zitiert nach Richardson u. a., ebd. S. 206

zutreffend ist, um so größer ist, je besser die Informationen sind, auf denen eine solche Unterstellung beruht. Wenn in der Literatur über das Interview vor Suggestivfragen gewarnt wird, so ist es die nicht informierte Unterstellung, auf die sich die Warnung bezieht, nicht jedoch die auf Information beruhende Unterstellung."[132]

Für die Verfasserin galt die Situation der persönlichen Bekanntschaft mit einer Anzahl der interviewten Frauen und die Tatsache detaillierter Kenntnisse, zumindest aus der Presse, die sich auf besondere und z. T. problematische Situationen, auch parteiinterner, im Rahmen der politischen Tätigkeiten dieser Frauen bezogen. Dieses galt aber auch umgekehrt: die interviewten Frauen waren über den Tätigkeitsbereich der Autorin und über die wichtigsten positiven und negativen Situationen der politischen Arbeit informiert. Daraus ergab sich die Tatsache, daß die Interviews überwiegend in einer sehr vertraulichen Atmosphäre geführt wurden, was bei der Klärung der subjektiven Sichtweise und widersprüchlichen Aussagen dienlich sein kann.

"Voraussetzung für ideenreichere und genauere Fragen bzw. Nachfragen im Interview ist die Systematisierung und Offenlegung des Wissenshintergrundes des Forschers/Interviewers (Theorien, praktische Erfahrungen). Dieses Element der Problemzentrierung verhilft zu der Möglichkeit, den interessierenden Gegenstandsbereich in seiner Vollständigkeit abzutasten und kürzelhafte, stereotype oder widersprüchliche Explikationen des Interviewten zu entdecken und durch Nachfragen weiter zu explorieren. Diese hohe Anforderung in Form von inhaltlicher und methodischer Sensibilität macht deutlich, daß die Forscher selbst Interviews durchführen bzw. weitere Interviewer sich möglichst umfassend in den Forschungsprozeß integrieren müssen ..."[133]

Es stellt sich hier allerdings das Problem, die Interviews nicht völlig unstrukturiert und ohne Systematik ausufern zu lassen, sondern mit der geforderten Distanz auf die spezifischen Situationen des Gegenstandes zurückzuführen, "problemzentriert" zu arbeiten. Um einen Kompromiß zu finden zwischen der "offenen" Vorgehensweise im Interview und dem Anliegen, den Untersuchungsgegenstand gezielt zu beleuchten, wurde ein Interviewleitfaden entwickelt, der im folgenden dargestellt wird.

2.4 Interview-Leitfaden

Der Leitfaden hat nicht die Funktion, daß die in ihm formulierten Fragen standardisiert auf jeden Fall in jedem Interview an

---

[132] Richardson u. a. in Hopf, S. 209

[133] Witzel, a. a. O., S. 216 f.

die Befragten gestellt werden, sondern er soll vielmehr die wesentlichen Themenfelder des gewählten Untersuchungsgegenstandes in Frageform formulieren. Er dient dazu, das Vorgehen der Interviewerin in der Gesprächsführung im Laufe des Interviews zu kontrollieren und als Gedächtnisstütze die wichtigsten Fragerichtungen abzuhaken. Es soll sicherstellen, daß in jedem Interview eine vergleichbare und kontrollierte Herangehensweise an den Untersuchungsgegenstand gewährleistet ist. Dieses bedeutet jedoch nicht, daß die Interviewerin sich strikt an die Reihenfolge bzw. den Wortlaut der Fragen halten muß, sondern eine flexible Handhabung und eine Umformulierung der Fragen bezüglich der jeweiligen Fragesituation sind geradezu gefordert, um den Informationsfluß im Interview nicht zu beeinträchtigen. Darüber hinaus sind die im Leitfaden formulierten Fragen eine Hilfestellung für die Interviewerin, bei stockendem Redefluß einen neuen Themenbereich anzuschneiden.

Ausgehend von den oben dargestellten grundsätzlichen Fragestellungen wurden im Leitfaden folgende Interviewfragen formuliert:

1. Wenn Sie sich zurückerinnern: wieweit war Ihr Elternhaus politisch (häufige Gespräche über Politik, politisches Engagement der Eltern, Einstellung zu politischem Engagement allgemein)?
   Wieweit wurde Ihr politisches Interesse durch die Schule, Kirche o. ä. gefördert?

2. Von den Parteien wird zunehmend gefordert, daß Frauen verstärkt an den politischen Mandaten beteiligt werden sollen.
   Wie stehen Sie zu diesen Forderungen?
   Was muß sich eventuell ändern, um diese Forderungen zu realisieren?

3. Gab es ein besonderes Interesse oder Anliegen, das Sie in die Kommunalpolitik geführt hat?

4. Während Ihrer kommunalpolitischen Tätigkeit gab es sicherlich für Sie Erfolge und Mißerfolge zu verzeichnen.
   Können Sie mir sagen, wo Sie im Einzelnen Mißerfolge hinnehmen mußten und wo Sie Erfolge verbuchen konnten?

5. Wie stellt sich Ihre Familie zu Ihrem kommunalplitischen Engagement?
   Gab es bisher Konfliktsituationen und können Sie diese beschreiben?

6. Gibt es in Ihrer Partei und/oder in Ihrer Fraktion Personen, die Ihre kommunalpolitische Arbeit besonders unterstützen?
   Mit welchen Schwierigkeiten haben Sie sich in Ihrer Partei/Fraktion besonders auseinanderzusetzen?

7. Welche Haltung haben Ihre eigenen Familienmitglieder zum politischen Engagement von Frauen?

8. Der Anteil der Frauen in der Politik ist relativ gering. Haben Sie als Frau verstärkte soziale Kontrolle, direkte oder indirekte Diskriminierungen erfahren müssen und in welchem Zusammenhang wurden sie gemacht?

9. Welchen Stellenwert hat für Sie die Kommunalpolitik, auch im Vergleich zur Landes- und Bundespolitik?

10. Wie schätzen Sie das Interesse der Frauen an Politik im allgemeinen und an der Kommunalpolitik im besonderen ein?

11. Gibt es in Ihrer Gemeinde Gruppen (krichl. Gruppen, Gewerkschaften, Bürgerinitiativen, Vereine etc.), bei denen Sie Rückhalt für Ihre kommunalpolitische Tätigkeit finden?

12. Sind Sie mit Ihrer bisherigen Tätigkeit im Rat zufrieden, oder würden Sie gern etwas ändern?

13. Welche konkreten Ziele (Sachziele, persönlichen Ziele) möchten Sie in absehbarer Zeit erreichen?

14. Haben Sie die Absicht, zur nächsten Wahl wieder für den Rat zu kandidieren?

15. Wieviel Zeit wenden Sie durchschnittlich für Ihre kommunalpolitische Tätigkeit auf?

16. Welchen Stellenwert hat für Sie die ökonomische Unabhängigkeit der Frauen hinsichtlich einer kommunalpolitischen Tätigkeit?

Am Schluß des Interviews wurde jeder interviewten Frau die Möglichkeit gegeben, Wichtiges zu diesem Thema, was noch nicht angesprochen wurde, aufzugreifen und darzustellen.

3. Ablaufmodell der qualitativen Inhaltsanalyse der Interviews

"Die Situation, in die gerade biographische Forscher geraten, wenn sie ihr Material erhoben haben, wenn also die erste entscheidende Phase des Inputs vorüber ist, mag für Außenstehende kaum nachvollziehbar sein. Während das Stadium der Datenerhebung durch bestimmte Techniken noch relativ strukturiert anmutet und durch die regelmäßigen Feldkontakte gewöhnlich auch sehr interessant ist, kann die jetzt beginnende Phase außerordentlich frustrierend werden. Der Materialberg erscheint unübersehbar.

Perspektiven der Materialcodierung deuten sich nicht an; ... GLASER weist aus der Erfahrung ähnlich verlaufender qualitativer sozialwissenschaftlicher Untersuchungen ein wenig melodramatisch auf die Möglichkeit von Depressionen und drohenden

Identitätsverlust hin (1978: 23)".[134]

Abgesehen von der am Schluß des Zitats genannten Dramatik kann die Ausgangssitation auch auf die vorliegende Erhebung getrost als zutreffend bezeichnet werden. Bereits während der Interview-Erhebungsphase machten sich Gefühle breit, die Vielfältigkeit der erhaltenen Informationen nicht in eine systematische Ordnung oder gar als vergleichendes Datenmaterial erfassen zu können. Dieses lag im wesentlichen daran, daß neben den angenommenen Fragestellungen im Verlauf der Gespräche Themenbereiche angesprochen wurden, die den gesetzten Rahmen dieser Arbeit sprengen würden. Es bleibt zu überlegen, ob diese Berichte außerhalb einer wissenschaftlichen Arbeit Verwendung finden können. Desweiteren kam hinzu, daß die Anzahl von 16 Interviews von durchschnittlich zwei Stunden im strengen Sinne keine "Einzelfallstudien" mehr sind, bei denen die Orientierung am einzelnen Fall und am einzelnen Interviewtext im Vordergrund steht. Vielmehr sollten die untersuchten Fälle Unterschiede und Übereinstimmungen bezogen auf die Problemstellung deutlich werden lassen.

Außerdem lag dieser Arbeit der Anspruch zugrunde, die qualitativen Ergebnisse der Interviews mit den quantitativen Daten der Fragebogen zu verbinden, wobei die begrenzte Bedeutung der quantitativen Ergebnisse aufgrund der relativ geringen Anzahl und der fehlenden repräsentativen Stichprobe immer klar sein muß. Statistisch gesicherte Begründungen und repräsentative Verteilung können von daher nicht abgeleitet werden.

3.1 Analyseansatz

Wenn es Aufgabe der Inhaltsanalyse ist, Daten zu ordnen, zusammenzufassen, zu abstrahieren, begreifbar und "für die Fragestellung des Untersuchers entscheidbar zu machen",[135] könnte man vermuten, daß für diese Technik eine entsprechende Methodik zur Verfügung steht. Dieses ist jedoch nicht der Fall und verstärkt das Vorurteil, daß qualitative Datenerhebungen ziemlich willkürlich und in journalistischer Manier zustande kommen: Es werden "passende" Informationen aufgenommen, "unpassende" stillschweigend übergangen.

Dem hier gewählten Analyseansatz liegt zugrunde, daß die beiden Methodenansätze - qualitative und quantitative - neben allen Unterschieden auch Gemeinsamkeiten haben. "Sowohl die qualita-

---

[134] Alheit, Peter/Glaß, Christian: Beschädigtes Leben. Soziale Biographien arbeitsloser Jugendlicher. Frankfurt/Main; New York 1986, S. 43/44

[135] Wiedemann, Peter M.: Erzählte Wirklichkeit. Weinheim, München 1986, S. 137

tive wie auch die quantitative Datenverarbeitung bündeln, strukturieren und transformieren Informationen."[136] Meyring hat versucht, aus diesen Gemeinsamkeiten eine "Methodik der systematischen Interpretation"[137] zu entwickeln, bei der es nicht darum geht, die qualitative Inhaltsanalyse alternativ zur quantitativen zu entwickeln, sondern quantitative Analyseschritte sinnvoll in die qualitative Analyse einzubauen. Durch die Reduktion des Materials auf generalisierbare wichtige Aussagen auch unterschiedlichen Abstraktionsniveaus werden Kategorien erarbeitet, die fallübergreifende wesentliche Inhalte festmachen. In Anlehnung an dieses Methodikmodell sollen nachfolgend die einzelnen Schritte der Analyse der vorliegenden Interviews dargestellt werden.

3.2 Transkription der Interviews

Die auf Tonband aufgenommenen Interviews wurden vollständig und wörtlich auf Schreibmaschinenschrift transkribiert. Pausen und Unterbrechungen durch Außeneinflüsse wurden vermerkt. Nonverbales Verhalten, wie Lachen, stockender Redefluß o. ä. sowie "Äh" wurden nicht aufgenommen. Frage (F) und Antworten der Interviewten (I) wurden entsprechend gekennzeichnet. Die Transkription vom Tonband in die Schreibmaschine wurde von der Interviewerin selbst vorgenommen und stellte einen relativ großen Arbeitsaufwand dar. Außerdem wurde von der Autorin unmittelbar nach jedem Interview ein kurzes Postskriptum erstellt, in dem Zeit, Ort des Interviews, evtl. Störungen, Atmosphäre und Besonderheiten festgehalten wurden.

3.3 Festlegung der zu analysierenden Problemfelder

Da es sich bei den Interviews um halbstrukturierte Interviews mit festgelegtem Leitfaden handelte, erschien es nur sinnvoll, die relevanten Fragestellungen an diesem Leitfaden zu orientieren. Im einzelnen waren dies Aussagen zu folgenden Problemfeldern:

- Sozialisation: Elternhaus, Schule, konkrete Erfahrungen und Betroffenheit

- Anlaß für kommunalpolitische Tätigkeit

- mehr Frauen in politische Mandate

- erlebte Erfolge/Mißerfolge

---

[136] ebd., S. 163

[137] vgl. Meyring, a. a. O., S. 54

- Verarbeitung bestimmter Situationen
- Verhalten von Familie und Freundeskreis
- Unterstützung durch Partei und Fraktion
- erlebte Diskriminierungen, soziale Kontrolle
- Stellenwert der Kommunalpolitik
- Unterstützung durch Vereine, Verbände
- Einschätzung des Interesses von Frauen im allgemeinen an Politik
- Zufriedenheit mit Ratsarbeit
- persönliche konkrete Ziele
- Zeitaufwand für politische Tätigkeit
- ökonomische Unabhängigkeit der Frauen

3.4 Festlegung der Fragestellungen

Analog der oben dargestellten Problemfelder wurden folgende Fragen für die Inhaltsanalyse konkretisiert:

1a) Welches sind die wichtigsten Sozialisationserfahrungen der Mandatsträgerinnen bezüglich "Politik"?

1b) Inwieweit haben sich diese Erfahrungen auf das Interesse an Politik ausgewirkt

2) Gab es einen konkreten Anlaß für die kommunalplitische Tätigkeit?

3) Wie ist die Meinung zu der Forderung "mehr Frauen in politische Mandate"?

4a) Gab es während der politischen Tätigkeit besondere Erfolge/Mißerfolge?

4b) Wie wurden diese Erfolge/Mißerfolge verarbeitet?

5) Wie verhalten sich Familie und Freunde zum politischen Engagement der Frauen?

6) Erfahren die Frauen besondere Unterstützung durch ihre Partei und Fraktion und in welchem Maße?

7a) Unterliegen die Mandatsträgerinnen verstärkt der sozialen

Kontrolle?

7b) Haben die Frauen konkrete Diskriminierungen erfahren? Welcher Art?

7c) Wie gehen Frauen damit um?

8) Wird der Bereich "Kommunalpolitik" als wichtiges Betätigungsfeld angesehen?

9) Wird die Unterstützung durch Vereine und Verbände für notwendig oder hilfreich erachtet?

10a) Sind die Frauen mit ihrer Ratsarbeit zufrieden?

10b) Was müßte verbessert werden?

11) Wird die Arbeit in der Kommunalpolitik mit konkreten Zielen verbunden?

12) Wieviel Zeit wenden die Frauen für ihre politische Tätigkeit auf?

13) Ist die ökonomische Unabhängigkeit von Frauen wichtig für eine kommunalpolitische Tätigkeit?

3.5 Festlegung der Analyseeinheiten und Beschreibung der Reduktionsschritte

Bereits die ersten Interviews machten deutlich, daß von den Frauen eine derartige Fülle an Informationen gegeben wurde, daß viel Wichtiges und Wesentliches in bezug auf den bisherigen Lebenszusammenhang und Erfahrungen nicht in die Auswertung der Befragung würde eingehen können. So interessant diese Aussagen waren und so sehr sie Betroffenheit erzeugten, der Rahmen der gesteckten Aufgabenstellung konnte auch aus zeitökonomischen Erwägungen nicht beliebig erweitert werden. Schon der Materialumfang, der sich aus 16 Interviews von durchschnittlich eineinhalb Stunden Länge ergab, schien schier unübersehbar zu sein. Es galt nun, aus den vielschichtigen biographischen Erzählungen das "Typische" für die Fragestellungen herauszufinden, miteinander zu verbinden und zu interpretieren.

In einem ersten Durchgang nach der Transkription wurden alle im Interview an der Fragestellung orientierten für wichtig gehaltenen Aussagen herausgestellt. Die erste Analyseeinheit war also das Material insgesamt, um nicht von vornherein u. U. wichtige Aspekte, die unter einer anderen Fragestellung formuliert wurden, herausfallen zu lassen. Es wurde bei diesem ersten Durchgang des Materials bereits deutlich, daß trotz unterschiedlicher Sozialisationserfahrungen und Lebensumständen einzelne Aussagen über Einstellungen und Erlebnisse im "politischen Bereich" sich ähnelten. Der zweite Durchgang des Materials orientierte sich konkret an den Fragestellungen im Interview. Aus jedem Einzelinterview wurden die Aussagen zum jeweiligen Themenbereich herausgeschrieben und in Listen zusammengestellt. Hierbei wurde eine sprachliche Reduktion vorgenommen, d. h. die gesprochene Sprache wurde auf ihre wichtigen Aussagen reduziert. Im dritten Durchgang des nun überschaubaren Materials wurden die einzelnen Aussagen zu generalisierenden Aussagen pro Fall zusammengefaßt. Diese differenzierten Aussagen wurden in einem vierten Durchgang bezogen auf alle Fälle in aussagekräftige Kategorien umgewandelt. So ergab sich ein aus Einzelfällen analysiertes Bild über die Meinungen und Erfahrungen der hier interviewten aktiven Kommunalpolitikerinnen. Um eine Überprüfung der analysierten Aussagen zu gewährleisten, wurden die Einzeldurchgänge in vielen Sitzungen im Doktoranden-Kolloquium besprochen, verglichen und kontrolliert.

Die Darstellung der Ergebnisse erfolgt in Kapitel V.

4. Darstellung des Fragebogens

Wie o. a. soll der Fragebogen dazu dienen, quantitative Daten zu einzelnen Fragestellungen des Problembereiches zu erheben und dadurch Vergleiche zwischen der Primär- und der Kontrollgruppe ermöglichen. Die im Fragebogen gestellten Fragen sollen Antworten sowohl auf Fakten wie auch auf Meinungen geben. Aus diesen individuellen Antworten sollen gruppentypische Ergebnisse zusammengefaßt werden[138]; in diesem Fall Antworten der Gruppe der Mandatsträgerinnen und der Gruppe der Nicht-Mandatsträgerinnen.

4.1 Entwicklung des Fragebogens

Im Vorfeld der aktiven Planungsphase war beabsichtigt, als Forschungsinstrument ausschließlich den Fragebogen zu verwenden. Zahlreiche Informationsgespräche und intensive Literaturanalyse machten die Schwierigkeiten deutlich, gesicherte Aussagen über Einstellungen und Motivationslage in Form eines Fragebogens zu erhalten. So war Frau Prof. Dr. Müller-Luckmann, TU Braunschweig, der Meinung, ausschließlich sich der Methode des Interviews zu bedienen, um so tiefer in die Problematik einsteigen zu können.

Frau Dr. Renate Köcher, Institut für Demoskopie Allensbach, die freundlicherweise den Entwurf des Fragebogens kritisch beurteilte, wies ebenso eindringlich auf die Nützlichkeit von

---

[138] s. Mayntz, Renate: Einführung in die Methoden der empirischen Soziologie, 5. Auflage, Opladen 1978

Interviews hin. Darüber hinaus wurde der Fragebogen-Entwurf noch mit der Gesellschaft für sozialwissenschaftliche Forschung, Beratung und Planung, bb & P, Köln, diskutiert. All diese Gespräche führten dazu, neben dem Fragebogen gleichberechtigt das Interview zu stellen.

Eine Schwierigkeit bei der Entwicklung des Fragebogens lag darin, aus der Fülle der möglichen Fragen dieses Problemfeldes die relevanten zu selektieren. Aus diesem Grunde wurden zunächst zwei Probeinterviews geführt, die völlig unstrukturiert angelegt waren. Hieraus wurden die Standardfragen entwickelt, in eine erste Fragebogenform gebracht und Frauen, die nicht aus der Erhebungsregion kamen, in einem ersten Probelauf zum Ausfüllen vorgelegt. Danach wurden Verbesserungen in den Fragestellungen vorgenommen und insbesondere die Antwortvorgaben überarbeitet. Dieser überarbeitete Fragebogen wurde dann den o. a. Instituten vorgelegt und wiederum in wesentlichen Punkten geändert.

Auf Anraten von Frau Dr. Köcher, Allensbach, wurden z. B. mehr geschlossene Fragen mit der Antwortdichotomie "Ja" - "Nein" gewählt. Die Überlegungen, geschlossene oder offene Fragen zu verwenden, machte eine weitere Schwierigkeit deutlich: Da nur die Gruppe der Mandatsträgerinnen durch ein Interview befragt werden sollte, waren für die Gruppe der Nicht-Mandatsträgerinnen Antwortmöglichkeiten zu einigen Fragen vorzusehen, die differenzierter und vielfältiger als vorgegebene Antwortalternativen sein konnten. Es mußte aber immer darauf geachtet werden, daß die möglichen Antworten noch vercodet und für den Computer aufgearbeitet werden konnten.

Neben diesen Besonderheiten des Untersuchungsgegenstandes mußten die wesentlichen wissenschftlichen Anforderungen, die an einen Fragebogen gestellt werden[139], ebenfalls berücksichtigt werden, wie z. B. Länge des Fragebogens, Aufbau der Fragenkomplexe, mischen der Fragen, Ausstrahlungseffekt auf nachfolgende Fragen usw.

4.2 Aufbau des Fragebogens

Entsprechend den Forderungen eines psychologischen Aufbaus des Fragebogens werden nach zwei Einführungsfragen im ersten Drittel eher leichte Fragen gestellt, die von relativ hohem Interesse sind, deren Beantwortung jedoch nur aus einer distanzierten Betroffenheit erfolgt; z. B. Frage 3: "Wie schätzen Sie das Interesse der Frauen an Politik im allgemeinen ein?"

---

[139] vgl. hierzu z. B. Mayntz u. a., a. a. O., König, Rene (Hrs.): Handbuch der empirischen Sozialforschung. Stuttgart 1967; Holm, Kurt (Hrs.): Die Befragung 1, München 1975

Es wird nach Meinungen und Einstellungen über das Verhalten Dritter, bzw. über institutionelle Vorgaben gefragt.

Im zweiten Drittel des Fragebogens werden die eher schwierigen und heikelsten Fragen gestellt (Frage 10 - 23). Sie erfordern z. T. Beurteilungen und Antworten der persönlichen Einstellungen und Motivation und zwar aus subjektiver Sicht, z. B. Frage 11a: "Was macht für Sie persönlich den Reiz an Ihrer kommunalpolitischen Tätigkeit aus?"

Die statistischen Daten werden im letzten Drittel des Fragebogens erhoben.

Wie bereits o. a. wurden sowohl offene als auch geschlossene Frageformulierungen gewählt. Daraus folgt, daß je nach Fragestellung die Antworten dichotomisch,als Antwort-Alternativen, Antwortskalen oder bei Begründungsantworten gar nicht vorgegeben wurden. Bei der Frage 10a und 10b wurde die Form der Kartenabfrage gewählt.

Kennziffer [ ][ ][ ][ ]

FRAGEBOGEN

EINFLUßFAKTOREN AUF DIE MÖGLICHKEIT UND DIE BEREITSCHAFT ZUR AUSÜBUNG EINES KOMMUNALEN RATSMANDATES

Frage 1 Sie interessieren sich für Politik bzw. sind selbst politisch aktiv. Gab es besondere Beweggründe, Tätigkeiten, Anlässe oder Vorbilder, die Ihr Interesse an Politik hervorgerufen haben?

Bitte nennen Sie die wichtigsten:

____

____

____

____

Frage 2 Sind Sie Mitglied in einer Partei?

ja ( )

nein ( )

Wenn ja, seit wann?

seit ____ Jahren Mitglied der ____________

Frage 3 Wie schätzen Sie das Interesse der Frauen an Politik im allgemeinen ein?

sehr gering ←——→ sehr hoch

1 2 3 4 5

Frage 4 Sollte das Interesse der Frauen an Politik gesteigert werden?

ja ( )

nein ( )

Frage 5 Wodurch kann Ihrer Meinung nach das Interesse der Frauen an Politik erhöht werden?

(Bis drei Nennungen möglich)

( ) Eine bessere Darstellung von Frauenthemen in den Medien / der Öffentlichkeit

( ) Ein anderes Wahlrecht, das Frauenkandidaturen begünstigt

( ) Eine grundsätzliche Änderung der Erziehung in allen Institutionen

( ) Frauen in hohen politischen Funktionen (z.B. Ministerinnen)

( ) "Menschlicheres" Miteinanderumgehen in der Politik

( ) Finanzielle Unabhängigkeit der Frauen

( ) Qualifizierte Schul-/Berufsausbildung auch in sog. männlichen Berufen

( ) Entlastung im häuslichen Arbeitsbereich

( ) Durch folgende Maßnahmen:

____

____

Frage 6 In letzter Zeit wird von den politischen Parteien, insbesondere von den Frauen selbst, eine verstärkte Teilhabe der Frauen auch an politischen Mandaten gefordert.
Wie stehen Sie zu diesen Forderungen?

( ) Finde ich unbedingt notwendig

( ) Es sollte bleiben wie bisher

Frage 7 Bitte nennen Sie die drei Ihrer Meinung nach wichtigsten Aufgabenfelder in der Kommunalpolitik:

____

____

____

Frage 8 In welchen der nachstehend aufgeführten Gremien sollten Frauen vorzugsweise stärker als jetzt vertreten sein?

Bitte entscheiden Sie sich in der Rangfolge 1 (=höchster Wert) bis 5 (niedrigster Wert)

Ortsrat / Gemeinderat ( )

Stadtrat / Kreistag ( )

Landtag ( )

Bundestag ( )

Europä.Parlament ( )

Frage 9 Stimmen Sie der Aussage zu, daß es für Frauen einfacher und leichter ist, in den kommunalen Räten mitzuarbeiten als im Landtag, im Bundestag oder im Europäischen Parlament?

stimme zu ( )

stimme nicht zu ( )

Bitte begründen Sie Ihre Entscheidung:

____

____

____

Frage 10.1 Auf diesen Karten stehen verschiedene Eigenschaften und Qualifikationen.
Wo würden Sie sagen, so bin ich auch oder so denke ich auch?

____

10.2 Bitte sehen Sie nun diese Karten einmal durch und suchen Sie alles heraus, was für eine kommunalpolitische Tätigkeit wichtig ist:

____

Frage 11a

Sie werden sicherlich zustimmen, daß auch die kommunalpolitische Tätigkeit Vor- und Nachteile hat.
Was macht für Sie persönlich den Reiz an Ihrer kommunalpolitischen Tätigkeit aus?

Bitte bewerten Sie jede Aussage!

	paßt für mich voll und ganz	←		→	trifft für mich überhaupt nicht zu
Ich kann Einfluß nehmen und mitentscheiden	1	2	3	4	5
Ich kann meine persönliche Interessen durchsetzen	1	2	3	4	5
Ich kann konkret etwas verändern, z.B.Verkehrswege u.ä.	1	2	3	4	5
Ich kann parteipolitische Ziele durchsetzen	1	2	3	4	5
Ich finde persönliche Bestätigung	1	2	3	4	5
Ich kann meine beruflichen Interessen einbringen	1	2	3	4	5
Ich habe das Gefühl, etwas gesellschaftlich Positives zu tun	1	2	3	4	5
Mein Bekanntheitsgrad wird erhöht	1	2	3	4	5
Ich kann mir grundlegende Kenntnisse für eine Tätigkeit in höher angesiedelten Gremien erwerben	1	2	3	4	5
Die Ratsarbeit entschädigt mich für Enttäuschungen in anderen Lebensbereichen	1	2	3	4	5
Mein Einfluß in der Partei wird durch die Ratsarbeit erhöht	1	2	3	4	5

Bitte benennen Sie, worin für Sie persönlich die Nachteile aus Ihrer kommunalpolitischen Tätigkeit bestehen:

____

____

____

Frage 11b - 5 -

Sie üben zwar kein Ratsmandat aus, aber sicherlich werden Sie zustimmen, daß die Ratsarbeit Vor- und Nachteile hat. Worin würden Sie die Vorteile an einem Ratsmandat sehen?

Bitte beantworten Sie jede Aussage!

	stimme voll zu	⟵	⟶		stimme gar nicht zu
Man kann Einfluß nehmen und mitentscheiden	1	2	3	4	5
Man kann persönliche Interessen durchsetzen	1	2	3	4	5
Man kann konkret etwas verändern, z.B. Verkehrswege u.ä.	1	2	3	4	5
Man kann parteipolitische Ziele durchsetzen	1	2	3	4	5
Man findet persönliche Bestätigung	1	2	3	4	5
Man kann seine beruflichen Interessen einbringen	1	2	3	4	5
Man hat das Gefühl, etwas gesellschaftlich Positives zu tun	1	2	3	4	5
Man kann seinen Bekanntheitsgrad erhöhen	1	2	3	4	5
Man kann grundlegende Kenntnisse für eine Tätigkeit in höher angesiedelten Gremien erwerben	1	2	3	4	5
Die Ratsarbeit entschädigt für Enttäuschungen in anderen Lebensbereichen	1	2	3	4	5
Der Einfluß in der Partei wird durch die Ratsarbeit erhöht	1	2	3	4	5

Bitte benennen Sie, wo Sie die Nachteile einer Ratsarbeit sehen würden:

____

____

____

Frage 12

Welches Interesse haben Ihrer Meinung nach Frauen, die im Rat mitarbeiten?

	stimme zu	stimme nicht zu
Sie wollen Vorbild für andere Frauen sein	( )	( )
Sie wollen sich persönlich profilieren	( )	( )
Sie benutzen die Kommunalpolitik als Sprungbrett für eine politische Karriere	( )	( )
Sie wollen Ihre politischen Zielsetzungen in die Kommunalpolitik einbringen	( )	( )
Sie wollen sich bestätigt fühlen	( )	( )
Sie wollen kommunalpolitische Mißstände beheben	( )	( )
Sie wollen sich mit den Männern messen	( )	( )
Sie wollen Einfluß auf Entscheidungen nehmen	( )	( )
Sie suchen Bestätigung außerhalb des häuslichen Bereiches	( )	( )
Sie wollen die kommunalpolitischen Entscheidungen durchschauen	( )	( )

Frage 13

Wenn Sie zu entscheiden hätten, in welchen drei Ausschüssen Frauen vertreten sein sollten, welche würden Sie wählen?

(Rangfolge 1 (höchster Wert) bis 3 (niedrigster Wert))

Fremdenverkehrsausschuß	( )
Verwaltungsausschuß	( )
Ausschuß f.Jugend,Familie,Soziales	( )
Haushalts- und Finanzausschuß	( )
Bauausschuß	( )
Umweltausschuß	( )
Schulausschuß	( )
Ausschuß für Gesundheitswesen	( )
Feuerwehrausschuß	( )
______________________	( )

Bitte begründen Sie kurz Ihre Auswahl:

Zu 1 ______________________

Zu 2 ______________________

Zu 3 ______________________

Frage 14

Sollten Ihrer Meinung nach mehr Frauen in den kommunalen Räten vertreten sein?

ja ( )

nein ( )

Frage 15

Die nachfolgend aufgeführten Begründungen könnten für Ihre vorstehende Antwort von Bedeutung gewesen sein.

Bitte, geben Sie bei jeder Aussage an, in welchem Maße sie für Sie zutreffend ist:

zutreffend = 1
bedingt zutreffend = 2
neutral, weiß nicht = 3
eher nicht zutreffend = 4
nicht zutreffend = 5

Frauen machen bessere Kommunalpolitik als Männer	1	2	3	4	5
Frauen sind von den kommunalpolitischen Entscheidungen stärker betroffen als Männer	1	2	3	4	5
Die kommunalpolitischen Probleme werden von den Frauen eher gesehen als von den Männern	1	2	3	4	5
Frauen können die Kommunalpolitik verändern, weil sie andere Maßstäbe anlegen	1	2	3	4	5
Die Kommunalpolitik ist für Männer eher durchschaubar als für Frauen	1	2	3	4	5
Frauen können ihre Fähigkeiten in anderen Bereichen, z.B. Familie, Ehrenamt, besser einbringen als im Rat	1	2	3	4	5
Das Grundgesetz schreibt die Gleichberechtigung von Mann und Frau vor. Deshalb sollten auch mehr Frauen in den Räten vertreten sein.	1	2	3	4	5
Frauen erkennen besser, welche gesellschaftspolitischen Gruppen von kommunalen Entscheidungen stärker betroffen sind und setzen sich für diese Gruppen stark ein	1	2	3	4	5
Die kommunalpolitische Tätigkeit einer Frau geht zu Lasten ihrer Aufgabenerfüllung als Hausfrau und Mutter	1	2	3	4	5

Um an kommunalpolitischen Entscheidungen mitzuwirken, fehlt es den meisten Frauen an entsprechenden Kenntnissen und Erfahrungen	1	2	3	4	5
Kommunalpolitische Entscheidungen müssen nach logischen und sachlichen Gesichtspunkten und nicht nach gefühlsmäßigen Empfindungen entschieden werden	1	2	3	4	5
Kommunalpolitik ist, wie Politik insgesamt, eher Männersache	1	2	3	4	5
Frauen sollten die Männer nicht von ihren Funktionen in der Kommunalpolitik verdrängen	1	2	3	4	5
Frauen sind zu wenig einsichtig und zu wenig kompromißbereit	1	2	3	4	5
Frauen verbessern das Arbeitsklima in den kommunalen Räten	1	2	3	4	5
Da die Ratsarbeit am Ort stattfindet, ist die Abwesenheit von der Familie eher tragbar	1	2	3	4	5

Frage 16

In welchen Ausschüssen sind oder waren Sie tätig?

____

____

____

____

Frage 17

In welchen Ausschüssen würden Sie besonders gerne mitarbeiten?

1 ____________________

2 ____________________

3 ____________________

Frage 18

Welches waren für Sie die größten Hemmnisse, die Sie überwinden mußten, bevor Sie Ihr Ratsmandat angetreten haben?

Ich hatte keine Erfahrung und traute mit die Aufgabenerfüllung nicht zu	ja ( )	nein ( )
Ich hatte Angst vor einer evt. Niederlage und wollte mich deshalb nicht zur Wahl stellen	ja ( )	nein ( )
Ich fürchtete mich vor den politischen Auseinandersetzungen in der Öffentlichkeit	ja ( )	nein ( )

Meine Partei wollte mich nicht aufstellen oder mir nur einen ungünstigen Listenplatz zugestehen	ja ( )	nein ( )
Ich hatte eigentlich keine Lust und kein Interesse im Rat mitzuarbeiten	ja ( )	nein ( )
Mein(e) Familie / Partner / Arbeitgeber war gegen eine Ratstätigkeit	ja ( )	nein ( )
Ich stehe nicht gerne in der Öffentlichkeit und fürchtete das Gerede der Leute	ja ( )	nein ( )
Ich befürchtete, keine/nicht mehr ausreichend Zeit für meine Familie zu haben	ja ( )	nein ( )

Frage 18b

Welches sind für Sie die größten Hemmnisse, um ein Ratsmandat anzustreben?

Ich habe keine Erfahrung und traue mir die Aufgabenerfüllung nicht zu	ja ( )	nein ( )
Ich habe Angst vor einer evt. Niederlage und stelle mich deshalb nicht zur Wahl	ja ( )	nein ( )
Ich fürchte mich vor den politischen Auseinandersetzungen in der Öffentlichkeit	ja ( )	nein ( )
Meine Partei will mich nicht aufstellen oder mir nur einen ungünstigen Listenplatz zugestehen	ja ( )	nein ( )
Ich habe eigentlich keine Lust und kein Interesse im Rat mitzuarbeiten	ja ( )	nein ( )
Mein(e) Familie / Partner / Arbeitgeber ist gegen eine Ratstatigkeit	ja ( )	nein ( )
Ich stehe nicht gerne in der Öffentlichkeit und fürchte das Gerede der Leute	ja ( )	nein ( )
Ich befürchte, dann keine / nicht mehr ausreichende Zeit für meine Familie zu haben	ja ( )	nein ( )

Frage 19

Ist Ihr Einstieg in die Kommunalpolitik durch die Mitarbeit in einem der nachstehend aufgeführten Institutionen/Einrichtungen beeinflußt oder gefördert worden?

(Mehrfachnennungen möglich)

Gewerkschaft	( )	Berufsvereinigungen	( )
Elternvertretung	( )	Kirche	( )
Wohltätigkeitsverbände	( )	Frauengruppen	( )
Schüler-/Studentenvertretung	( )	Partei	( )

Bürgerinitiative	( )	welche?	____________
Vereine u.ä.	( )	welche?	____________
sonstige	( )		____________

Frage 20
Was sind Ihrer Meinung nach die wichtigsten Gründe, warum Frauen in den kommunalen Räten nicht stärker vertreten sind?

	zutreffend ⟵			⟶	nicht zutreffend
Sie stellen sich nicht zur Wahl, weil sie Angst vor Niederlagen haben	1	2	3	4	5
Sie trauen sich die Aufgabenerfüllung nicht zu, weil sie keine Erfahrung haben	1	2	3	4	5
Sie haben Angst vor der Arbeit	1	2	3	4	5
Sie haben aufgrund ihrer Doppelbelastung keine Zeit für Ratsarbeit	1	2	3	4	5
Sie fürchten sich vor politischen Auseinandersetzungen	1	2	3	4	5
Sie werden von den Parteien nicht zur Wahl aufgestellt	1	2	3	4	5
Sie haben keine Lust und kein Interesse im Rat tätig zu werden	1	2	3	4	5
Männer werden eher gewählt als Frauen	1	2	3	4	5
Frauen fürchten das Gerede der Leute	1	2	3	4	5
Frauen stehen nicht gerne in der Öffentlichkeit	1	2	3	4	5
Frauen wählen keine Frauen	1	2	3	4	5
Frauen fürchten sich vor Kritik	1	2	3	4	5
Ihre Partner sind gegen eine Mitarbeit der Frau im Rat	1	2	3	4	5
Die formale Gleichberechtigung ist im Grundgesetz verankert. Wenn Frauen ihre Rechte nicht wahrnehmen, sind sie selber schuld.	1	2	3	4	5

Frage 21
Welche Frauen werden sich Ihrer Meinung nach eher kommunalpolitisch betätigen?

(Bitte innerhalb eines Paares nur eine Entscheidung!)

1	Nur-Hausfrauen	( )	Berufstätige Frauen	( )
2	jüngere Frauen	( )	ältere Frauen	( )
3	Stadtfrauen	( )	Frauen auf dem Lande	( )
4	Frauen mit angesehenem beruflichen Status	( )	Arbeiterinnen	( )
5	Frauen mit Familie	( )	Frauen ohne Familie	( )

Bitte, begründen Sie kurz Ihre Entscheidung:

zu 1 ______________________________

zu 2 ______________________________

zu 3 ______________________________

zu 4 ______________________________

zu 5 ______________________________

Frage 22
Was müßte sich vorrangig ändern, damit mehr Frauen in den Räten vertreten sind?

	stimme zu	stimme nicht zu
Die Solidarität unter den Frauen muß stärker werden	( )	( )
Frauen müssen verstärkt in die Parteien gehen	( )	( )
Frauen müssen ihre Anliegen mehr in die Öffentlichkeit tragen	( )	( )
Frauen müssen in Vereinen und Verbänden verstärkt mitarbeiten	( )	( )
Für Frauen müssen bestimmte Plätze auf den Wahllisten freigehalten werden (Quotierung)	( )	( )
Die Doppelbelastung der Frauen muß im familiären Bereich abgebaut werden	( )	( )
Es muß für alle "normal" werden, daß Frauen kandidieren	( )	( )
Das Konkurrenzverhalten der Männer muß sich ändern	( )	( )
Frauen müssen sich mehr zutrauen	( )	( )
Die Parteien müssen die Frauen mehr bei den Kandidaturen unterstützen	( )	( )

Frage 23
Wie schätzen Sie persönlich Ihre Stellung im Rat ein?

Ich werde von den Ratskollegen voll akzeptiert	ja ( )	nein ( )
Die Ratskollegen sehen in mir zuerst die Frau und dann die Politikerin	ja ( )	nein ( )
Ich fühle mich eher als "Alibi-Frau"	ja ( )	nein ( )
Meine Diskussionsbeiträge lösen unter den Ratskollegen eher Unwillen und Agressionen aus	ja ( )	nein ( )
Auf meine Meinung legen die Ratskollegen großen Wert	ja ( )	nein ( )

Ich fühle mich durch die Ratsarbeit überfordert ja ( ) nein ( )

Ich bin mit meiner Ratsarbeit zufrieden ja ( ) nein ( )

Frage 24

Sind Sie entschlossen, bei der nächsten Wahl zu kandidieren?

ja ( )

nein ( )

Wenn nein, welches sind die Gründe?

____

____

____

Frage 25

Eine Informationsfrage:

a) Wieviele Mitglieder umfaßt der Rat, in dem Sie tätig sind?

_______ männliche

_______ weibliche

Wieviele Mitglieder umfaßt Ihre Fraktion?

_______ männliche

_______ weibliche

b) Wieviele Mitglieder umfaßt der Rat Ihrer Stadt / Gemeinde?

_______ männliche

_______ weibliche

Frage 26

Wieviel Zeit wenden Sie durchschnittlich für Ihre Ratstätigkeit auf?

____ Stunden wöchentlich

Bitte, geben Sie mir zum Abschluß noch einige persönliche Daten, die lediglich von statistischer Bedeutung sind:

Frage 27

Welche Schule haben Sie zuletzt besucht?

Hauptschule (Volksschule)	( )	Abschluß ja ( )	nein ( )
Realschule (Mittelschule)	( )	Abschluß ja ( )	nein ( )
Gymnasium	( )	Abschluß ja ( )	nein ( )
Fachschule	( )	Abschluß ja ( )	nein ( )
Hochschule/Universität	( )	Abschluß ja ( )	nein ( )

Frage 28

Haben Sie eine abgeschlossene Berufsausbildung?

ja ( )

nein ( )

Frage 28 Wie alt sind Sie?

_________ Jahre

Frage 29 Sind Sie ...

ledig	( )
verheiratet	( )
geschieden	( )
verwitwet	( )

Frage 30 Wieviele Personen zählen zu Ihrem Haushalt?

_______ Personen

Davon Kinder unter 14 Jahren _________

Kinder von 14 bis 17 Jahren _________

über 18 Jahre _________

Frage 31 Sind Sie berufstätig?

nicht berufstätig	( )
Vollzeit	( )
halbtags	( )
stundenweise	( )
freiberuflich/ selbständig	( )
flexible Arbeitszeit	( )

Frage 32 Seit wann sind Sie Ratsmitglied?

seit ______ Jahren

Partei: ______________________

Geschlecht:

männlich	( )
weiblich	( )

Religionsgemeinschaft: ___________________

Höhe des Einkommens aus eigener Erwerbstätigkeit:

unter DM 500,--	( )
DM 500 bis DM 1.000	( )
DM 1.000 bis DM 2.000	( )
über DM 2.000	( )

IV. DURCHFÜHRUNG UND VERLAUF DER UNTERSUCHUNG

1. Auswertung und Vorerhebung

Wenn oben angeführt wurde, daß eine wesentliche Voraussetzung für eine erfolgreiche Befragung die Vertrautheit des Forschers mit dem Untersuchungsgegenstand ist, muß auch gesehen werden, daß die subjektive Betroffenheit der Autorin die Gefahr beinhaltet, eigene Vorstellungen und Normen zu verallgemeinern und dadurch unter Umständen wichtige Sichtweisen einer möglichen Fragestellung außer Acht zu lassen. Um dieser Gefahr zu begegnen, wurden zu Beginn der Arbeit - vor der Entscheidung der Erhebungsmethoden - vier Probeinterviews gemacht. Es handelt sich um eine unstrukturierte Interviewform, um möglichst viele Erfahrungen und Meinungen der Befragten zu erörtern.

Entsprechend der Absicht, die Interessenslage von Frauen in der Kommunalpolitik zu erfassen, wurden für diese Probeinterviews nur Frauen ausgewählt. Sie erfüllten außerdem das Merkmal "kommunalpolitische Erfahrungen" und fielen nicht unter die Gruppe der möglichen Probanden.

Eine Frau war nach 15-jähriger Tätigkeit aus der Kommunalpolitik aus beruflichen Grunden ausgeschieden, eine Frau war in den Bundestag gewählt worden ohne vorherige kommunalpolitische Erfahrungen, eine Frau war Landtagsabgeordnete mit kommunalpolitischer Erfahrung und eine Frau nahm neben ihrem Landtagsmandat weiterhin ihr kommunales Ratsmandat wahr.

Die Gespräche wurden zunächst auf Tonband aufgenommen und schreibmaschinenschriftlich transkribiert.

Die Interviews wurden zunächst einzeln analysiert und dann in einer Matrix vergleichend gegenübergestellt. Dieses Vorgehen ermöglichte es, Übereinstimmungen und konträre Aussagen festzustellen, und die Bandbreit möglicher Fragestellungen wurde deutlich. Aus dieser Matrix wurde der Interview-Leitfaden erarbeitet, der im Doktoranden-Kolloquium einer kritischen Diskussion unterzogen wurde.

Hier kann gesagt werden, daß bei der Methode des Intensiv-Interviews nicht die Erstellung des Leitfadens die wesentliche Schwierigkeit darstellt. Vielmehr liegt der Schwerpunkt der Arbeit bei der Analyse der Aussagen.

Anders stellt sich die Schwierigkeit bei der Erhebungsmethode "Fragebogen" dar. Hier kommt es darauf an, die Fragen möglichst präzise, eindeutig, vollständig und verständlich zu formulieren. Es wurden aus der Matrix für diesen Zweck zunächst strukturelle Fragenkomplexe erarbeitet, in Einzelfragen operationalisiert und entsprechende Antwortmöglichkeiten zugeordnet. Dieser erste Entwurf des Fragebogens wurde von den Teilnehmerinnen eines Erwachsenenbildungsseminars ausgefüllt. Diesen 18 Frauen wurden keine weiteren Erläuterungen zum Ausfüllen gegeben, jedoch hatten sie die Gelegenheit der Nachfrage.

Die Auswertung dieses ersten Entwurfs ergab eine völlige Überarbeitung des Fragebogens, Umstellungen, Ergänzungen, Streichungen, Umformulierungen. Der zweite Entwurf wurde den o. a. Instituten vorgelegt und erfuhr dadurch wiederum wesentliche Änderungen, insbesondere im Bereich der Antwortmöglichkeiten.

Nach einer Erprobung dieses zweiten Entwurfs wurde eine Auswertung und daraus resultierende Änderungen vorgenommen.

2. Zeitlicher Rahmen der Erhebungsphase

Nach Abschluß der umfangreichen Vorarbeiten wurden die Frauen, die interviewt werden sollten, vom Betreuer der Arbeit angeschrieben und um Unterstützung des Forschungsvorhabens gebeten. Die genauen Termine wurden dann telefonisch vereinbart. Sie fanden statt in der Zeit vom 13. August bis 27. August 1986. Diese relativ kurze Zeitspanne von 14 Tagen war bewußt gewählt, um eine mögliche Beeinflussung durch tagespolitische Geschehen so gering wie möglich zu halten. Wichtig ist es auch, zu erwähnen, daß im Oktober 1986 in Niedersachsen die Kommunalwahlen stattfanden, so daß davon auszugehen war, daß die Frauen zusätzlich motiviert waren, über ihre Tätigkeit und ihre Sicht- und Erlebensweise als Betroffene zu reden.

Die Bereitschaft der Frauen zur Mitarbeit an dieser Erhebung war, wie bereits beschrieben, außerordentlich groß. Sie empfanden es als notwendig, diesen Politikbereich aufzuarbeiten und hatten sich z. T. seit Erhalt der Ankündigung gedanklich intensiver mit ihrer persönlichen Situation befaßt.

Zunächst war vorgesehen, pro Tag drei Interviews einzuplanen. Dieses erwies sich allerdings als unrealistisch, da jedes Interview einschließlich Anfahrt, Erläuterungen von Ziel und Zweck der Unterscuhung, Erklärung des Ablaufs des Interviews, das Ausfüllen des Fragebogens sowie privater Gespräche drei bis vier Stunden in Anspruch nahm. Hinzu kam, daß die Fülle der gegebenen Informationen die Interviewerin stark beeindruckte und nicht so schnell verarbeitet bzw. "abgeschüttelt" werden konnte. Die Interviews selbst dauerten durchschnittlich 1 1/2 Stunden.

Bis auf eine Ausnahme fanden die Interviews in den Wohnungen der Frauen statt.

Ein Interview mußte aus organisatorischen Gründen im Büro der Interviewerin stattfinden. Es ist davon auszugehen, daß diese vertraute Umgebung die Intensität der Gespräche wesentlich beeinflußt hat.

Unmittelbar an die Phase der Erhebung der Interviews schloß sich die Fragebogenbefragung der Kontrollgruppe an. Zeitlich war diese Erhebung bis Mitte November 1986 abgeschlossen.

Die Befragungen fanden im Rahmen von Erwachsenenbildungskursen überwiegend in Seminarräumen der Bildungsinstitutionen statt, zum Teil auch in den Wohnungen der Befragten.

3. Gesprächsbereitschaft der Probanden

Die interviewten Frauen sahen die Interviews durchweg als wichtig und nützlich an und verbalisierten sie als gute Gelegenheit, über ihre eigenen Einstellungen, ihre Verhaltens- und Erlebensweisen zu sprechen. Sie beurteilten die Inteviews für sich selbst als positiv.

Die Motivation der Frauen der Kontrollgruppe war bezüglich des Themas ebenfalls als hoch zu bezeichnen, die konkrete Ausfüllung des Fragebogens gestaltete sich in einigen Fällen etwas schwierig. Dieses lag zum Teil sicherlich daran, daß das Beantworten vorgegebener Fragen in schriftlicher Form nicht so interessant sein dürfte und schneller zur Ermüdung führt. Außerdem waren die Kenntnisse der Frauen über kommunalpolitische Tätigkeiten und kommunale Gremien sehr unterschiedlich, z. T. eher gering. Allen Frauen stand die Autorin für Verständnisfragen zur Verfügung.

V. AUSWERTUNG DER INTERVIEWS

Im nachfolgenden wird die Auswertung der 16 Interviews dargestellt. Sie orientiert sich an dem Modell der zusammenfassenden qualitativen Inhaltsanalyse von Mayring[140] und den unter oben dargestellten Einzelschritten der zusammenfassenden Analyse.

Die Tabelle gibt in Spalte 1 die Fallnummer und in Spalte 2 die Seitenzahl der Textstelle im Interview an. Spalte 3 gibt die erste Reduktion der wichtigen Aussagen wieder. In der Spalte 4 ist eine Bündelung und Abstrahierung sowie Streichung von Mehrfachaussagen vorgenommen worden. Die Spalte 5 enthält die zusammenfassenden Kategorien.

---

[140] Mayring, Philipp, a. a. O., S. 54 f.

1. <u>Sozialisation Elternhaus/Schule</u>

Fall	S.	Aussagen	Bündelung/Zusammenfassung	Kategorien
111	1	- Eltern waren politisch interessiert	- Eltern politische desinteressiert und frustriert	K1: Politik im Elternhaus negativ belegt:
		- Eltern nach 2. Weltkrieg frustriert und politisch desinteressiert	- Politik als schmutziges Geschäft	- Erfahrungen mit dem 3. Reich
		- über Politik nie gesprochen		- über Politik nie gesprochen
		- Politik eher schmutziges Geschäft		- Politik als "schmutziges Geschäft"
		- Lehrer in der Schule hat uns gezwungen, uns mit Politik zu beschäftigen	- Politik in der Schule	K2: Schule/Studium weckte politisches Interesse:
				- durch Lehrer und Unterricht
		- war phantastisch und neu, daß Mädchen sich mit Politik beschäftigen sollten	- Politik neu für Mädchen	- pol. Diskussion der 60er Jahre
		- Politik war Lieblingsfach in der Schule, fing an, mich für Politik zu interessieren	- Politik als Lieblingsfach - Interesse für Politik geweckt	K3: Eltern gaben Arbeiterbewußtsein bzw. konservative Einstellung in der Erziehung weiter:
		- gewartet bis nach der Berufsausbildung		- gewerkschaftlich aktiv
	2	- Anlaß: krankes Kind und dafür etwas tun wollen		- geschlechtsspezifische Erziehung

Fall	S.	Aussagen	Bündelung/Zusammenfassung	Kategorien
112	1	- im Elternhaus war Politik ein schmutziges Geschäft - Politiker belügen uns alle - eins war völlig klar: man wählt SPD und man geht zur Wahl - Vater Kraftfahrzeugmechaniker mit unheimlichem Arbeiterbewußtsein - selbst im Arbeitersportverein groß geworden - SPD ist für die kleinen Leute - erstaunt gewesen, daß andere Leute anders wählen	- Politik als schmutziges Geschäft - Wahl als Pflicht - Arbeiterbewußtsein "ererbt"	K4: Politik im Elternhaus positiv belegt: - Treue zum Staat Bürgerpflicht - pos. Einstellung zum pol. Engagement - Erziehung zum kritischen Denken - keine geschlechtsspezifische Erziehung - eher negative Motivation durch politisch aktive Eltern, weil dadurch häusliche Belastungen - positive Motivation, weil "gelebte" Politik, neue Eindrücke
113	1	- keine politischen Gespräche - kein politisches Engegement - Politik kein negatives Image - in der Tschechoslowakei groß geworden	- Eltern nicht politisch engagiert - Schwierigkeiten in der NS-Zeit - Politik kein negatives Image	K5: Politik wurde durch die familiäre Belastung als negative Motivation erlebt.

Fall	S.	Aussagen	Bündelung/Zusammenfassung	Kategorien
		- politische Schwierigkeiten aufgrund des Groß-Deutschen Reiches		
		- nach 1938 Vater auch deutsche Staatsangehörigkeit		
		- deutsche Schule besucht		
		- Vater vom Wesen her Sozialdemokrat, überhaupt nicht politisch, nicht NSDAP, deswegen Schwierigkeiten		
		- Mutter NSDAP-Mitglied		
	2	- war nur mit tschechischen und jüdischen Kindern zusammen, nie Jungmädel		
114	1	- Politik spielte keine Rolle	- Eltern nicht politisch interessiert	
		- Mutter konservative Ein- - stellung	- konservative Einstellung	
		- Mutter beruflich selbständig (Handwerksmeisterin)	- Politik spielte keine Rolle	
		- konservative Erziehung = Höhere Töchterschule		
		- als Schulsprecherin engagiert, ohne pol. Bewußtsein	- Interesse durch Studium geweckt	

Fall	S.	Aussagen	Bündelung/Zusammenfassung	Kategorien
		- politische Diskussion durchs Studium - Ehemann hat zum politischen Interesse beigetragen - 4 Jahre im Ausland gelebt u. dadurch Interesse an Ausländerpolitik, Mitarbeit in entsprechenden Ausschüssen usw.	- Motivation durch Ehemann	
115	1	- Berliner Familie, Vermögen nach dem 2. Weltkrieg verloren - Familie des Vaters war dem preußischen Staat, der preußischen Ethik verbunden - man durfte sich politisch nicht äußern, es gab nur Zustimmung zu Hitler oder Ablehnung - politische Einstellung des Elternhauses: Weitergabe des "guten Preußentums", starker Humanismus - Vater hatte viele Juden zur Flucht überredet	- nicht bewußt politisch erzogen - Eltern waren staatstreu - Frauen in der Politik war kein Thema	

Fall	S.	Aussagen	Bündelung/Zusammenfassung	Kategorien
		- humane Erziehung, nie mit Zwang erzogen worden		
		- korrekte Einstellung gegenüber dem Staat		
	2	- nicht bewußt politisch erzogen worden	- Mädchen waren in der Familie gleichberechtigt	
		- Frauen in der Politik war kein Thema		
		- Gleichberechtigung und Emanzipation zeigte sich daran: Mädchen kann aufs Gymnasium, kann studieren, keine Frage: wer das Zeug hat, studiert		
		- Entscheidung zwischen Aussteuer und Studium		
		- Entscheidung für Studium		
		- Weichenstellung, daß eine Frau immer dasselbe tun könnte wie ein Mann, wenn er wollte, war eigentlich immer gegeben		
121	1	- gewerkschaftlich sehr aktive Familie	- E. gewerkschaftlich aktiv	
		- Vater Betriebsrat		

Fall	S.	Aussagen	Bündelung/Zusammenfassung	Kategorien
		- Politik eigentlich unanständig	- Politik als schmutziges Geschäft	
		- Eltern beide aktive Nationalsozialisten		
		- aus Enttäuschung: Politik bringt nichts, besser sein lassen		
		- Schule unpolitisch	- Schule unpolitisch	
		- Vater autoritärer Typ, Mädchen nicht ernstgenommen	- Kindheit unpolitisch	
		- von der Mutter zur Selbständigkeit erzogen		
122	1	- politisch sehr geprägtes Elternhaus	- E. sehr politisch geprägt	
		- Vater Zeitungsverleger		
		- politische Gespräche spielten eine große Rolle	- pos. Einstellung zur Politik	
		- positive Einstellung zum politischen Engagement		
		- eher konservatives Elternhaus		
		- Schule = Interesse für Friedenspolitik	- Schule hat pol. Interesse fortentwickelt	

Fall	S.	Aussagen	Bündelung/Zusammenfassung	Kategorien
	2	- Studentenzeit = Friedenspolitik, Ostermärsche		
123	1	- geprägt vom Elternhaus		
		- Eltern und Großmutter politisch aktiv, alle drei überzeugte Nationalsozialisten	- Eltern politisch aktiv	
		- nach Enttäuschung 1945 Erziehung zum kritischen Denken ihrer Kinder	- Erziehung zum kritischen Denken	
		- früh politisch begeisterungsfähig: von Rehmerpartei über Jugendorganisation des BHE bis zur KPD	- politische Sozialisation	
	3	- Formung durch Arbeitgeber		
	5	- Mitglied der SPD, immer politisch aktiv gewesen		
124	1	- Vater politisch aktiv (Ratsherr)	- Eltern politisch aktiv	
		- Familie mit einbezogen		
		- als Kind störend empfunden, nicht motivierend	- eher negative Motivation	

Fall	S.	Aussagen	Bündelung/Zusammenfassung	Kategorien
		- kein Eingehen auf die Forderungen des Vaters, sich politisch zu interessieren		
	2	- festgestellt, daß bei Wahlen (Kirchenvorstand, DRK) kaum Frauen aufgestellt waren		
		- Schritt in die Partei		
131	1	- Flucht aus dem Osten, schlimme Kindheitserinnerungen an die Russen = Schlüsselerlebnis und prägend für pol. Einstellung	- Eltern gering politisch interessiert	
		- Eltern politisch interessiert, aber nicht aktiv		
		- selten politische Gespräche		
		- spätere Gespräche geprägt vom Vorwurf der Kinder gegen die Eltern (NS-Zeit) Vater NSDAP-Mitglied		
	2	- Schule: nur Erinnerung an Diskussionen über Unterschiede West- und Ostdeutschland	- Schule weckte politisches Interesse	
		- Heuss: politisches Vorbild und dadurch liberale Prägung	- Heuss als pol. Vorbild	

Fall	S.	Aussagen	Bündelung/Zusammenfassung	Kategorien
132	1	- Vater parteipolitisch sehr engagiert		
		- Einstellung der Mutter zum politischen Engagement unerhört positiv	- Eltern sehr politisch geprägt und politisch aktiv	
		- positive Motivation durch Elternhaus	- positive Motivation durch Eltern	
		- häusliche und schulische Kontakte mit politischen Menschen unterschiedlicher Einstellungen		
	2	- Frauen in der Politik als selbstverständlich empfunden		
	3	- nie Unterschiede als Kind und Jugendliche zwischen Jungen und Mädchen gesehen	- keine geschlechtsspezifische Erziehung empfunden	
		- keine geschlechtsspezifische Erziehung empfunden		
141	1	- überhaupt keine politischen Gespräche	- Eltern nicht politisch interessiert	
		- Eltern obrigkeitshörig, als gegeben hingenommen	- Eltern sehr obrigkeitshörig	
		- Mutter führte zu Hause das Regiment, Vater hatte aber das Sagen		

Fall	S.	Aussagen	Bündelung/Zusammenfassung	Kategorien
		- Mutter keine Zeit, sich in Politik einzumischen		
142	1	- deutliche Erinnerungen an das Dritte Reich		
		- leibliche Eltern in ihrer Einstellung revolutionär gegen das Bürgertum	- politische Sozialisation durch Ereignisse im Dritten Reich - konfus	
	2	- Pflegeeltern waren Sozialdemokraten, die im KZ landeten		
		- als 10jährige bei den Jungmädeln ohne Engagement		
		- nach dem Krieg gemeinsam mit dem Vater und seiner Frau politisches Engagement	- Eltern politisch aktiv	
143	1	- Vater politisch interessiert politische Unterhaltungen	- Eltern politisch interessiert, aber nicht aktiv	
		- Gespräche über wichtige politische Ereignisse - keine politischen Aktivitäten		
144	1	- keine offenen politischen Gespräche (NS-Zeit)		
		- gelebte Politik = verstecken von jüdischem Kind	- Eltern politische interessiert	

Fall	S.	Aussagen	Bündelung/Zusammenfassung	Kategorien
		- obwohl Gymnasiastin, nicht Jungmädelführerin - später ungewollt BDM-Führerin	- stark politisch vom Elternhaus geprägt	
	3	- stark politisch vom Elternhaus geprägt, Mutter "emanzipierte Frau", politische Ansichten links		
161	1	- Vater politisch aktiv, Kreistags- und Bundestagsabgeordneter	- Eltern politisch stark interessiert und aktiv	
		- politisches Interesse einfach vorhanden		
		- als Kind negative Erfahrungen mit dem pol. Engagement des Vaters: Konflikte in der Familie, Benachteiligung, Neid usw.	- negative Motivation	
	2	- politische Gespräche und Diskussionen geführt		
		- an Gemeinschaftskunde sehr interessiert, aber eigene Meinung war nicht gefragt	- an Gemeinschaftskunde interessiert	

1.1 Zusammenfassung:

Sozialisation Elternhaus/Schule

Wenn davon ausgegangen wird, daß wesentliche Grundvoraussetzungen für politische Teilnahme im Elternhaus angelegt sind, dürfte der Faktor "politisch aktive/inaktive Eltern" von besonderer Bedeutung sein. Die interviewten Frauen hatten alle gemeinsam, daß sie von Eltern erzogen wurden, die die Erfahrungen des Dritten Reiches erlebt hatten. Die Eltern waren z. T. beide oder wenigstens ein Elternteil politisch aktiv während der NS-Zeit gewesen. Daraus resultierte bei vielen aus Frust und Enttäuschung die Einstellung des "Politik-ist-ein-schmutziges-Geschäft", eine Frau gab an, daß sie im Elternhaus aufgrund der Enttäuschungen des NS-Regimes bewußt politisch und zum kritischen Denken erzogen wurde. Aber auch die Frauen, die aus einem politisch aktiven Elternhaus kamen, gaben unterschiedliche Auswirkungen dieses Faktors auf ihr eigenes Interesse an Politik an: 11 Frauen gaben an, aus einem politisch interessierten bzw. aktiven Elternhaus zu kommen. Von 4 Inteviewten wurde das politisch aktive Elternhaus als positive Motivation empfunden, von 3 Interviewten als negative Motivation für eigene politische Teilhabe.

Das positive Moment bestand in dem Umgang mit vielen interessanten Menschen, politischen Gesprächen und Diskussionen oder weil es einfach als "normal" angesehen und internalisiert wurde. Gekoppelt wird dies mit der Aussage, "nicht geschlechtsspezifisch erzogen" worden zu sein. Als negative Auswirkungen wurden angeführt: Auswirkungen auf das Familienleben, Konfliktsituationen in der Familie, zeitliche Abwesenheit des Elternteils, Besprechungen in beengten Wohnräumen, Benachteiligungen in der Schule und Neid.

Die Schule als Sozialisationsinstanz scheint wenig dazu beigetragen zu haben, in besonderem Maße das politische Interesse der Frauen zu fördern. Lediglich eine Frau gab an, daß durch das besondere Engagement eines Lehrers Politik zu ihrem Lieblingsfach wurde und damit ihr Interese an Politik geweckt wurde. Zwei Frauen nahmen aufgrund der politischen Diskussionen der 60er Jahre schulpolitische Funktionen wahr. Für die übrigen Frauen stellte sich der Gemeinschaftskundeunterricht eher als unpolitisch, unkritisch und uninteressant dar.

Zusammenfassend kann festgestellt werden, daß die Frauen nicht aufgrund ihrer Sozialisation in Elternhaus und Schule geradlinig zur politischen Teilhabe geführt wurden, sondern daß weitere ursächliche Gründe hinzukommen müssen. Allerdings ist ein politisch interessiertes und/oder aktives Elternhaus - auch bei vermeintlich negativer Motivation - ein Meilenstein, der den Umgang mit Politik auch für Frauen als nicht außergewöhnlich erscheinen läßt und damit die eigene Aktivität begünstigt.

2. <u>Anlaß für kommunalpolitische Tätigkeit</u>

Fall	S.	Aussagen	Bündelung/Zusammenfassung	Kategorien
111	2	- Geburtsschaden des ersten Kindes, Anlaß etwas zu tun, in die Partei eingetreten	- Geburtsschaden des Kindes und der Wille, für kranke Kinder etwas tun zu wollen	K1: Frauen geben konkrete Anliegen für ihre kommunalpolitische Tätigkeit an, die je nach biographischer Situation unterschiedlich gelagert sind. Sie wollen in der überwiegenden Mehrzahl "konkret etwas verändern" und zwar über die Kommunalpolitik
		- nach einem Jahr Kandidatur für Rat	- nach einem Jahr Kandidatur für Rat	
	3	- Versuch der Beeinflussung nicht zu kandidieren, weil schwanger (Rolle der Mutter)	- Meinung: nicht vereinbar mit Mutterrolle	
112	4	- emotionaler Anlaß für Parteieintritt mit 30 Jahren (Willy Brandt)	- emotionaler Anlaß: Vorbild Willy Brandt	K2: Frauen werden zu ihrer ersten Kandidatur aufgefordert in der Regel durch den jeweiligen örtlichen Parteivorsitzenden. Sie erhalten in der Mehrzahl dann einen sicheren Listenplatz.
		- am Anfang sehr leicht gehabt in der Partei, schnell in den OV-Vorstand		
		- nächste Kommunalwahl aussichtsreicher Listenplatz	- nächste Kommunalwahl aussichtsreicher Listenplatz	K3: Begründet wird die Aufforderung zur Kandidatur mit
		- anfangs überhaupt keine Probleme		- "mehr Frauen in den Rat" (kandidaturwillige Frauen wurden gesucht)
		- wurde zur Kandidatur aufgefordert	- zur Kandidatur aufgefordert worden	
113	3	- Aufforderung durch den OV zu kandidieren	- zur Kandidatur aufgefordert worden	- Parteifunktionen, die die Frauen ausübten
	4	- gute Plazierung nicht unproblematisch	- gute Plazierung problematisch	- Funktionen in Verbänden und Institutionen außerhalb der Partei

Fall	S.	Aussagen	Bündelung/Zusammenfassung	Kategorien
		- über Thema "Frauen in den Rat"	- Thema: Frauen in den Rat	- politischem Betätigungsfeld
114	2	- von der Partei (OV-Vors.) aufgefordert	- zur Kandidatur aufgefordert worden	K4: Frauen, die aus eigener Initiative ihre Kandidatur anmelden, haben Schwierigkeiten, einen sicheren Listenplatz zu bekommen.
		- auf dem Parteitag durch engagierten Beitrag (Ausländerproblematik) aufgefallen	- guter Listenplatz unproblematisch	
		- guter Listenplatz unproblematisch	- Thema: Ausländerpolitik	
		- inzwischen im Fraktionsvorstand		
		- mehr Frauen in den Rat	- mehr Frauen in den Rat	
115	4	- schulpolitisches Interesse	- schulpolitisches Interesse	
		- gegen Einführung der O-Stufe		
		- Stadtelternratsvors./Landesschulelternrat	- zur Kandidatur aufgefordert worden	
	5	- von der Partei aufgefordert		
		- aussichtsreicher Listenplatz	- aussichtsreicher Listenplatz	
121	2	- schulisches Interesse	- schulpolitisches Interesse	
		- Frauenarbeitskreis	- Frauenarbeit	
	3	- gefragt worden von d. Partei	- guter Listenplatz	

Fall	S.	Aussagen	Bündelung/Zusammenfassung	Kategorien
		- das Gefühl, es muß was getan werden	- zur Kandidatur aufgefordert worden	
		- guter Listenplatz		
122	2	- inhaltlich: Nachrüstungsdebatte u. Umweltproblematik	- Thema: Frieden und Umwelt	
		- es wurden Kandidaten von der Partei gesucht	- Kandidaten wurden gesucht	
		- keine Schwierigkeiten für 1. Listenplatz	- unproblematisch 1. Listenplatz/Frauenplätze	
123	6	- zur Kandidatur überredet worden (vom OV-Vors.)	- zur Kandidatur überredet worden	
		- erste Kandidatur gescheitert am Listenplatz	- keine gute Plazierung	
	7	- zweite Kandidatur problematisch wegen ASF-Beschluß	- Kandidatur gegen ASF-Votum	
124	2	- festgestellt, daß bei Wahlen (Kirchenvorstand, DRK) kaum Frauen aufgestellt waren	- Frauen zu gering bei Kandidaturen vertreten	
		- Schritt in die Partei		
	4	- logische Kandidatur = OV-Vors., Bürgervertreter, stellvertr. Kreisvors.	- logische Kandidatur aufgrund der Parteifunktionen	

Fall	S.	Aussagen	Bündelung/Zusammenfassung	Kategorien
		- anfangs leicht gehabt bis Ortsbürgermeisterin		
		- nach Eklat Austritt aus Partei	- nach Eklat Partei verlassen	
131	3	- reiner Zufall, Betätigungsfeld gesucht	- Anlaß: Freizeitgestaltung	
		- konkreter Anlaß: Gespräch über Bau eines Tennisplatzes		
	4	- Aufforderung durch Kreisvorsitzenden	- zur Kandidatur aufgefordert worden	
		- auf Anhieb guter Listenplatz, keine Probleme	- guter Listenplatz unproblematisch	
132	4	- parteipolitische Gründe (Partei bekanntmachen)		
	5	- Bürgerinitiative gegen Atomkraftwerk	- Anlaß: gegen Atomkraftwerk	
		- keine Schwierigkeit bei Nominierung	- keine Schwierigkeit bei Nominierung	
141	4	- Parteivorstand, Aufforderung des Vors.	- Anlaß: sozialpol. Engagement	
		- sozialpol. Engagement	- zur Kandidatur aufgefordert worden	
		- Frauenpolitik	- Frauenpolitik	

Fall	S.	Aussagen	Bündelung/Zusammenfassung	Kategorien
142	3	- Suche nach neuem Betätigungsfeld/Politik	- Suche nach Betätigungsfeld	
		- aus mir selber gekommen		
		- erst Bürgervertreter, dann nachgerückt	- über Liste nachgerückt	
143	2	- Schulreform nicht einverstanden	- Schulpolitik	
	4	- Vors. der Frauenvereinigung der Partei	- Frauenarbeit	
	9	- mußte um guten Listenplatz kämpfen	- guter Listenplatz mußte erkämpft werden	
144	3	- gewachsenes Interesse durch Beruf und Arbeit im Kirchenvorstand	- Beruf und Kirche	
	4	- von OV-Vors. aufgefordert	- zur Kandidatur aufgefordert worden	
		- keine Probleme bei Kandidatur, gleich gewählt worden	- Kandidatur unproblematisch	
161	3	- Interesse eher bei Landes- und Bundespolitik	pragmatischer Anlaß:	
		- nicht vereinbar mit Familie, deshalb Kommunalpolitik	- Kommunalpolitik mit Familie vereinbar	

Fall	S.	Aussagen	Bündelung/Zusammenfassung	Kategorien
		- Kommunalpolitik mit Familie fantastisch zu vereinbaren - keine Probleme bei der Nominierung	- keine Probleme bei Nominierung	

2.1 Zusammenfassung:

Anlaß für kommunalpolitische Tätigkeit

In die Fragestellung nach dem Anlaß für die kommunalpolitische Tätigkeit ging die Schilderung des Verlaufs der ersten Kandidatur mit ein.

Die Erkenntnis, gesellschaftspolitische Probleme über Politik (Parteipolitik) lösen zu können, war für elf Frauen der Anlaß, einer Partei beizutreten und kommunalpolitisch tätig zu werden.

Beispiel: "... und dann kam ja unser erster Sohn und der hatte leider bei der Geburt eine Gehirnblutung, und wir wußten im ersten Jahr nicht, ob er sich normal entwickelt oder nicht, (...) Und dann hatte ich mehr die Idee, daß ich irgendwie in Bereiche für behinderte Kinder oder etwas in der Richtung machen wollte. Und dann habe ich mich bei sämtlichen Wohlfahrtsorganisationen umgeguckt und in Verbänden und Vereinen und habe immer festgestellt, daß du, wenn du etwas erreichen willst für dieses Klientel, dann mußt du das politisch machen. Dann habe ich gesagt, o.k., wenn das eben nur politisch geht, dann trittst du ein in die Partei." (F 111, S. 2)[141]

Die angegebenen Anlässe sind nicht immer auf eine direkte Betroffenheit zurückzuführen wie im o. a. Fall, beziehen sich aber in der Regel auf unmittelbare Auseinandersetzung mit der Problematik, z. B. ist die Frau, die über die Ausländerpolitik in die Kommunalpolitik gekommen ist, mit einem Ausländer verheiratet oder eine andere Frau ist tätig geworden, weil sie für sich und ihre Bekannten einen Tennisplatz in Wohnnähe suchte.

Es sind vielfach Problemfelder als Anlaß angegeben, die nicht oder nicht überwiegend auf kommunaler Ebene entschieden werden. Dies gilt z. B. für die Schulreform oder für die Standortfrage für den Bau von Kraftwerken. Es gelten diese politischen Interessensgebiete auch nicht unbedingt, wenn es um die Ratskandidatur geht, sondern sie sind Anlaß, in einer Partei tätig zu werden. Aus dieser Parteitätigkeit heraus entwickelt sich dann das Interesse zu einer Kandidatur.

Zehn Frauen gaben ausdrücklich an, zur Kandidatur aufgefordert worden zu sein, und zwar vom jeweiligen Parteivorstand mit der Zusicherung eines relativ sicheren Listenplatzes. Eine Frau gab an, daß ihre Kandidatur logisch gewesen sei aufgrund ihrer Funktion in der Partei. Dieses gilt ebenso für zwei weitere Frauen, die zum Zeitpunkt ihrer Kandidatur Ortvereinsvorsitzende waren und im Interesse ihres Ortsvereines kandidierten. Beide Frauen hatten Schwierigkeiten bei der Absicherung.

---

[141] Bezeichnung der Fundstelle im Interview

Die Frauen, die selbst ihre Kandidatur anmeldeten, mußten sich mit einem unsicheren Listenplatz zufriedengeben oder um einen aussichtsreicheren Platz kämpfen.

Die Tatsache, daß die interviewten Frauen überwiegend angaben, keine Schwierigkeiten bei der guten Plazierung auf der Liste gehabt zu haben, läßt sich dadurch erklären, daß in die Erhebung durch Interviewtechnik nur die im Rat tätigen Frauen eingingen, also genau die, die einen günstigen Listenplatz (in einem Fall durch Nachrücken) erhalten hatten. Wie die Statistiken zeigen, sind dies aber die wenigsten Frauen, die Mehrzahl der Kandidatinnen muß sich mit einem ungünstigen Listenplatz zufriedengeben.

Als Grund für die Aufforderung zur Kandidatur gaben die Frauen an: (Reihenfolge nach Häufigkeit der Nennungen)

1. Es wurden kandidaturwillige Frauen gesucht, um den Anteil der Frauen im Rat zu erhöhen.

2. Die Frauen hatten in der Partei Vorstandsfunktionen besetzt, so daß an ihnen nicht vorbeigegangen werden konnte, bzw. die Funktionen automatisch eine Kandidatur für ein Ratsmandat nach sich zogen.

3. Die Frauen waren in Verbänden oder Institutionen aktiv (Wohlfahrtsverband, Kirche). Hier ist anzunehmen, daß durch die Kandidatur der Frauen ein Stimmenzuwachs für die Partei erwartet wurde.

4. Die Frauen waren durch Beiträge zu einem aktuellen Thema aufgefallen oder hatten sich schon länger für bestimmte Politikfelder interessiert.

3. <u>Mehr Frauen in politische Mandate</u>

Fall	S.	Aussagen	Bündelung/Zusammenfassung	Kategorien
111	3	- Frauen tragen Mitschuld: keine Solidarität unter den Frauen	- mangelnde Solidarität und starkes Konkurrenzverhalten unter den Frauen	K1: Bedingt durch die geringe Anzahl von Mandaten für Frauen in der Politik herrscht unter den aktiven Frauen ein starkes Konkurrenzverhalten und daraus resultierende mangelnde Solidarität. Frauen lassen sich gegeneinander von den Männern ausspielen.
		- zu wenig Frauen in Positionen, deswegen ist jede zweite Frau Konkurrenz für die erste	- Frauen werden gegeneinander ausgespielt	
		- gleiches Verhalten wie bei Männern	- Frauen, die mit Männern agieren, werden unterstützt. Bei Kandidaturen gegen Männer werden Frauen bekämpft	K2: Frauen, die sich offensiv mit Frauenthemen beschäftigen und sich bei Kandidaturen in Konkurrenz zu Männern begeben, werden von den Männern bekämpft.
		- Frauen werden gegeneinander ausgespielt		
		- unterstützt werden Frauen, die zu den Ja-Sagern gehören und Frauen, die die Männer sehr umschmeicheln	- Frauen müssen ihre Hemmungen abbauen und sich fachkompetent machen	K3: Frauen, die sich den männlichen Strukturen und Vorstellungen der Männer anpassen, haben keine Schwierigkeiten und werden entsprechend unterstützt.
	4	- Kampf beginnt, wenn man bestimmte Positionen haben will, die auch von Männern begehrt werden	- Frauen sehen Positionen und Ämter als persönliche Aufwertung	
		- Frauen müssen nicht nur kurzfristig aktiviert werden		K4: Frauenvereinigungen können als Hausmacht nützlich sein, bei Mandatsvergabe jedoch eher hinderlich. Sie haben nicht den notwendigen pol. Stellenwert, sondern spiegeln die Rollenzuweisung in der Gesellschaft wider.
		- Frauen die Hemmungen nehmen		

Fall	S.	Aussagen	Bündelung/Zusammenfassung	Kategorien
		- in einem Sachgebiet kompetent machen, damit man an der Frau nicht mehr vorbei kommt		K5: Wenige Frauen in den Gremien können nicht viel ausrichten. Mehr Frauen müssen weibliche Sichtweisen in alle Bereiche der Politik einbringen und umsetzen.
	5	- nicht nur aufgrund des "Frau-Sein" kandidieren - Positionen und Ämter sind für viele Frauen eine persönliche Aufwertung = negativ - Frau muß mehr leisten, mehr bringen, um ernst genommen zu werden	- Frauen müssen mehr leisten, um anerkannt zu werden	K6: Frauen müssen selbstbewußter werden und ihre Hemmungen in bezug auf Sachkompetenz, freies Reden u.a. abbauen. Sie stehen mehr im Lichte der Kritik als Männer.
112	2	- eindeutig ja, Frauen müssen sich mehr beteiligen und müssen mehr beteiligt werden	- die männlich geprägten Strukturen in Familie, Schule, Parteien, Beruf müssen verändert werden	K7: Die Mehrfachbelastung der Frauen wirkt abschreckend für pol. Tätigkeit. Häusliche Belastungen müssen abgebaut werden. Berufstätigkeit wirkt sich positiv auf das Selbstbewußtsein aus.
	3	- Änderung der Erziehung für Frauen: in der Familie, in der Schule, in den Parteien - Änderung der Strukturen im Beruf = unabhängiger arbeiten und dadurch Bereitschaft erzeugen, in anderen Bereichen Verantwortung zu übernehmen		K8: Männer verhindern politische Tätigkeit ihrer Frauen. Männer haben Schwierigkeiten mit Ehefrauen, die Karriere gemacht haben, Männer fördern den Minderwertigkeitskomplex der Frauen.

Fall	S.	Aussagen	Bündelung/Zusammenfassung	Kategorien
		- weibliche Erfahrungen müssen eingebracht werden und nicht von Männern, sondern von Frauen umgesetzt werden	- weibliche Erfahrungen müssen von Frauen in die Politik eingebracht und umgesetzt werden	K9: Frauen, die ein Mandat innehaben, nehmen ihr Amt ernst, arbeiten intensiver, disziplinierter und zuverlässiger.
		- für Frauen doppelt schwer, weil immer schon männliche Strukturen vorgegeben sind		K10: Frauen sind politisch uninteressierter als Männer, nicht ausdauernd zu motivieren, zu bequem, zu wenig qualifiziert, um Politik zu durchschauen. Frauen scheuen den häuslichen Konflikt.
	4	- zu hohe Arbeitsbelastung für Frauen in der Politik, zu viele Ämter und Mandate	- Arbeitsbelastung durch gehäufte Amts- und Mandatsübertragung für Frauen zu hoch	
113	2	- Frau muß was dafür tun, nicht nur, weil sie eine Frau ist	- Frauen müssen sich ihre Rechte erarbeiten und mit den Männern zusammenarbeiten	K11: Frauen müssen mehr leisten als Männer, um anerkannt zu werden. Qualifizierte Frauen haben keine Schwierigkeiten.
		- mit den Männern zusammenarbeiten, dann am besten bedient		
	3	- zu Frauenvereinigungen ein gespaltenes Verhältnis	- Frauenvereinigungen negativ	K12: Frauen haben einen geringeren Bekanntheitsgrad in der Öffentlichkeit und es deshalb bei Kandidaturen schwerer.
		- Frauen müssen sich ihr Recht erarbeiten		
114	3	- wenige Frauen sind zu sehr der Übermacht ausgesetzt	- Frauen in Gremien sind solidarisch, stehen aber besonders im Licht der Kritik	K13: Aktive Frauen müssen für andere Frauen Vorbildfunktion übernehmen, um Mandate kämpfen und brauchen Durchsetzungsvermögen
		- richtige Frauenpolitik war nie mein Ansatz		

Fall	S.	Aussagen	Bündelung/Zusammenfassung	Kategorien
		- mehr Frauen in den Gremien "bekommen sich nicht in die Wolle"	- es sind zu wenig Frauen in den Gremien vertreten	
		- Frauen stehen besonders im Lichte der Kritik		
	4	- Frauen müssen wenigstens gleich gut wie die Männer sein		
115	2	- Forderung positiv, weil das alltägliche Leben, Familienleben, Berufsleben in die Politik gehört	- weibliche Erfahrungen einbringen	
	3	- Frauen scheuen sich, über Dinge zu reden und zu tun, weil sie glauben, nicht sachkompetent zu sein	- Frauen glauben, nicht sachkompetent zu sein	
		- Männer glauben immer, sie seien sachkompetent		
		- Frauen sind nicht dümmer		
		- Männer tun alles, um den Minderwertigkeitskomplex der Frauen wachzuhalten		

Fall	S.	Aussagen	Bündelung/Zusammenfassung	Kategorien
		- Frauenvereinigungen der Parteien haben nicht den nötigen Stellenwert: man diktiert ihnen die typisch weiblichen Elemente zu, wie in der Familie auch	- Frauenvereinigungen haben nicht den nötigen politischen Stellenwert. Sie spiegeln das Rollenverhalten in der Gesellschaft wider.	
		- Frauen müssen motiviert werden, aktiv partei-politische Arbeit zu betreiben	- Frauen fehlt die kontinuierliche politische Motivation	
		- keine kontinuierliche politische Motivation der Frauen		
		- mehr Frauen müssen bestimmte Belange mit weiblichem Instinkt behandeln		
121	6	- Frauen müssen sich ihre Qualifikation erarbeiten		
		- Frauen sind nicht unbedingt solidarisch	- Frauen nicht immer solidarisch	
		- Frauen müssen genug Selbstbewußtsein haben	- Frauen müssen selbstbewußter werden	
		- Frauen trauen sich zu wenig zu		
		- zu wenig Ellenbogenfreiheit durch spezifische Rollenerziehung	- Frauen identifizieren sich mit Rollenzuweisung	

Fall	S.	Aussagen	Bündelung/Zusammenfassung	Kategorien
	5	- Frauen identifizieren sich mit der Rollenzuweisung		
	8	- Frauen arbeiten sehr zuverlässig, keine Schaumschlägegerei, nehmen Sachen ernster, sind besser	- Frauen arbeiten ernsthafter, zuverlässiger, besser	
		- Frauen müssen lernen zu lernen		
	6	- Berufstätigkeit = positiv: Frau lernt, sich durchzusetzen, lernt Frust auszuhalten, Mißerfolge zu ertragen	- Berufstätigkeit wirkt positiv auf das Selbstbewußtsein der Frau	
122	8	- gegen Quotierung		
		- Frauen müssen sich durchsetzen, dann werden sie auch von Männern gewählt	- Frauen brauchen mehr Durchsetzungsvermögen	
		- Frauen wählen keine Frauen	- Frauen sind unsolidarisch	
		- unsolidarisches Verhalten unter Frauen		
	9	- Frauen bringen andere Gedanken und andere Betrachtungen in die Politik ein	- weibliche Sichtweisen in die Politik einbringen	
		- Frauen wollen keine zusätzlichen Belastungen	- Frauen fürchten zusätzliche Belastungen	

Fall	S.	Aussagen	Bündelung/Zusammenfassung	Kategorien
	10	- Politik für Frauen transparenter machen	- Politik für Frauen transparenter machen	
		- Frauen müssen Ängste abbauen und selbstbewußter werden	- Frauen fehlt das Selbstbewußtsein	
124	6	- Frauen müssen mehr arbeiten als Männer, um anerkannt zu werden	- Frauen müssen mehr leisten als Männer	
		- Frauen müssen motiviert werden, mitzuarbeiten		
	11	- Frauen in Frauenvereinigung: diese Frauen wollen keine Politik machen, sondern nur weil der Ehemann Politik macht	- Frauenvereinigungen sind kein Feld für politische Arbeit	
		- für aktive Frauen relativ schwer		
	12	- Frauenorganisationen als Machtfaktor / Hausmacht: positiv	- Frauenvereinigungen als Machtfaktor/Hausmacht geeignet	
		- Frauenvereinigungen werden in der Regel nicht ernstgenommen	- Frauenvereinigungen werden nicht ernstgenommen	
131	2	- Forderungen werden wahnsinnig übertrieben		

Fall	S.	Aussagen	Bündelung/Zusammenfassung	Kategorien
		- Forderung nach Quotierung absurd		
	3	- fehlende Durchsetzungsfähigkeit der Frauen gegenüber den Männern	- Frauen fehlt das Durchsetzungsvermögen	
		- Männer wollen nicht, daß ihre Frauen in die Politik gehen	- Frauen werden von ihren Männern an politischer Tätigkeit gehindert	
	3	- Frau muß es selber schaffen		
		- qualifizierte Frauen werden gesucht und erhalten problemlos gute Listenplätze	- qualifizierte Frauen haben keine Probleme	
		- Frauen müssen besser sein als Männer, dann werden sie auch akzeptiert	- Frauen müssen besser sein als Männer	
132	3	- vernünftige Forderung		
		- Frauen sind mehrfach belastet durch Familie, Kinder	- Frauen sind mehrfach belastet	
		- Frauen müssen gesellschaftspolitisch mehr Interesse haben	- Frauen haben zu geringes gesellschaftspolitisches Interesse	
	4	- Frauen müssen Beruf erlernen, stärkt das Bewußtsein	- Berufstätigkeit stärkt das Selbstbewußtsein	

Fall	S.	Aussagen	Bündelung/Zusammenfassung	Kategorien
141	4	- Forderung positiv		
		- Frauen müssen mehr leisten als Männer, weil Männer glauben, nur sie seien kompetent	- Frauen müssen mehr leisten als Männer	
		- Frauen müssen motiviert werden		
		- Hemmungen z.B. freies Reden, müssen abgebaut werden	- Frauen müssen Hemmungen abbauen	
	4	- Frauen sind ehrlicher, keine Blender	- Frauen sind keine Blender, sind ehrlicher	
		- Frauen müssen sich gegenseitig unterstützen, um den Durchblick zu bekommen	- Frauen müssen sich gegenseitig unterstützen	
	6	- Frauen haben einen geringeren Bekanntheitsgrad in der Öffentlichkeit	- Frauen haben zu geringen Bekanntheitsgrad in der Öffentlichkeit	
		- z. B. Vereine und Wohltätigkeitsverbände: Frauen machen die Arbeit, Männer den Vorsitz		
142	4	- positive Forderung		
		- nicht vereinbar mit Berufstätigkeit	- zusätzliche Belastung für Frauen zu hoch	

Fall	S.	Aussagen	Bündelung/Zusammenfassung	Kategorien
	5	- Männer müßten Frauen mehr entlasten	- Männer müssen Frauen entlasten	
		- Frauen müßten für ihre Berufstätigkeit besser bezahlt werden		
		- finanzielle Unabhängigkeit für Frauen wichtig	- finanzielle Unabhängigkeit der Frauen durch bessere Bezahlung der Berufstätigkeit	
143	3	- positive Forderung		
		- Frauen bringen andere Gewichtsverlagerung, andere Sichtweise	- Frauen bringen andere Sichtweisen in die Politik ein	
		- Schwerpunkte auf familiäre Bereiche mehr als durch Männer	- alle Bereiche der Politik abdecken	
		- Frauen sollen auch andere Bereiche belegen, nicht nur Soziales		
	4	- Frauen nicht weniger politisch interessiert als Männer	- Frauen sind politisch interessiert	
		- Frauen mehrfach belastet	- Frauen mehrfach belastet	
		- Männer geben Frauen für diese Aufgaben nicht frei	- Männer hindern ihre Frau an politischer Tätigkeit	

Fall	S.	Aussagen	Bündelung/Zusammenfassung	Kategorien
		- Frauen fühlen sich für Familie mehr verantwortlich als Männer		
	5	- Frauen können Tagungen disziplinierter abhalten, Frauen arbeiten intensiver	- Frauen arbeiten intensiver und disziplinierter	
		- Frauen müssen mehr leisten als Männer, um anerkannt zu werden und gewählt zu werden	- Frauen müssen mehr leisten als Männer	
	6	- Männer werden gewählt, weil sie bekannt sind, Vereinsvors. u.ä. und Stimmen einbringen	- Männer sind bekannter	
		- Frauen fürchten den häuslichen Konflikt	- Frauen fürchten den häuslichen Konflikt	
		- die Schwierigkeit liegt bei den Männern, die wollen nicht		
		- Frauen stellen zu hohe Anforderungen an sich selbst	- Frauen stellen zu hohe Anforderungen an sich	
	7	- Frauenvereinigungen können nützlich sein	- Frauenvereinigungen als Hausmacht geeignet	
		- mit Frauenthemen macht man sich nicht beliebt in der Partei		

Fall	S.	Aussagen	Bündelung/Zusammenfassung	Kategorien
		- Frauenvereinigungen als Hausmacht geeignet, um Vorschläge und Anträge durchzubringen		
		- geeignet als Druckmittel innerhalb der Partei		
		- nicht unbedingt dadurch Mandate erreichen	- Frauenvereinigungen sind hinderlich bei Mandats-Anspruch	
	8	- Mandate erreichen: über Männer, Frauen links liegenlassen, keine Schwierigkeiten eingestehen	- Mandate erreicht man über Männer, nicht mit Frauenthemen	
144	4	- Forderung positiv		
		- Frauen tun nichts		
	5	- Frauen sind zu bequem, wählen den leichteren Weg	- Frauen wollen nicht, sind zu bequem	
		- Männer unterstützen die Frauen nicht	- Männer unterstützen die Frauen nicht	
		- Männer haben Probleme mit Frauen, die "was werden"		
161	4	- Forderung sehr gut		
		- Frauen müssen stärker motiviert werden durch Vorbilder (Frauen)	- Frauen sollten Vorbildfunktion für andere Frauen haben	

Fall	S.	Aussagen	Bündelung/Zusammenfassung	Kategorien
		- Aufgabe der Frauen, sich Mandate zu erkämpfen und andere mitzureißen	- Frauen müssen um Mandate kämpfen und dadurch andere motivieren	
		- Doppelbelastung der Frauen muß abgebaut werden	- Frauen sind doppelt belastet	
		- Unterstützung im häuslichen Bereich durch die Männer notwendig	- Entlastung bei der Hausarbeit durch Männer notwendig	
	5	- Schwierigkeiten bei der Listenaufstellung sehr extrem	- Diskriminierung der Frauen bei Listenaufstellung	
	6	- Diskriminierung der Frauen bei Nominierungen		
		- Frauen sind selbstkritischer als Männer	- Frauen sind selbstkritischer	
		- Frauen müssen wirklich gute Politik machen, um anerkannt zu werden	- Frauen müssen gute Politik machen, um anerkannt zu werden	

3.1 Zusammenfassung:

Mehr Frauen in die politischen Mandate

Alle interviewten Frauen waren sich einig darüber, daß Frauen verstärkt in Mandate und Funktionen kommen sollen, um weibliche Erfahrungen und Sichtweisen in den männlich strukturierten Bereich der Politik einzubringen und Forderungen der Frauen politisch selbst umzusetzen.

Als Begründung für die derzeit geringe politische Repräsentanz der Frauen wurden unterschiedliche Einschätzungen abgegeben. Es sind Erklärungsansätze, die wesentlich den Bereichen

- Rollenverhalten/-erwartung
- Lebenszusammenhang/Mehrfachbelastung
- innerparteiliche Strukturen/Verhalten

zuzuordnen sind.

Zum Bereich "Rollenverhalten/-erwartungen" wird festgestellt, daß die Frauen selbst Politik als Domäne der Männer betrachten und sich selbst nicht zutrauen, in diesem Bereich tätig zu werden. Als Ursache hierfür wird die entsprechende rollenspezifische Erziehung, die nicht vorhandenen Erfahrungen in diesem Bereich sowie die massive Gegenwehr der Männer (Ehemänner) angegeben. Dazu einige Beispiele:

Beispiel 1: "Das gelingt meiner Ansicht nach deswegen nicht, weil viele Frauen sich davor scheuen, Dinge zu tun, zu bearbeiten, darüber zu reden, von denen sie glauben, daß sie nicht sachkompetent seien, daß ein Mann in der gleichen Situation immer glaubt, daß er sachkompetent ist. Das ist für meine Begriffe der einzige Unterschied..

Wenn wir den Frauen klarmachen können, daß sie letztlich auch im gewissen Rahmen mit gesundem Menschenverstand und einigem Lernvermögen sich Sachkenntnisse aneignen können in Bereichen, in denen sie bisher noch nicht tätig waren und daß sie nicht dümmer sind als andere. ... Aber die männlichen Kollegen tun zur Zeit alles, um diesen gewissen noch vorhandenen Minderwertigkeitskomplex der Frauen wachzuhalten."

(I. 115, S. 3)

Beispiel 2: "... wenn ich so rumhöre: nee, für Politik haben sie eigentlich kein Interesse. Sie reden schon drüber und sie sind auch bereit, mal über dies oder jenes Thema zu diskutieren und sich zu äußern, aber aktiv an der Politik teilnehmen: da gibt es eine ganz große Scheu, Zurückhaltung ... Ich habe dann manchmal so das Gefühl, wenn sich eine Frau so politisch engagiert, ist sie in deren Augen (der Frauen) so ein ganz besonderer Typ Frau und der ist eigentlich unbequem, bißchen unweiblich, was nicht jeder mag."

(I. 142, S. 9)

<u>Beispiel 3:</u> "Ich glaube, das stimmt für manche Frauen schon, daß sie sich wenig zutrauen, aber das ist auch wieder eine Frage der Erziehung. Daß auch heute noch die Mädchen sehr auf Anpassung erzogen werden, ist wohl klar. Sie sollen schon sich möglichst zurückhalten, ausgleichen, nett und freundlich sein, und dann steckt man halt auch in einer Kandidatenauseinandersetzung eher mal zurück.

Es gibt Frauen, die trauen sich wenig zu. ... da kann die Gesellschaft was dafür, weil sie die Frauen ja auch bewußt in eine bestimmte Rolle reintrimmt, die sie dann daran hindert, halt auch ihre Ellenbogen zu benutzen und zu sagen, ich will das jetzt aber machen, ganz egal, was die Herren dazu sagen."

(I. 121, S. 11)

Von den interviewten Frauen wird wiederholt gefordert, daß Frauen selbst etwas unternehmen müssen, um ihre Rolle zu verändern. Mangelnde Solidarität und Passivität wird als Vorwurf erhoben.

<u>Beispiel 1:</u> "Das große Problem ist, man muß, ich meine, auch den Frauen eine gewisse Mitschuld geben. Ich bezweifle, daß es eine Solidarität unter den Frauen gibt. ... Und es wird auch sicher so lange keine Solidarität geben, so lange so wenig Frauen in Positionen sind, weil nämlich dann automatisch eine zweite Frau eine Konkurrenz ist für die erste. ... Und die erste wird die zweite nur so lange unterstützen, so lange sie sie nicht als Bedrohung empfindet."

(I. 111, S. 3)

<u>Beispiel 2:</u> "Ich bin der Meinung, Frauen, wenn sie sich durchsetzen, dann werden sie auch von Männern gewählt. Und ich habe so häufig bei Betriebswahlen erfahren, daß Frauen nicht Frauen wählen, nur weil es

auch eine Frau ist, sondern immer wieder Männer wählen, daß ich mir gesagt habe, diese Argumentationskette bricht also absolut nicht zusammen."

(I. 123, S. 8)

Beispiel 3: "Meines Erachtens liegt es an der eigenen Durchsetzungsfähigkeit der Frau, in erster Linie auch gegenüber ihren eigenen Männern, den Sprung von alleine zu tun. Ich kenne ungeheure Vorurteile, auch im eigenen Freundeskreis, wo die Männer einfach sagen: kommt überhaupt nicht in Frage, meine Frau geht nicht in die Politik. Ist sie keine Nacht zu Hause und wer weiß, was da alles passiert, so das übliche Pascha-Denken.

Wenn die Frauen sich da nicht selbst durchsetzen, dann nutzt die ganze Quotenregelung nichts."

(I. 131, S. 3)

Die Annahme, daß Kommunalpolitik eher mit der Rolle der Frau als Hausfrau und Mutter zu vereinbaren ist, wurde nur von einer Interviewten bestätigt. Alle anderen waren eher der Meinung, daß die Veranwortung für Haus, Familie und Kinder ein wesentlicher Faktor ist, der Frauen davon abhält, sich kommunalpolitisch zu betätigen.

Das nachfolgende Beispiel gibt die allgemeine Meinung der Frauen deutlich wieder:

Beispiel: "Die Arbeitsbelastung ist ja auch da ganz schön groß. Es ist ja nicht so, daß die Frau, die Kommunalpolitik macht, nicht auch dieses Handicap hätte, daß die Familienaufgaben hauptsächlich ihr angelastet werden und daß sie deshalb eben doch mehr zu leisten hat. Und deshalb ist das auf der Ebene auch nicht so ganz einfach, und wenn die Männer diese Verhältnisse kennen und das auch ganz hautnah wissen: Na, die hat ja drei Kinder zu Hause, was hängt die denn hier in der Gegend herum! Dann begegnet ihr das genauso massiv auf der Ebene! Und da haben es die Frauen auch nicht leichter."

(I. 121, S. 9)

Bei der Ausnahmemeinung handelt es sich um eine Frau, die aufgrund von Familienpflichten bewußt auf den Einstieg in die Landes- oder Bundespolitik verzichtet hatte, obwohl sie bereits einmal als Direktkandidatin für den Bundestag kandidiert hatte.

> "Man muß, wenn man Kinder hat, abends zu Hause sein, wenn sie älter sind, man muß da sein. ... Und ich hätte auch Lust, später wieder einzusteigen. Aber da bin ich heute überzeugt, bis ich so weit bin, bis die Kinder aus dem Haus sind, dann ist man als Frau schon fast wieder oder gewiß wieder zu alt. ... Also, ich finde, die Kommunalpolitik kann man ganz fantastisch bewältigen als Frau, auch in der Familie."
>
> (I. 161, S. 3)

Die vorgefundenen männlich geprägten Strukturen der Parteien und die Auswahlkriterien bei anstehenden Kandidaturen führen oft zu Frustrationen und werden als wenig motivierend empfunden.

Die Frauen gaben überwiegend an, beim Einstieg in die Parteipolitik keine Schwierigkeiten gehabt zu haben, bei anspruchsvollen Kandidaturen schnell an die Grenzen ihrer Möglichkeiten gestoßen zu sein oder, wenn sie "unbequem" wurden, erleben mußten, daß eine Frau gegen eine andere Frau taktisch ausgespielt wurde.

<u>Beispiel 1:</u> "Wenn du in ein Gremium reinkommst, dann gibt man dir am Anfang ja alle möglichen Sachen und sagt: ach, das kannst du machen usw. Aber wehe, wenn du anfängst, eine eigene Meinung zu haben und nicht mehr diese Klischees der Frau, die eigentlich so dahinter steht und sagt: Oh Gott, wie schön habt ihr schon gedacht, und zuarbeitet: Und wenn du dann mal sagst in der Diskussion, du siehst die Dinge anders, wenn du eigene Stellung beziehst, dann fängt es an, kritisch zu werden. ...

Da gibt es zwei Gruppen. (Frauen, die von Männern unterstützt werden, d. Verf.) Das klingt zwar ketzerisch. Das sind die, die keine Meinung haben, die also zu den Ja-Sagern gehören und die zweite Gruppe ist diejenige, die die Männer sehr, sehr umschmeicheln und ihnen am laufenden Band sagen, was für tolle Männer sie sind."

(I. 111, S. 4/3)

<u>Beispiel 2:</u> "Wenn ich davon ausgehe, daß ich lieber ein Mandat haben will, dann gehe ich lieber mit den Männern. Das geht schneller, und dann lasse ich am liebsten

> die Frauen liegen und sage: ich habe überhaupt keine Schwierigkeiten, ich kommen immer voran, alles läuft bei mir glatt und wenn die Frauen Schwierigkeiten haben, liegt es sowieso an ihnen, an dem komischen Charakter oder sonstwas. Wenn ich diese Einstellung habe, laufe ich prima auf der Männerschiene. Kann ich fantastisch mitlaufen, insbesondere, wenn wenig Frauen da sind, denn so ein paar Repräsentierfrauen brauchen sie ja immer."
>
> (I. 143, S. 7/8)

Für die meisten interviewten Frauen haben die Frauenvereinigungen der Parteien nicht den nötigen Stellenwert, um für Frauen Mandate zu erringen. Bezeichnungen wie "Spielwiese", "hilfsbereites Kaffeekränzchen" lassen erkennen, daß die Frauenvereinigungen weniger als Machtfaktor, sondern eher als geselliges, motivierendes Instrument angesehen und von den Männern nicht ernst genommen werden. Als nützlich werden sie angesehen, um Anträge mit den Beschlüssen von Frauenparteitagen begründen zu können. "Sie (die Frauenvereinigung, d. Verf.) kann aber auch schädlich sein, weil man sich durchaus nicht mit dem Thema F r a u e n beliebt macht. Auch bei den Parteifreunden nicht. Wenn dieses Thema angeschnitten wird, dann klappen die schon zusammen." (I. 143, S. 7)

Auch die geringe Repräsentanz von Frauen in Parteiversammlungen und in den Gremien wird als demotivierend empfunden:

Beispiel: "Auf dieser Mitgliederversammlung kann ich mich eigentlich nur noch an eine einzige Frau erinnern, das war die Frau des Vorsitzenden, die fungierte da als Schriftführerin, war sehr dominierend, aber eben Ehefrau des Vorsitzenden. Sonst kann ich mich überhaupt nicht erinnern, daß da irgendeine Frau war. ... Nur, wenn man da in so einen Männerklüngel kommt, dazu noch viele ältere, dann fühlt man sich doch nicht gerade wohl und wenn man irgendwo hinkommt, wo es acht Leute im gleichen Alter sind, davon vielleicht noch vier Frauen, dann hat man doch einen ganz anderen Einstieg."

> (I. 124, S. 3/4)

4. Erlebte Erfolge / Mißerfolge

Fall	S.	Aussagen	Bündelung/Zusammenfassung Erfolg:	Mißerfolg:	Umgang mit Erfolg - Mißerfolg
111	6	- schlimmstes Erlebnis: Frau gegen Frau ausgespielt - für Listenplatz, auf dem Parteitag, taktisches Manöver, Blitzaktion innerhalb von zwei Tagen	- keine richtigen Erfolge. Wichtige Anträge in der Fraktion immer durchbekommen	- bei Kandidaturen werden durch taktische Manöver "unbequeme Frauen" gegen genehme Frauen ausgespielt	- noch kein "dickes Fell" - durch Erfahrung andere Gewichtung und gelassenerer Umgang mit den Dingen - Klavier spielen
	7	- keine richtigen Erfolge, allerdings: wichtige Anträge immer durchbekommen			
	8	- Umgang mit Frust früher: zurückgezogen und geweint, tagelang darüber nachgedacht heute: durch Erfahrung gelernt, Wichtigkeit abzuschätzen, keine Weltuntergangsstimmung mehr, noch kein "dickes Fell", aber andere Gewichtung der Dinge			
	12	- Klavier spielen, um abzureagieren			

Fall	S.	Aussagen	Bündelung/Zusammenfassung Erfolg:	Mißerfolg:	Umgang mit Erfolg - Mißerfolg
112	5	- schnell OV-Vors.: kein Verständnis für die Klagen der Frauen, viel Lob, viel Arbeit	- Einrichtung einer Gleichstellungsstelle verantwortlich durchgesetzt, dabei "richtige" Frauenpositionen vertreten	- bei Nominierung als Spielball benutzt und durch taktisches Manöver ausgetrixt worden. Als Person gar nicht wichtig	
		- schnell Fraktionssprecherin, schnell bekannt geworden			
		- Gefühl, es geht immer weiter nach oben	- Ausschußsitze nach Wunsch erhalten	- Verhalten der Männer im Wahlkampf unsolidarisch	
	6	- <u>Einbruch:</u> nächste Stadtratswahl, Nominierungsparteitag			
		- Erfahrung, als Spielball von Taktikern benutzt zu werden, als Person nicht wichtig genommen zu werden			
		- Platzhirschgebaren der Männer während des Wahlkampfes			
		- <u>Ergebnis:</u> Interesse an Frauenthemen (geht es anderen auch so?)			
	7	- nachgerückt nach zwei Jahren in den Stadtrat			

Fall	S.	Aussagen	Bündelung/Zusammenfassung Erfolg:	 Mißerfolg:	Umgang mit Erfolg - Mißerfolg
		- Ausschüsse nach Wunsch besetzt, ohne lange Diskussionen - Einrichtung einer Gleichrichtungsstelle, starke Unterstützung durch den Fraktionsvorsitzenden - richtige Frauenpositionen vertreten können, sehr viel Lob und Zuwendung, tolles Erfolgserlebnis - Unterstützung jetzt für Kandidatur auf Platz 1			
113	4	- generelle Unzufriedenheit: keine Unterschiede zu erkennen zwischen CDU- und SPD-Politik im Rat - keine persönlichen Mißerfolge - Erfolge: eigener Ratsantrag durchgebracht, Einzelaktionen	- eigenen Ratsantrag durchgebracht	- keine persönlichen Mißerfolge, generelle Unzufriedenheit mit Ratsarbeit	

Fall	S.	Aussagen	Bündelung/Zusammenfassung Erfolg:	Mißerfolg:	Umgang mit Erfolg – Mißerfolg
114	4	- erfolgreich gegen einen Mann für VA kandidiert - keine persönlichen Mißerfolge - ärgerlich, weil bestimmte Sachen nicht in der Fraktion durchgehen	- erfolgreich gegen einen Mann kandidiert	- keine persönlichen Mißerfolge, Unzufriedenheit mit Fraktionsarbeit	- Ratsarbeit ist nicht das Wichtigste, deshalb kein "Herzblut" hineinstecken
	6	- kein "Herzblutreinstekken" in Ratsarbeit, noch andere Interessen und Beruf			
115	8	- nicht direkt benannt - dickes Fell: nicht Unempfindlichkeit, aber mehr Gelassenheit - man wird raffinierter, geht taktischer vor, sucht Bündnispartner	- keine richtigen Erfolge	- keine richtigen Mißerfolge	- "dickes Fell" zulegen: mehr Gelassenheit - raffinierter, taktischer vorgehen, Bündnispartner suchen
	9	- gegenüber den Bürgern ehrlich sein, nicht nach Wählerstimmen schielen			
121		- ---			

Fall	S.	Aussagen	Bündelung/Zusammenfassung Erfolg:	Mißerfolg:	Umgang mit Erfolg - Mißerfolg
122	5	- allgemein: Anträge wurden inhaltlich diskutiert und dann mit Mehrheit im Rat abgelehnt	- persönliche Erfolge nicht benannt	- Anträge werden mehrheitlich im Rat abgelehnt	- ablenken durch Fernsehen
		- persönliche Erfolge nicht benannt			
		- deprimierend: Ratskollegen reden und stimmen dagegen, nur weil es von den Grünen kommt, obwohl sie eigentlich anderer Meinung sind			
	6	- nach Frust: ablenken durch fernsehen o. ä.			
123	11	- betroffen: parteiinterne Auseinandersetzungen um bestimmte Person	- persönliche Erfolge nicht benannt	- Betroffenheit durch parteiinterne Auseinandersetzung	- hartnäckig weiterarbeiten
	12	- Abstimmungsniederlage als persönlichen Affront gesehen		- Abstimmungsniederlage	
		- danach durch hartnäckige Arbeit wieder Stellenwert in der Fraktion erreicht			

Fall	S.	Aussagen	Bündelung/Zusammenfassung Erfolg:	Mißerfolg:	Umgang mit Erfolg - Mißerfolg
124	7	- als Ortsbürgermeisterin die erste Sitzung vermasselt, zu viel Freundlichkeit, zu wenig Führung, zu sehr Frau, schlechte Presse	- viele Funktionen innegehabt, gute Kontakte zu Bürgern	- durch weibliches Verhalten als Ratsvors. gescheitert, schlechte Presse	- männliches Verhalten zeigen und nach außen hart werden
	10	- als Landtagskandidatin nominiert, aus formalem Grund angefochten und dann unterlegen		- durch taktisches Manöver bei Landtagskandidatur ausgebootet	
		- Erfolge: viele Funktionen innegehabt, gute Kontakte zu Bürgern			
	8	- Umgang mit Frust: nach außen hart werden, männliches Verhalten zeigen, energisch sich durchsetzen, nicht mehr alles so tragisch nehmen			
		- Politik verändert auch den Charakter, innere Sensibilität für menschliche Probleme erhalten			
		- je höher die Funktion, desto härter der Machtkampf			

Fall	S.	Aussagen	Bündelung/Zusammenfassung Erfolg:	Mißerfolg:	Umgang mit Erfolg - Mißerfolg
131	5	- eklatanter Mißerfolg: als Kreisvorsitzende gewählt, weil kein anderer da war - stark von einer Gruppe Kollegen angefeindet, mit Presse zusammengearbeitet - Gegenkandidat aufgebaut, der die nächste Wahl gewonnen hat	- nicht benannt	- bei Kandidatur stark angefeindet, schlechte Presse, nächste Wahl verloren	- "dickes Fell" zugelegt, taktisch vorgehen, aber loyal bleiben
	6	- dickes Fell zugelegt: taktisch vorgehen, loyal bleiben, sich nichts anmerken lassen, wenn man angegriffen wird, nicht mehr über alles so ärgern - sensibel geblieben, aber ein anderes Umgehen damit			
132	5	- konsequenter Einsatz gegen Atomkraftwerk, Aktivitäten gezeigt	- Erfolg bei Aktiven gegen Atomkraftwerk	- viele Personalquerelen	- noch kein dickes Fell, aber anderer Umgang mit Problemen, ruhiger, gelassener, nicht aufgeben - abschalten, Sauna
	7	- Mißerfolg: zu viele Personalquerelen			

Fall	S.	Aussagen	Bündelung/Zusammenfassung Erfolg:	 Mißerfolg:	Umgang mit Erfolg - Mißerfolg
		- Umgang mit Frust: in der Sauna abschalten, nichts hinschmeißen			
	8	- noch kein dickes Fell, aber anderer Umgang, gelassener, ruhiger			
141	7	- mit Ärger alleine fertig werden, nicht in die Familie tragen - Freude und Erfolg mit Familie teilen - Ärger wegschwimmen (im Schwimmbad), Puppensammlung angucken und Gedanken zur Ruhe bringen	- nicht benannt	- durch weibliches Verhalten als Vorsitzende versagt	- Ärger nicht in die Familie tragen - Freude und Erfolg mit Familie teilen - dickes Fell im positiven Sinn: Dinge anders gewichten, hartnäckig sein - schwimmen, Puppensammlung, Gedanken zur Ruhe bringen
	8	- man muß ein "dickes Fell" kriegen, positiv - nicht auf andere Gebiete übertragen - die Dinge besser gewichten, hartnäckig sein			

Fall	S.	Aussagen	Bündelung/Zusammenfassung Erfolg:	Mißerfolg:	Umgang mit Erfolg - Mißerfolg
	9	- durch weibliches Verhalten als Vorsitzende versagt			
142	7	- keine persönlichen Erfolge oder Mißerfolge - insgesamt Politik der kleinen Schritte = kleine Erfolge - aufgrund der Mehrheitsverhältnisse eher Mißerfolge	- keine persönlichen Erfolge	- keine persönlichen Mißerfolge - insgesamt eher frustrierend durch Personalquerelen und Mehrheitsverhältnisse	- Konflikte an Ort und Stelle austragen
	13	- Frustration durch parteipolitische Auseinandersetzungen (personalpolitische) - Konflikte müssen an Ort und Stelle ausgetragen werden			
143	8	- gewisse "Toleranzgrenze" entwickelt, dadurch ein dickeres Fell bekommen - Empfindsamkeit erhalten Revolte dagegen abbauen	- persönliches Wahlergebnis und Verhalten des Spitzenkandidate bei Nominierung	- als Versuchskaninchen bei Abstimmung benutzt worden	- "dickes" Fell entwickeln, sonst hält man es nicht aus

Fall	S.	Aussagen	Bündelung/Zusammenfassung Erfolg:	Mißerfolg:	Umgang mit Erfolg - Mißerfolg
	9	- dickes Fell ist ein "Muß", sonst hält man es nicht aus - Betroffenheit nicht vor der Gruppe zeigen			
	10	- Erfolge o. Mißerfolge nie aus heiterem Himmel gekommen, immer mehr oder weniger vorher abgecheckt - weder riesig enttäuscht noch freudig überrascht			
	11	- Mißerfolg: als Versuchskaninchen benutzt worden, mit Meinungen nicht durchgekommen			
	10	- Erfolge: persönliches Wahlergebnis, positive spontane Reaktion des Bürgermeisters bei Nominierung			
144	9	- bei Besetzung des VA übergangen worden - große Betroffenheit, sich zurückziehen, im Stillen heulen	- nicht benannt	- bei Ausschuß- und Funktionsbesetzung übergangen	- Betroffenheit nicht zeigen, zurückziehen, im Stillen heulen - nicht provozieren

Fall	S.	Aussagen	Bündelung/Zusammenfassung Erfolg: Mißerfolg:	Umgang mit Erfolg - Mißerfolg
	10	- bei Verteilung von Funktionen sind andere schneller, weil ich zu starke Konkurrenz für Vorsitzenden bin - nicht konfliktscheu, aber auch nicht provozierend - Befürchtung, wenn man sich in Gegenkandidaturen durchsetzt, wird man dann hinterher anerkannt?		
161		- ---		

4.1 Zusammenfassung:

Erlebte Erfolge / Mißerfolge

Von den 16 Frauen gaben 6 Frauen Ereignisse oder Ergebnisse längerfristiger Aktivitäten als persönliche Erfolge an. Persönliche Mißerfolge dagegen wurden bei 9 Frauen konstatiert und rekonstruiert. Daneben gaben außerdem 3 Frauen eine generelle Unzufriedenheit mit der Rats- und/oder Fraktionsarbeit an.

Als Erfolge wurden im einzelnen benannt:

- Einrichtung einer Gleichstellungsstelle verantwortlich durchgesetzt (1x)
- Ausschußsitze nach Wunsch erhalten (1x)
- eigenen Ratsantrag durchgebracht (2x)
- erfolgreich gegen einen Mann kandidiert (1x)
- viele Funktionen innegehabt (1x)
- gute Kontakte zu Bürgern (1x)
- persönliches Wahlergebnis (1x)
- Aktion gegen Kraftwerk (1x)

Als persönliche Mißerfolge wurden angegeben:

- Bei Kandidatur durch taktisches Manöver unterlegen (3x)
- bei Abstimmung oder Wahlen unterlegen (4x)
- Verhalten der Männer im Wahlkampf (1x)
- Betroffenheit durch parteiinterne Personalquerelen (3x)
- durch weibliches Verhalten als Vorsitzende versagt (2x)
- bei Ausschuß- und Funktionsbesetzung übergangen (1x)

Acht Frauen konnten keine Erfolge angeben, alle benannten Mißerfolge, wobei es sich überwiegend um Mißerfolge bei Wahlen und/oder Kandidaturen handelte.

Den Umgang mit Mißerfolgen schildern die betroffenen Frauen als Lernprozeß. Sie haben individuelle Mechanismen gefunden, die es ihnen ermöglichen, mit Frust, Ärger und Wut umzugehen, z. B. Klavierspielen, Schwimmen u. ä. Auch wenn ihnen bestimmte Situationen noch "unter die Haut" gehen, haben sie gelernt, ihre

Betroffenheit nicht öffentlich zu zeigen.

"Ich heule im Stillen" (I. 144, S. 9). Sie haben im Laufe iher politischen Tätigkeit gelernt, sich zu distanzieren, es gelassener zu nehmen und die Dinge anders einzuschätzen. Sie beschreiben diese Distanzierung als eine Veränderung ihrer Sensibilität und Empfindlichkeit, mit dem Ausdruck "dickes Fell bekommen", was für sie nicht gleichzusetzen ist mit Gleichgültigkeit.

Dazu einige Beispiele:

<u>Beispiel 1:</u> "Ja, ein dickes Fell kriegst. Ich für meinen Teil empfinde das positiv, wenn du in manchen Bereichen ein dickes Fell hast. ... Aber dies dann nicht auch in andere Bereiche übertragen, also, daß sie dann in anderen Dingen härter werden und hart werden. Da sollte man ganz hart an sich arbeiten, daß man das nicht macht."

(I. 141, S. 8)

<u>Beispiel 2:</u> "Das waren so zwei Jahre, die besonders schlimm waren für mich und wo ich ein dickes Fell mir angeeignet habe. ... Das dicke Fell bezieht sich darauf, daß man sich nichts anmerken läßt, wenn man angegriffen wird. Es hat nichts damit zu tun, daß ich jetzt weniger sensibel bin, sondern daß ich, wenn ich mal enttäuscht bin, sage: o.k., das habe ich auch gar nicht so sehr vorgehabt."

(I. 131, S. 5)

<u>Beispiel 3:</u> "Es muß sich jetzt nicht so auswirken, daß man insgesamt und in jeder Situation hart ist. Ich schränke das also wirklich ein, ich bin nur hart im politischen Bereich. Wobei natürlich insgesamt der eigene Charakter sich irgenwo verändert. ... Ich habe also gelernt, solche Dinge zu verkraften."

(I. 124, S. 8)

Insgesamt kann gesagt werden, daß die Frauen sich auch durch negative Erlebnisse nicht auf Dauer entmutigen lassen. Sie haben Taktiken entwickelt, die kompensierend wirken.

5. Interesse der Frauen an Politik

Fall	S.	Aussagen	Bündelung/Zusammenfassung	Kategorien
111		- ---		K1: Das Interesse von Frauen an Politik wird von den Mandatsträgerinnen als zu gering bis nicht vorhanden eingestuft. Gründe: - Furcht der Frauen vor mangelnder Kompetenz - fehlender Mut, in diese Männerdomäne einzudringen - mangelndes Durchsetzungsvermögen gegen ihre Männer, die es verhindern wollen - defizitäre Sozialisationsbedingungen - Mehrfachbelastungen der Frauen K2: Frauen wollen ihre Interessen im Rat durch Frauen vertreten wissen. Dieses zeigt sich deutlich in Einzelgesprächen mit Frauen.
112	11	- zu gering - gelte fast als exotisch, weil ich mich mit Politik beschäftige	- zu gering - politisch aktive Frauen gelten als Ausnahme	
113		- ---		
114	10	- wenig Kontakt zu Frauen - relativ wenig Interesse bei den Frauen	- wenig Interesse vorhanden	
115	3	- viele Frauen scheuen sich, weil sie fürchten, nicht kompetent zu sein - keine Unterstützung durch die Männer	- Furcht der Frauen vor mangelnder Kompetenz - mangelnde Unterstützung durch die Männer	
	18	- Rahmenbedingungen, auch wirtschaftliche, müssen verbessert werden	- mangelhafte Rahmenbedingungen	
121	4	- durch die Erziehung bedingt = Politik ist Männersache, zu gering	- zu gering - defizitär durch die Erziehung	
	5	- Berufstätigkeit wichtig, weckt Interesse auch für andere Bereiche		

Fall	S.	Aussagen	Bündelung/Zusammenfassung	Kategorien
122	11	- nicht sehr groß - Frauen, die in Gruppen organisiert sind, interessieren sich, andere nicht	- geringes Interesse	K3: Das Interesse der Frauen besonders an Kommunalpolitik nimmt zu
123	15	- "Politik" schreckt Frauen ab, wenig Interesse, wenn es um Politik geht - an einzelnen Bereichen, in Gesprächen, stark interessiert - Begriff "Politik" jagt ihnen Angst ein: zeitliches Engagement, Reden, Männer lachen	- Politik schreckt ab - wenig Interesse - Politik jagt Angst ein - keine Unterstützung durch Ehemänner	
	16	- keine Unterstützung durch die eigenen Männer		
124	13	- auf die breite Masse bezogen, sehr klein - lesen keine Zeitung, hören keine Fernsehnachrichten - auf gezieltes persönliches Ansprechen stellt man starkes Interesse fest - bei vielen Grundvoraussetzungen nicht vorhanden, machen sich keine Gedanken darüber	- geringes Interesse - kein Zeitung, keine Nachrichten - Grundvoraussetzungen für Politik nicht vorhanden	

Fall	S.	Aussagen	Bündelung/Zusammenfassung	Kategorien
131	10	- nimmt zu, vor allem für Kommunalpolitik - lesen zu wenig Zeitung - "große" Politik interessiert nicht	- Interesse für Kommunalpolitik nimmt zu - lesen zu wenig Zeitung - große Politik interessiert nicht	
132	10	- Interesse vorhanden - selbst nicht den Mut, politisch tätig zu werden - wollen ihre Interessen von Frauen in der Politik und den Räten vertreten wissen	- Interesse vorhanden - Mut fehlt - Frauen sollen im Rat vertreten sein	
141	10	- gering, kein Interesse - Frauen machen, was die Männer sagen - Männer verhindern, daß ihre Frauen sich interessieren	- kein Interesse - Frauen machen, was Männer sagen - Männer verhindern es	
142	9	- mies, an Kommunalpolitik noch mieser - Mut fehlt, große Scheu, politische Verantwortung zu übernehmen	- nicht vorhanden - Mut fehlt	

Fall	S.	Aussagen	Bündelung/Zusammenfassung	Kategorien
143	12	- weniger interessiert als Männer - Frauen mehr belastet - Ehemänner wollen das nicht - Interesse an Politik ist vorhanden	- weniger interessiert, weil mehr belastet - Männer wollen es nicht	
144	11	- sehr gering - Politik negativ belegt, wollen damit nichts zu tun haben - Politik ist schmutziges Geschäft	- gering - Politik schreckt ab	
161	8	- noch zu gering, wächst aber - eher zu Gesprächen bereit	- Interesse wächst	

5.1 Zusammenfassung:

Interesse der Frauen an Politik

Die Mandatsträgerinnen schätzen das Interesse ihrer Geschlechtsgenossinnen an Politik als sehr gering ein. Gleichzeitig stellen sie in persönlichen Gesprächen fest, daß Frauen ihre Interessen und Anliegen durch Frauen im Rat vertreten sehen wollen und für Kommunalpolitik ein steigendes Interesse zu vermerken ist. Politik gilt nach ihrer Ansicht immer noch als Männersache und ist eher negativ belegt. ("Politik als schmutziges Geschäft")

Beispiel 1: "Also, ich habe ja durch diese Wahlkämpfe allerhand erlebt und ich muß sagen, wie oft ich auf der Straße angehalten werde ... also von Frauen angesprochen werde, daß sie das ganz toll finden, daß wir das machen und uns weiterhin Mut wünschen. Sie selbst haben also diesen Mut nicht und finden es aber unerhört wichtig, daß Frauen in der Politik sind, weil sie meinen, daß Männer ihre Interessen eben nicht so vertreten können, wie eben Frauen. Weil Männer, auch wenn sie sich bemühen, das Interesse der Frauen zu vertreten, im Grunde genommen das gar nicht so nachvollziehen können, wie das denn zu Hause abläuft, wenn sie den ganzen Tag im Büro sind und kriegen alles so vorgesetzt. Bei gutem Willen ist es trotzdem nicht machbar."

(Fall 132, S. 10)

Beispiel 2: "Ganz gering! Zum Teil ist doch Politik so negativ belegt, daß die sagen, wir wollen gar nichts mit Politik zu tun haben. Politik als schmutziges Geschäft. Ich unterrichte ja auch Gemeinschaftskunde und da erfährt man das ja immer wieder, daß die Mädchenklassen, die Mädchen sich grundsätzlich dafür nicht interessieren."

(Fall 144, S. 11)

Frauen befürchten, den Anforderungen einer politischen Tätigkeit nicht gewachsen zu sein, weil sie zum einen "von Politik nichts verstehen" und zum anderen Angst vor der zeitlichen Belastung, vor öffentlichem Auftreten und vor dem Verhalten der Männer haben.

Wesentlich scheint ebenfalls die Tatsache zu sein, daß Männer das politische Engagement ihrer Frauen nicht fördern, sondern verhindern wollen.

<u>Beispiel 1:</u> "Meines Erachtens liegt es an der eigenen Durchsetzungsfähigkeit der Frau, in erster Linie auch gegenüber ihren Männern, ihren eigenen Männern, den Sprung von alleine zu tun. Ich kenne ungeheure Vorurteile auch im eigenen Freundeskreis, wo die Männer einfach sagen, kommt überhaupt nicht in Frage, meine Frau geht nicht in die Politik. Ist sie keine Nacht zu Hause und wer weiß, was da alles passiert, so das übliche Paschadenken."

(Fall 131, S. 3)

<u>Beispiel 2:</u> "Und dann kommt bei den Frauen auch noch natürlich dazu, daß es kein anderer tut und der Mann sie auch nicht unterstützt. Wenn der Mann etwas wird, ist die Frau mit stolz darauf. Wenn die Frau etwas wird, dann hat der Mann Probleme."

(Fall 144, S. 5)

6. Verhalten von Familie und Freundeskreis

Fall	S.	Aussagen	Bündelung/Zusammenfassung	Kategorien
111	8	- Familie verhält sich positiv - Mann ebenfalls politisch aktiv (beruflich) - Kinder ebenfalls positiv - allerdings soziale Kontrolle für die Kinder (werden mehr beobachtet)	- positives Verhalten der Familie und aktive Unterstützung durch den Ehemann - Vorwürfe aus der Verwandtschaft und soziale Kontrolle für die Kinder - Freundeskreis, auf den man sich zurückziehen kann - Freunde und Hobbys sind als Ausgleich wichtig	K1: Für die politische Tätigkeit der Frau ist wichtig: - positive Einstellung der Familie - aktive Unterstützung des Ehemannes/Kinder - Freundeskreis, auf den man sich zurückziehen kann - Hobbys als Ausgleich K2: Verständnis und Unterstützung werden insbesondere von Ehemännern aufgebracht, die selber politisch aktiv sind K3: Mangelndes Einfühlungsvermögen oder Akzeptanz durch den Ehemann führt zu Schwierigkeiten in der Partnerschaft und u. U. zum Scheitern der Ehe. K4: Kinder von politisch aktiven Frauen haben verstärkt soziale Kontrolle zu ertragen
	11	- aktive Unterstützung durch den Mann · abends bei Kindern bleiben · Urlaub und freie Stunden dafür genommen - Vorwürfe aus der größeren Familie · vernachlässigte Ratsherrenkinder · wenn Kinder krank waren - großer Freundeskreis, unterschiedliche Zusammensetzung		
	12	- stehen außerhalb der Partei - kann zu denen gehen und alles bereden		

Fall	S.	Aussagen	Bündelung/Zusammenfassung	Kategorien
		- unheimlich wichtig, weil Parteiarbeit einen vereinnahmt, man wird zum Fachidioten - Hobbys pflegen: Musik und Sport = sehr wichtig		K5: Konflikte in der Familie aufgrund der politischen Aktivität der Frau wirken sich auf die Kinder als negativ motivierend aus K6: Relativ konfliktfreie Familiensituationen wirken sich positiv auf die Bereitschaft der Kinder, politisch aktiv zu werden, aus. K7: Durch den Zeitmangel bedingt können Freundschaften nicht genügend gepflegt werden K8: Schlechtes Gewissen gegenüber der Familie, auch wenn insgesamt positive Unterstützung. Für Ausgleich muß gesorgt werden
112	8	- zunächst verbale Unterstützung durch Ehemann - tatsächlich-Selbstwertgefühl des Ehemannes durch die Öffentlichkeit der Frau angekratzt - bin stärker, selbstbewußter, freier durch das politische Engagement geworden	- Ehemann hat die politische Karriere seiner Frau psychisch nicht verkraftet - politische Aktivitäten der Ehefrau haben das Scheitern der Ehe mit verursacht	
113	4 5	- Familie ist stolz - tröstet und unterstützt - Konfliktsituationen in der Familie gab es nicht - Kinder bereits erwachsen (nie vernachlässigt) - Ehemann gewerkschaftlich aktiv	- Unterstützung durch Ehemann und erwachsene Kinder - keine Konfliktsituation, manchmal schlechtes Gewissen - Ehemann gewerkschaftlich aktiv	

Fall	S.	Aussagen	Bündelung/Zusammenfassung	Kategorien
		- manchmal schlechtes Gewissen wegen Außerhäuslichseins - für Ausgleich sorgen		
114	7	- Entscheidung in den Rat zu gehen, mit dem Ehemann gemeinsam getroffen - Ehemann politisch aktiv, unterstützt mich - Problem: mag nicht "Prinzgemahl" sein - in seiner Mentalität stark getroffen - schwer gegenüber anderen Männern	- Unterstützung durch Ehemann, aber spielt nicht gern den Prinzgemahl in der Öffentlichkeit - schlechtes Gewissen gegenüber den Kindern - politische Aktivität der Mutter ist negative Motivation für die Töchter - mit Freunden nicht über Politik reden	
	8	- Kinder: unsicher, ob immer ganz richtig - manches Mal schlechtes Gewissen, weil nicht da, wenn ich gebraucht wurde - politische Tätigkeit der Mutter hat auf die Töchter abschreckend gewirkt - politische Diskussionen zu Hause geführt		

Fall	S.	Aussagen	Bündelung/Zusammenfassung	Kategorien
		- mit Freunden möglichst nicht über Politik reden, kein Interesse		
115	14	- finden das gut, auch die erwachsenen Kinder - sind stolz auf ihre Mutter - Unterstützung für eine Frau durch ihre Familie sehr wichtig, sonst hält sie es nicht durch	- Unterstützung durch die Familie sehr wichtig, sonst nicht zu schaffen - Kinder sind stolz	
121	12	- Tochter auch politisch aktiv - Vorbildfunktion für Tochter, z. B. Bücher, Zeitschriften lesen - Tochter hat das immer unterstützt und gut gefunden	- Unterstützung durch die Kinder - Tochter politisch aktiv	
122	6	- Rückhalt besonders bei den älteren Kindern - trösten auch - Problem: Versorgung des Kleinkindes (1 Jahr) - organisatorische Probleme - ja - inhaltliche Probleme - nein	- Unterstützung durch die Familie - organisatorische Probleme wegen Kleinkind - Kinder politisch aktiv - Freundschaften sind aus Zeitgründen sehr belastet	

Fall	S.	Aussagen	Bündelung/Zusammenfassung	Kategorien
		- Kinder auch politisch aktiv		
	8	- Freundschaftsverhältnisse haben durch die politische Arbeit sehr gelitten - aus Zeitgründen können Freundschaften nicht mehr gepflegt werden		
123	20	- Freundeskreis aus zeitlichen Gründen total vernachlässigt - keine Zeit zum Briefeschreiben	- Freundeskreis aus Zeitgründen vernachlässigt	
124	10	- keine Kinder - Mann und Familienclan unterstützt mich - bei kleinen Kindern vielleicht Schwierigkeiten	- Unterstützung durch Familie	
131	7	- Ehe beinahe am politischen Engagement gescheitert - Ehemann nicht damit fertig geworden, Gründe: Abwesenheit, Unsicherheit bei spätem Heimkommen und Treffen mit Freunden - sehr harte Zeit (2-3 Jahre)	- politisches Engagement gefährdete die Ehe - Kinder sind abgeschreckt - Unterstützung durch Freunde	

Fall	S.	Aussagen	Bündelung/Zusammenfassung	Kategorien
	8	- Freundeskreis hat den Mann bedauert - aber Unterstützung durch Freunde		
	9	- Kinder eher abgeschreckt von Politik - nicht engagiert		
132	9	- Tätigkeit mit Ehemann vorher abgesprochen - Spannungen vorhanden organisatorischer Art: Ehemann auch politisch aktiv Aufgabenverteilung Terminüberschneidungen inhaltlicher Art: Ehemann empfindet "Doppelbelastung" besonders hart	- Unterstützung durch Familie und Freunde - Spannungen aufgrund von zeitlichen/organisatorischen Problemen vorhanden - Ehemann politisch aktiv	
	6	- insgesamt positive Unterstützung - Unterstützung durch Freunde		
141	7	- Unterstützung	- Unterstützung durch die Familie	

Fall	S.	Aussagen	Bündelung/Zusammenfassung	Kategorien
142	7	- gutes Verhältnis, Unterstützung für politisches Engagement	- Unterstützung durch die Familie	
	6	- Kinder: sehr positiv beurteilt	- Ehemann politisch aktiv	
	7	- keine Konflikte in der Familie	- keine Diskussionen über Politik mit Freunden	
		- Ehemann auch politisch aktiv		
		- Freundeskreis auch politisch		
	10	- im großen Freundeskreis sollte man nicht über Politik diskutieren, eher negativ		
143	5	- bei ständigen Konflikten in der Familie geht man kaputt	- Unterstützung durch Familie	
	13	- völlige Unterstützung durch den Ehemann		
		- sozusagen "freigestellt" für politische Arbeit		
		- Familie als "Insel"		

Fall	S.	Aussagen	Bündelung/Zusammenfassung	Kategorien
144		- nicht verheiratet	- Unterstützung durch Mutter	
	6	- geachtet in der Familie, aber auch manchmal Spott	- Freundschaften leiden unter Zeitmangel	
		- Unterstützung durch Mutter	- Männer mögen nicht Prinzgemahl in der Öffentlichkeit sein	
		- Freundinnen sind böse, weil zu wenig Zeit für sie		
		- Männer ziehen sich sehr schnell zurück, wenn sie die Rolle des "Prinzgemahls" übernehmen sollen		
		- besonderes Problem für unverheiratete Frauen, z. B. Repräsentationspflichten		
161	7	- gute Absprache mit Ehemann/ Ehemann auch aktiv	- Unterstützung durch die Familie	
	10	- wegen der Familie (kleinere Kinder) auf Engagement auf Landes- oder Bundesebene verzichtet	- Ehemann politisch aktiv	
		- zeitliche Abwesenheit von der Familie zu groß	- soziale Kontrolle für die Kinder	
		- keine Konfliktsituationen, die Aktivitäten werden sehr begrüßt		

Fall	S.	Aussagen	Bündelung/Zusammenfassung	Kategorien
		- Diskussionen über Frauenthemen		
	2	- Kinder in der Schule durch politisches Engagement der Eltern manchmal benachteiligt		

6.1 Zusammenfassung:

Verhalten von Familie und Freundeskreis

Die Unterstützung durch den Ehemann - sowohl psychisch als auch praktisch - ist wichtige Bedingung und Voraussetzung für die Mögichkeit der politischen Partizipation der Frauen. Von den 16 Interviewten gaben 13 dieses als gegeben an. Diese Voraussetzungen scheinen besonders gegeben, wenn der Ehemann ebenfalls politisch aktiv - parteipolitisch, gewerkschaftlich o. ä.- ist. Bei 6 Frauen ist dieses der Fall. Allerdings können sich dann, wenn beide aktiv sind, Probleme organisatorischer Art ergeben, z. B. in der Betreuung der Kinder.

Bei einer mangelnden Unterstützung durch den Ehemann scheint die politische Aktivität der Frau sehr erschwert, zumindest aber belastet zu sein. Besonders schwierig scheint es für Ehemänner zu sein, in der Öffentlichkeit im Schatten ihrer Ehefrau zu stehen und den "Prinzgemahl" zu spielen. Dieser Part ist nicht mit dem Rollenverständnis des Mannes vereinbar. Eine Kommunalpolitikerin gab diese Schwierigkeiten als eine Ursache für das Scheitern ihrer Ehe an, zwei Frauen berichten von schwierigen Ehesituationen aufgrund dieser Einstellung. Eine alleinstehende Politikerin gab dieses als Begründung für keine oder nur kurzfristige Bekanntschaften mit Männern an.

<u>Beispiel 1:</u> "... hat dann auch immer gesagt: Ja, da müssen Sie meine Frau fragen, die ist bei uns diejenige, die alles regelt, und ich habe lange nicht begriffen, daß er erhebliche Schwierigkeiten damit hatte. Daß das sein Selbstwertgefühl ganz stark angekratzt hat. ... habe ich lange nicht begriffen, daß da auch Verletztheit hintersteckte. Ich kann den Anteil nicht bestimmen, aber ich bin sicher, daß auch die Politik mit zum Ende unserer Ehe beigetragen hat."

(Fall 112, S. 8)

<u>Beispiel 2:</u> "Wir hatten eine Phase, als es bei mir etwas intensiver wurde, das Engagement, wo unsere Ehe beinahe kaputtgegangen ist. Das waren ungefähr zwei, drei Jahre. Im nachhinein, wenn wir darüber noch sprechen, sagt mein Mann, das ist seine Schuld gewesen. Er hat es mir zugestanden, das zu machen, aber er ist nicht fertig geworden damit. Es war die Abwesenheit, es war einfach die Abewesenheit und die Unsicherheit, vielleicht auch ... Und das konnte natürlich dann auch mal sehr spät werden. Und ist es auch sehr häufig. Und plötzlich war mein Mann abends da und hat sein berühmtes Abendbrot nicht von mir bekommen, sondern er mußte

sich seine Schnitte Brot selbst machen. Das war sehr hart, diese zwei, drei Jahre."

(Fall 131, S. 7)

<u>Beispiel 3:</u> "Ist doch selbstverständlich, daß ihm das keinen Spaß macht, wenn ich von 7 Tagen in der Woche fünf unterwegs bin und er haßt es, Prinzgemahl zu sein. Das ist immer noch ein Problem, wenn er irgendwo mitgehen muß. Und da verschone ich ihn auch, so weit es geht. Es ist für ihn nicht einfach, dafür ist er viel zu sehr in seiner Persönlichkeit und ... in seiner Mentalität getroffen."

(Fall 114, S. 7)

Für die Kinder der politisch aktiven Frauen scheinen sich die politischen Interessen bzw. Aktivitäten parallel zu der Familiensituation zu entwickeln:

a) Findet das Engagement der Mutter Unterstützung und Anerkennung in der Familie, beim Ehemann, wirkt sich dieses als positive Motivation auf die Kinder aus.

b) In konfliktreichen Ehe- und Familiengegebenheiten wirkt sich die Aktivität der Mutter eher abschreckend und negativ auf die Kinder aus.

Auch wenn die Unterstützung durch die Familie positiv ist, haben aktive Frauen oft ein schlechtes Gewissen gegenüber ihrem Partner und ihren Kindern.

<u>Beispiel 1:</u> "Manchmal habe ich meinem Mann gegenüber ein schlechtes Gewissen, daß ich jeden Abend auf Achse bin. Und irgendwo denke ich dann manchmal: Mensch, der sitzt hier alleine. Wenn ich ihm sein Abendessen ein bißchen schön zurecht gemacht habe und dann sage: Ich muß heute abend da hin! Naja, denn mal los, wann kommst Du denn wieder? Ich sage, ich werde mich bemühen, pünktlich nach Hause zu kommen, so gegen 10 Uhr. Und dann wird es ja auch mal später. Und der arme Kerl, der schläft ja dann immer. ... dann sage ich mir manchmal, was würdest du machen, wenn dein Mann jeden Tag weg wäre. Also ich weiß nicht, ehrlich, ob ich das akzeptieren würde."

(Fall 113, S. 5)

<u>Beispiel 4:</u> "Es war vielleicht nicht immer ganz richtig, ich weiß es nicht. Im nachhinein mache ich mir keine Vorwürfe, weil ich mir sage, sie (die Kinder, d. Verf.) sind ganz gut geraten dabei, obwohl ich manches Mal doch ein schlechtes Gewissen hatte, das wird einem aber auch anerzogen. Natürlich, als Frau und Mutter ständig unterwegs. Die eine war 8, die andere war 10, als ich anfing und manches Mal war ich dann doch, wenn ich eigentlich hätte dasein müssen, dann nicht da. Aber es hat sich doch irgendwo im Laufe der Zeit so eingespielt."

(Fall 114, S. 8)

Von fast allen Frauen wird die zeitliche Belastung durch die kommunalpolitische Arbeit als negativ für die Pflege von Freundschaften und Bekanntschaften angesehen. Vielfach steht das politische Interesse im Widerspruch zu den Interessen des Freundeskreises. Gleichwohl wird ein Freundeskreis außerhalb der Partei als wichtig erachtet, auch um Abstand von der politischen Arbeit zu bekommen oder um sich aussprechen zu können mit Menschen, die nicht unmittelbar in die Politik eingebunden sind. Die Vernachlässigung des Freundeskreises wird von den Freunden vielfach nicht akzeptiert und von den Frauen als zusätzliche psychische Belastung empfunden.

<u>Beispiel 1:</u> "Ich habe niemanden, der sagt, das ist schlecht, was du da machst oder so, das nicht, aber es ist so, daß Freundschaftsverhältnisse doch schon sehr gelitten haben in diesen fünf Jahren. ... Und es ist einfach so, daß ich Freundschaften nicht so pflege, wie ich das früher gemacht habe. Man muß dann ja auch Zeit haben für die anderen und da mangelt es natürlich erheblich bei mir."

(Fall 122, S. 7)

<u>Beispiel 2:</u> "Schwieriger ist das mit Freunden oder Freundinnen. Freundinnen sind da manchmal böse, daß ich nie Zeit habe. Die sagen: Du bist immer für andere da, aber du bist nie für uns da."

(Fall 144, S. 6)

<u>Beispiel 3:</u> "Ich habe mir also all die Jahre einen recht großen Freundeskreis bewahrt und der ist unheimlich unterschiedlich auch in seiner Zusammensetzung. Aber ich weiß ganz genau, wenn ich irgend etwas hätte, könnte ich das mit denen bereden. Ich halte das für unheimlich wichtig, und die stehen

Gott sei Dank auch alle außerhalb der Partei, was ich noch für ganz wichtig halte ... Ich brauche auch mal andere Gespräche, ich muß auch mal über Musik mich unterhalten können, ich möchte auch gern mal an einer Dichterlesung teilnehmen oder solche Dinge. Und wenn dies einfach nicht mehr gewährt würde, dann würde ich das als so negativ empfinden, weil du auch dann gar nicht mehr auf andere Gedanken kommen kannst."

(Fall 111, S. 11)

7. <u>Unterstützung durch Partei- oder Fraktionsmitglieder</u>

Fall	S.	Aussagen	Bündelung/Zusammenfassung	Kategorien
111	4	- am Anfang große Unterstützung - bis man anfängt, eigene Meinung zu haben - oder Funktion anstrebt, wo schon ein Mann ist	- große Unterstützung durch Funktionsträger und Partei solange man keine eigene/andere Meinung vertritt - Widerstände, wenn man zur Konkurrenz wird	K1: Frauen erhalten in der Regel am Anfang ihrer aktiven Mitarbeit große Unterstützung bei Funktionsträgern, solange sie - keine kontroversen Meinungen vertreten - nicht für Posten und Funktionen kandidieren, die von Männern besetzt sind - nicht als Konkurrentin auftreten oder als solche empfunden werden - sich nicht besonders hervortun K2: Frauen setzen sich durch, wenn sie - durch entsprechende Parteifunktionen Einfluß in der Partei haben - selbstbewußt auftreten und Durchsetzungsvermögen besitzen, taktisch vorgehen - Weiblichkeit ausstrahlen
	6	- Frau gegen Frau ausgespielt - stören genauso bei Frauenreden wie bei Männerreden		
112	8	- angewiesen auf Anerkennung, Lob - Unterstützung durch Funktionsträger wichtig und durch Leute an der Basis - mit Ablehnung und "gegen-mich-arbeiten" inzwischen ganz gut umgehen	- Unterstützung ist wichtig	
113	5	- keine Personen, die besondere Unterstützung leisten	- man hat als Neue im Rat keinerlei Unterstützung, starkes Konkurrenzdenken	
	6	- als Neue im Rat in der Fraktion ohne jede Unterstützung - jeder behält sein Wissen für sich - selbst durchbeißen		

Fall	S.	Aussagen	Bündelung/Zusammenfassung	Kategorien
114	4	- man muß selbst seine Rechte und das, was man will, einklagen	- man muß seine Rechte selbst durchsetzen, erkämpfen, seine Chancen wahrnehmen und Verbündete suchen	- sich Verbündete suchen, auch Männer
	5	- Chancen wahrnehmen zum richtigen Zeitpunkt		
		- durch Gespräche Verbündete suchen, auch Männer		
115	6	- keine Probleme	- taktisch vorgehen und Verbündete suchen	
		- voll akzeptiert, aber keine Extrawürste		
	8	- taktisches Vorgehen, Verbündete suchen		
121	16	- werde selten unterbrochen, weil ich energisch auftrete	- akzeptiert und erfolgreich, weil · Einfluß in der Partei · Selbstbewußtsein hoch · Durchsetzungsvermögen · als "Frau" auftreten	
		- bei Männern, auf die es ankommt, spiele ich "Frausein" mehr aus		
	17	- Vorteil: wir hatten keine Frauen		
		- kann mich gut durchsetzen		
	18	- habe Einfluß in der Partei und in der Fraktion - keine Schwächen zeigen, aber weiblich sein		

Fall	S.	Aussagen	Bündelung/Zusammenfassung	Kategorien
122	7	- kleine Fraktion - ein Mann, der mich besonders unterstützt und mir zuarbeitet - innerhalb der Partei etwas schwierig, weil das Gros der Mitglieder wesentlich jünger ist - kein vertrautes Verhältnis	- besondere Unterstützung durch einen Mann	
123	13	- auf Anerkennung angewiesen - kann Konflikte austragen	- auf Anerkennung angewiesen, aber Konflikte aushalten	
	14	- besondere Unterstützung durch Vorsitzenden (tot) in Wort und Tat (früher) - jetzt nicht mehr		
124	4	- alles hart erarbeitet - eher negative Reaktion von älteren Parteimitgliedern bei Gegenkandidatur - hohe Parteifunktionen innegehabt	- negative Reaktion bei Gegenkandidaturen - man muß sich alles hart erarbeiten	

Fall	S.	Aussagen	Bündelung/Zusammenfassung	Kategorien
		- inzwischen eigene Partei und dort große Unterstützung		
131	8	- enge Freunde =/ Funktionsträger in der Partei	- Unterstützung durch Funktionsträger der Partei	
	5	- gab Konfliktsituation um Posten des Vorsitzenden - unterlegen		
	6	- ehrliche Absprachen mit männlichen Kollegen		
	8	- gute Zusammenarbeit mit Hauptverwaltungsbeamten und Unterstützung		
132	6	- Gefühl, positiv unterstützt zu werden	- positive Unterstützung	
		- anfangs Schwierigkeiten, weil neu	- man muß sich durchboxen	
		- gute Unterstützung durch ältere Genossen (im Wahlkampf)		
	7	- Schwierigkeiten in der Partei auf UB-Ebene		

Fall	S.	Aussagen	Bündelung/Zusammenfassung	Kategorien
		- man muß sich durchboxen, nicht aufgeben		
141	5	- Unterstützung durch Personen, die keine Angst um ihre Position haben - Verwaltung versucht, dich auszutrixen	- Unterstützung durch Personen, die keine Konkurrenz fürchten	
142	8	- besondere Förderung durch Fraktionsvorsitzenden - vertrauensvolle Zusammenarbeit, Mut machen - sehr gutes Verhältnis zu einer Frau	- keine Schwierigkeiten, weil gute Zusammenarbeit im Rat und Unterstützung durch den Fraktionsvorsitzenden	
	11	- Wissen wurde von Kollegen bereitwillig weitergegeben - gute Zusammenarbeit mit Verwaltung		
143	3	- anfangs mit offenen Armen empfangen und unterstützt worden - übergangen worden bei Ausschußbesetzungen	- große Unterstützung am Anfang, bis man als Konkurrenz empfunden wurde - Verbündete suchen	
	9	- wichtig: Verbündete haben, auch Männer		

Fall	S.	Aussagen	Bündelung/Zusammenfassung	Kategorien
144	8	- Unterstützung bei den Frauen	- Konkurrenz zum Vorsitzenden, deshalb chancenlos	
	10	- Konkurrenz zum Vorsitzenden, deswegen chancenlos, wenn es um Funktionen geht und nie den ersten Platz		
161	7	- keine Konflikte in der Partei oder Fraktion - Schwierigkeiten mit Verwaltungschef und Presse - guten Weg gegangen, keine Schwierigkeiten	- keine Schwierigkeiten	

7.1 Zusammenfassung:

Unterstützung durch Partei- und/oder Fraktionsmitglieder

Die befragten Frauen wurden durchweg - bis auf eine - von den männlichen Funktionsträgern zu ihrer ersten Ratskandidatur aufgefordert. Ihren Stellenwert in der Fraktion mußten sie sich hart erarbeiten, Positionen erkämpfen. Einige Frauen haben die Erfahrung machen müssen, daß sie bei den Anstrengungen um höherwertige Funktionen unterlagen. Mit zunehmender Erfahrung scheinen die Frauen eine taktische Vorgehensweise vorzuziehen, d. h., sie treffen Absprachen mit dem Vorsitzenden, warten den richtigen Zeitpunkt ab und suchen sich Verbündete unter den Ratsmitgliedern, in der Regel auch Männer. Um etwas zu erreichen, insbesondere Sachanträge durchzubringen, sich Gehör zu verschaffen, wird durchaus aus taktischen Erwägungen das weibliche Element eingebracht.

Beispiel 1: "Das weiß ich schon so'n bißchen, und das benutze ich auch teilweise. Allerdings ist es bei mir so'ne Mischung. Ich bin auch oft knallhart in der Argumentation. ... Andererseits weiß ich aber auch, daß es manch einem Mann unheimlich gut tut, wenn man ihm mal zu verstehen gibt: Mensch, das war jetzt ganz toll und das mache ich dann auch. ... Und ansonsten, wie weit ich es den Männern zu liebe mache - ich mache es auch mir zuliebe, daß ich mich auch ganz gerne optisch ansehnlich zurechtmache. ... Aber so was kommt ganz gut an. Naja, sieht ja ganz nett aus, so nach der Parole."

(Fall 121, S. 15)

Beispiel 2: "Deshalb ist mein Freundeskreis männliche Kollegen. Ich glaube, daß das viel größere Vorteile hat, das sind nun mal auch die Führungskräfte. Daß das viel größere Vorteile hat, als wenn ich Vorsitzende der Frauenvereinigung wäre und mich da mit den Kolleginnen unterhalten würde."

(Fall 131, S. 7)

Insgesamt scheint eine besondere Unterstützung der Frauen in den Fraktionen nicht gegeben, vielmehr müssen sie sich den jeweils vorgegebenen Strukturen anpassen und ihren Status erarbeiten und verteidigen - mit Unterstützung der Männer.

8. Soziale Kontrolle

Fall	S.	Aussagen	Bündelung/Zusammenfassung	Kategorien
111	9	- Vorwürfe: mehr um Kinder kümmern, brauchen Mutter 24 Stunden - Vorgarten sauber halten	- verstärkte Kontrolle findet statt in bezug auf Kindererziehung und Hausfrauenarbeit - Besucher werden beobachtet, z. T. erfolgt üble Nachrede - Ehemann wird bedauert	K1: Verstärkte soziale Kontrolle findet statt in bezug auf - die Erziehung der Kinder - Haushaltsführung - das Verhalten gegenüber dem Ehemann - Bekanntschaften und Freundschaften K2: Besonders die Ehefrauen anderer Männer sorgen für verstärkte Kritik und beobachten unverheiratete Politikerinnen besonders kritisch K3: Die soziale Kontrolle äussert sich sowohl offen als auch versteckt, z. T. als üble Nachrede K4: Frauen begegnen den Politikerinnen mit einer Mischung aus Neid, Be- und Verwunderung. Das Ansehen der Frauen durch die politische Arbeit ist in der Öffentlichkeit allgemein gestiegen
	10	- beobachten, wer wann ins Haus kommt - Verdacht: muß wohl mit jemandem ins Bett gehen, sonst nicht in der Position - "Haare auf den Zähnen", Mann zu Hause unterdrückt		
112	8	- nein - zu Hause durch die Mutter und Freunde: dein armer Mann - lebe allein, diskutiere da auch nicht - schwierig auf Veranstaltungen, wo nur Ehepaare sind - ruft Unsicherheitsgefühle bei anderen hervor, bei Männern und Frauen	- Ehemann wird bedauert - Ehefrauen anderer Männer beobachten besonders kritisch - Besuch von Veranstaltungen als Alleinstehende ruft bei allen Unsicherheit hervor	

Fall	S.	Aussagen	Bündelung/Zusammenfassung	Kategorien
		- beobachten mich mit sehr viel Skepsis, vor allem die Ehefrauen		
113	8	- "Hexenküche" - vor allem von Frauen, Grund: Minderwertigkeitskomplexe der Ehefrauen	- Ehefrauen anderer Männer schüren die Hexenküche	
114	3	- Frauen stehen besonders im Licht der Kritik, werden kritischer beobachtet	- Frauen werden kritischer beobachtet	
	4	- nicht unbedingt nachteilig		
115		- ---		
121	14	- verstärkt im Licht der Kritik, der Beobachtung - besonders in bezug auf Männerbeziehungen	- alleinstehende Frauen werden in bezug auf Männerbekanntschaften besonders kritisch beobachtet	
122	8	- in der Nachbarschaft sehr stark - nicht offen, sondern versteckt - "genug Kinder, um die Sie sich kümmern können" - in der Kirchengemeinde besser mitarbeiten	- versteckte soziale Kontrolle in der Nachbarschaft - weibliche Aufgabenzuweisung	

Fall	S.	Aussagen	Bündelung/Zusammenfassung	Kategorien
		- sich um alte Leute lieber kümmern - entsprechender Leserbrief im Gemeindebrief		
123	18	- verstärkte Beobachtung durch Nachbarschaft	- Beobachtung durch Nachbarn	
		- man weiß über alles Bescheid Interesse an der Person, nicht unbedingt bösartig	- vermehrtes Interesse an der Person	
		- vermehrtes Angesprochenwerden		
	19	- von anderen Frauen mit Kindern auch negative Beispiele mit harten Vorwürfen gehört		
124	11	- ja, im großen und ganzen nicht negativ - Sprüche: soll sich um Küche oder "sonst was" kümmern	- weibliche Aufgabenzuteilung	
131	8	- in der Öffentlichkeit nicht - im Freundeskreis: der arme Mann, was muß der mitmachen	- Ehemann wird bedauert	
132		- ---		

Fall	S.	Aussagen	Bündelung/Zusammenfassung	Kategorien
141	10	- vereinzelt gehört: soll sich um ihre Familie kümmern - persönlich nie, eher positive Reaktion, auch von Frauen, finden es toll - positiv, wenn man als Frau durch die Politik ein bestimmtes Ansehen hat	- weibliche Aufgabenzuweisung - positive Reaktion von Frauen - Ansehen durch die Politik gestiegen	
142	11	- nein, im Gegenteil, Ansehen ist gestiegen, Aufwertung erfahren	- Ansehen gestiegen, Aufwertung erfahren	
143	12 13	- ja, Nachbarin: Beruf, verheiratet, Sie haben ein Kind, das reicht - Vorurteil: Frau wähle ich nicht, die hat schon genug - wie machen Sie das bloß, wie schaffen Sie das bloß: Be- oder Verwunderung	- durch Nachbarin soziale Kontrolle - weibliche Aufgabenzuweisung - Be- und Verwunderung	
144	12	- ganz schön doof, daß Sie das machen (Zeitknappheit) - andererseits auch viel Neid: steht in der Zeitung, wie macht sie das bloß, wie kriegt sie das auf Reihe?	- Neid - Be- und Verwunderung	

Fall	S.	Aussagen	Bündelung/Zusammenfassung	Kategorien
161	9	- nein, immer positiv angekommen und akzeptiert worden	- immer akzeptiert worden	

8.1 Zusammenfassung:

Soziale Kontrolle

Alle Interviewten gaben an, durch Öffentlichkeit, Nachbarn, Freunde, Verwandschaft verstärkte soziale Kontrolle zu erfahren, seit sie ein Mandat übernommen haben. Jedoch wird diese soziale Kontrolle keineswegs immer als negativ empfunden. Es wird als ein positives allgemeines Interesse an der Person empfunden, in dem auch Neid - vor allem von Frauen - und Bewunderung über das, was man alles tut und schafft, hineinspielt. Einige Frauen gaben offen zu, durch die Politik eine Aufwertung erfahren zu haben, und daß ihr Ansehen in der Öffentlichkeit gestiegen ist. Es dürfte hier auch eine ganze Portion Eitelkeit der Kommunal-Politikerinnen als Motivationsantrieb eine Rolle spielen.

Beispiel: "Es muß auch mal gesagt werden, daß natürlich auch eine ganze Portion Eitelkeit bei diesen Kandidaturen dabei ist. Es ist schon schön, wenn man in der Zeitung steht und als Ratsherrin hervorgehoben wird und so weiter. Auch deswegen, das gebe ich ehrlich zu, mache ich es, auch das hebt ganz schön mein Selbstbewußtsein. Sollten alle Frauen mal machen. Es bringt mir persönlich ganz schön Befriedigung in dem Sinne, jemand zu sein, auf den man auch mal hört und dem sich eigentlich alle Türen öffnen. Die Männer wissen schon, warum sie die Frauen nicht lassen, sie möchten diese Privilegien ganz gerne behalten."

(Fall 121, S. 20)

Die Politikerinnen haben sich jedoch auch mit negativer sozialer Kontrolle bis hin zur üblen Nachrede auseinanderzusetzen. Dabei stehen im Mittelpunkt der Kritik vor allem

- das Verhalten als Hausfrau und Mutter und die entsprechende Aufgabenerfüllung

  und

- das Verhalten gegenüber dem Ehemann, der in der Regel als bedauernswert gilt, und der Umgang mit anderen Männern.

Im letzteren Fall sind es besonders die Ehefrauen dieser Männer, die die Kommunal-Politikerin leicht als Konkurrenz ansehen. Besonders alleinstehende Politikerinnen sind dieser Kontrolle verstärkt ausgesetzt.

Beispiel 1: "Das hat mich also neulich wahnsinnig geärgert auf unserem Ball. Da hat wirklich kein einziger Genosse mit mir getanzt, wirklich kein einziger. Weil sie alle ihre eigenen Frauen bei sich hatten. Das kann man sich doch nicht leisten, daß man bei irgendeiner großen Festlichkeit freundlichst da immer nur sitzt und kein Mensch rührt einen an! Also ich gehe nie wieder hin. ... Ja, wenn ihre Frauen dabei sind, verhalten die sich total anders, nicht mehr normal."

(Fall 144, S. 6)

Beispiel 2: "Meine Mutter hat z. B. gesagt, das kannst du nicht machen. Und Freunde haben auch gesagt, dein armer Mann. Alle Welt hat meinen Mann bedauert, was der für eine Frau hat, die da in der Kneipe sitzt und mit anderen Leuten diskutiert. Aber so was habe ich inzwischen auch weit hinter mir gelassen, weil ich eben seit 1979 alleine lebe. ... Wenn irgendwelche Veranstaltungen sind, wo üblicherweise Ehepaare hingehen, dann fragt keiner den Mann, wenn er alleine kommt, warum hast du denn deine Frau nicht mitgebracht, aber ich merke z. B., daß ich ausgesprochene Unsicherheitsgefühle bei anderen hervorrufe, wenn ich alleine zum Ball gehe. Ich habe das einmal gemacht und gebe auch zu, nicht wieder. ... z. B. die mitdaseienden Ehefrauen haben mich mit sehr viel Skepsis betrachtet und unentwegt darüber nachgedacht, ob nun wohl zwischen dem Fraktionsvorsitzenden und mir sich irgendwas angebahnt hat und daß er mit mir und so.

(Fall 112, S. 9)

Diese Beispiele machen deutlich, daß die soziale Kontrolle mit den tradierten Rollenerwartungen eng verknüpft ist. Selbst wenn die Frauen innerhalb ihrer Fraktion voll anerkannt sind, wird die Übernahme eines Ratsmandates in der Öffentlichkeit noch nicht als "normal", sondern als ein Einbruch in eine männliche Domäne angesehen.

9. Erlebte Diskriminierung

Fall	S.	Aussagen	Bündelung/Zusammenfassung	Kategorien
111	9	- negative Gespräche, Versuch, Kandidatur abzusagen, weil schwanger und Kleinkind, Familie - gefragt worden: wie verkraften das eure Männer - für Männer eine gesellschaftliche Aufwertung, "die armen Männer", Frauen vernachlässigen ihre Familie - wenn etwas in der Familie nicht so läuft, liegt es an der Frau, die ja im Rat ist - Frauen sind oft neidisch, würden es auch ganz gerne machen	- Versuche, von Kandidatur abzuhalten - Ratsfrauen vernachlässigen ihren Mann und ihre Familie, wenn Probleme auftauchen - Ratsfrauen werden von anderen Frauen beneidet	K1: Vorurteile gegen Ratsfrauen mit Familie: bei Problemen in der Familie wird die Ursache in der Ratstätigkeit der Frau gesehen, die sich durch ihre Ratsarbeit nicht genug um Mann und Kinder kümmert. K2: Unverheiratete Frauen erleben Diskriminierung hinsichtlich ihrer Männerbekanntschaften. K3: Generelle Diskriminierung ohne konkreten Anlaß durch das Vorurteil: Frauen haben keine Ahnung. K4: Die diskriminierenden Äußerungen gehen zum Teil unter die Gürtellinie und werden als starke nervliche Belastung empfunden. K5: Die Sensibilität der Ratsfrauen gegenüber diskriminierenden Äußerungen verringert sich im Laufe ihrer Tätigkeit.
112	8	- eigentlich nie erlebt - eher Digne, die belustigen, empfinde es nicht mehr diskriminierend, eher Blödheit der Männer	- Sensibilität gegen diskriminierende Äußerungen wird abgebaut	
113	8	- ja, oft erlebt - gemeine Äußerungen, dumme Anspielungen, auf dem niedrigsten Niveau	- Anspielungen und Äußerungen auf dem niedrigsten Niveau	

Fall	S.	Aussagen	Bündelung/Zusammenfassung	Kategorien
114	4	- nein, keine Erinnerung - persönliche Angriffe nie erlebt	- Diskriminierung nicht erlebt	K6: Diskriminierung äußert sich vor allem in - kürzerer Redezeit durch Vorsitzenden - Unruhe, wenn eine Frau redet - Zwischenrufe, böse und abfällige Bemerkungen - männliche Verhaltensweisen, z. B. laute Stimme K7: Mögliche Maßnahmen gegen Diskriminierungen: - selbstbewußt kontern - keine Schwächen zeigen, immer aufpassen - schlagfertig reagieren können - normalen Umgang mit Männern pflegen - Diskriminierung für andere transparent machen - Betroffenheit nicht anmerken lassen
115	12	- nein, weil persönlich zu selbstbewußt - liegt am Verhalten der Frau - ungezwungenes Verhältnis zu Männern - nicht die Eigenschaft der Männer übernehmen, sondern normaler Umgang	- durch selbstbewußtes, normales Verhalten Diskriminierung nie erlebt	
	13	- nicht besonders "weiblich" auftreten		
121	14	- Männerbeziehungen bei unverheirateten Frauen kompliziert - wie man es macht, ist es verkehrt - alles mögliche wird weiter verbreitet - übel genommen, daß ich mehr als einen Mann hatte, bei Männern ist das ganz toll	- bei unverheirateten Frauen wird mit zweierlei Maß gemessen, wenn es um Männerbekanntschaften geht	

Fall	S.	Aussagen	Bündelung/Zusammenfassung	Kategorien
		- mit zweierlei Maß gemessen - diskriminierende Äußerungen		
122	8	- ja, subjektive Erfahrungen - kürzere Redezeit vom Vorsitzenden im Ausschuß - einige Männer vertragen es nicht, wenn Frauen reden	- Diskriminierung durch kürzere Redezeit, Unruhe, Zwischenrufe, böse Bemerkungen	
	9	- Zwischenrufe, Unruhe, böse Bemerkungen "Sie sollten lieber zu Haus die Betten machen" - nervliche Belastung, macht ganz schön fertig - mit dem Beruf des Mannes tituliert "Pastorenfrau" - schlagfertig reagieren können - Diskriminierung für andere transparent machen		
123	14	- ja, aber mehr unbestimmte Dinge ohne konkreten Anlaß	- unterschwellige Diskriminierung ohne konkreten Anlaß	

Fall	S.	Aussagen	Bündelung/Zusammenfassung	Kategorien
		- am Anfang sehr sensibel reagiert, inzwischen Sensibilität abgebaut	- Sensibilität abgebaut	
	15	- als Frau um Ausschußvorsitz Bundesbauförderung beworben, für Männer unbegreiflich		
124	7	- ja: erste Ratssitzung als Bürgermeisterin, nicht die Führung akzeptiert - auf Festen mit männlicher Stimmgewalt zum k.o. bringen - keine Schwäche zeigen, immer aufpassen	- als Bürgermeisterin nicht akzeptiert - Diskriminierung durch männliches Verhalten - keine Schwächen zeigen	
131	9	- nein, eher im Gegenteil	- keine Diskriminierung	
132	8	- nein, keine Diskriminierung - vielleicht mal abfällige Bemerkung	- abfällige Bemerkungen werden nicht als Diskriminierung empfunden	
141	8	- ja, weil ich Frau war und man einfach gemeint hat, ich hätte keine Ahnung, Anlaß: Straßenbau, keine Fachkenntnisse - anfangs: Störungen und Einwürfe bei Reden	- Vorurteil: als Frau hat man keine Ahnung - Störungen und Einwürfe bei Reden - selbstbewußt reagieren	

Fall	S.	Aussagen	Bündelung/Zusammenfassung	Kategorien
	9	- 1. Sitzung als Ausschußvorsitzende: keine Anerkennung der Männer, starke Störungen - entsprechend kontern, dann ist Ruhe		
142	7	- nein, nie - eigentlich immer Wohlwollen und Anerkennung, weil mit den Männern zusammengearbeitet	- volle Anerkennung bei den Männern, weil immer mit ihnen zusammengearbeitet	
143	8	- oft Kleinigkeiten - als Frau wird man in Sozialausschuß gesetzt, statt in den Planungsausschuß - unterschwellige Diskriminierung, keine bösartige	- unterschwellige Diskriminierung	
144	7	- nein, nie - Problem: unverheiratete Frau; Männer, die ihre Frau mithaben, tanzen nicht mit ihr; Frage: Bin ich überhaupt für die eine Frau? - man vermännlicht irgendwo, Politik verändert	- keine Diskriminierung als Frau - Politik vermännlicht	

Fall	S.	Aussagen	Bündelung/Zusammenfassung	Kategorien
	9	- wegen der Herkunft (bürgerlich) diskriminiert worden bei der Ausschußbesetzung als Vorsitzende		
161	7	- in der Partei nie - im Rat am Anfang	- Diskriminierung erlebt	

9.1 Zusammenfassung:

Erlebte Diskriminierung

Von den 16 Interviewten gaben fünf Frauen an, Diskriminierung nie erlebt zu haben. Zwei von diesen 5 Frauen gaben an, eher das Gegenteil erlebt zu haben, nämlich "Wohlwollen und Anerkennung". Der Grund hierfür wurde von einer Frau darin gesehen, daß sie immer gut mit den Männern zusammengearbeitet habe.

Elf Frauen gaben an, Diskriminierung in verschiedenen Abstufungen erlebt zu haben. Folgende Kategorien von Diskriminierung ergeben sich aus den Berichten:

1. Offene Diskriminierung

   Sie äußert sich vor allem (aber nicht nur) während der Rats- und Ausschußarbeit in

   - kürzeren Redezeiten für Frauen durch den Vorsitzenden,
   - Unruhe, wenn eine Frau redet,
   - Zwischenrufe und böse, abfällige Bemerkungen,
   - Ausspielen der Männlichkeit, z. B. Übertönen durch starke Stimme.

Beispiel 1: "Wenn ich im Rat rede, denke ich schon, daß die Männer aufmerksam zuhören. Aber es gibt mehr Zwischenrufe sicher als bei Männern. Aber das ist ja wohl die Beobachtung, die wir da alle so machen. Also ein Mann sagte: Sie sollten man lieber zu Hause die Betten machen ..."

(Fall 122, S. 9)

2. Diskriminierung aufgrund von gängigen Rollenmustern

   Hierbei handelt es sich um generelle Diskriminierungen, die sich in Vorurteilen manifestieren:

   - als Frau hat man keine Fachkenntnisse (z. B. Straßenbau),
   - als Frau ist man zuerst für die Familie verantwortlich; dieses kommt besonders bei familiären Problemen zu Tragen,
   - an Frauen werden höhere moralische Anforderungen gestellt, wenn es um Männerbekanntschaften geht; es wird mit zweierlei Maß gemessen,

- die Männer der Ratsfrauen werden von ihren Geschlechtsgenossen vielfach bemitleidet, z. T. ebenfalls diskriminiert.

Beispiel 1: "Ja, weil ich Frau war und weil man einfach gemeint hat, da hätte man keine Ahnung von. Und zwar ging es da um Straßenbau. Ist ja eine Sache, da dürfen Frauen ja gar keine Fachkenntnisse haben! Obwohl die Ratsherren, die da mitentscheiden, noch weniger Fachkenntnisse haben. Da bin ich mal so richtiggehend angegriffen worden, nur kann ich kontern!"

(Fall 141, S. 8)

Beispiel 2: "Und das schlimmste war eigentlich, als ich dann im Rat war - und die Frage ist nicht nur mir gestellt worden, sondern meiner Ratskollegin auch - wir wurden ja gefragt, ob unsere Männer das verkraften können, daß wir in den Rat gehen. Und das fand ich nun allerdings so schlimm! Denn ich meine, welche Frau wird gefragt, wenn der Mann in den Rat geht, ob sie das denn verkraften kann. Weil es gesellschaftlich angeblich eine Aufwertung wäre und ob der Mann damit fertig würde! ... Dinge, die ganz normal sind, Z. B. wenn ein Kind mal eine 5 schreibt, die werden automatisch dir angelastet, weil du dich ja um deine Kinder nicht kümmerst. Oder wenn das Kind mit dreckigen Hosen rumläuft, dann liegt es nur daran, weil die Mutter sich ja nicht kümmert, die ist ja im Rat! Das wird hochgespielt. Und das wird von den Ratskollegen immer sehr gut beobachtet."

(Fall, 111, S. 9)

3. Unterschwellige Diskriminierung

Sie findet ohne konkreten Anlaß statt und kann von den Frauen daher nicht genau bestimmt werden. Es handelt sich meist um subjektive Empfindungen: ich bin nicht gewählt worden, weil sie keine Frau wollen! Da dieses nicht offen geäußert wird, kann von den Frauen nur schwer damit umgegangen werden.

Beispiel 1: "... und dann noch eine Frau bin und selbstbewußt und das kann ihm natürlich ganz gefährlich werden. Wir werden so lange akzeptiert, wie wir den Männern keine Konkurrenz machen. Er erkennt meine

Konkurrenz und deshalb glaube ich nicht, egal wie diese Kommunalwahl ausgeht, ich werde nicht wieder stellvertretende Fraktionsvorsitzende, ich kriege auch keinen Ausschußvorsitz."

(Fall 144, S. 10)

<u>Beispiel 2:</u> "... es sind so oft Kleinigkeiten, oder Dinge wie die Tatsache, daß man also im Sozialausschuß eingesetzt wird und erst gar nicht daran gedacht wird, daß ich vielleicht in den Planungsausschuß möchte, das empfinde ich z. B. als unterschwellige Diskriminierung."

(Fall 143, S. 8)

Diese Diskriminierungen werden von den Frauen als starke nervliche Belastung empfunden. Mit zunehmender zeitlicher Erfahrung entwickeln die Frauen eigene Techniken, diesen Diskriminierungen zu begegnen; das geht vom schlagfertigen Kontern bis zum bewußten Ignorieren. Im Laufe ihrer Ratstätigkeit scheint sich die Sensibilisierung der Frauen gegenüber diskriminierenden Äußerungen zu verringern oder aber sie werden nicht mehr so ernst genommen. Sie werden z. T. unter der Rubrik "Humoreske" abgelegt und gehen nicht mehr so "unter die Haut".

<u>Beispiel:</u> "Ich habe schon eine gewisse "Toleranzschwelle" entwickelt, wo ich sage, na ja, das nehme ich schmunzelnd hin und da sage ich überhaupt nichts. ... Ich will mal sagen, nicht die Empfindsamkeit als solche hat sich geändert, aber die Revolte dagegen. Oder das man sich dagegen auflehnt. Ich betrachte es oft nur noch als humoristisch und schmunzle darüber, aber es tut mir nicht weh, oder ich lehne mich nicht dagegen auf. Also die Toleranzschwelle, die hat schon bewirkt, daß ich ein dickeres Fell bekommen habe. Das muß man, sonst hält man es nicht aus" Das ist einfach nötig."

(Fall 143, S. 8)

10. Stellenwert der Kommunalpolitik

Fall	S.	Aussagen	Bündelung/Zusammenfassung	Kategorien
111	13	- positiv: Entscheidungen sofort überprüfbar, unmittelbarer Kontakt zum Bürger, sieht sofort Reaktionen - Landespolitik ist so weit weg, Landtagsabgeordnete kennt keiner - als Kommunalpolitiker wird man für alles verantwortlich gemacht, auch für Land und Bund - man kennt den Kommunalpolitiker, auch als Vertreter der Partei - du bist für die Leute, für alles verantwortlich und bekommst für alles die Schläge	- der unmittelbare Kontakt zum Bürger beinhaltet positive und negative Kritik der getroffenen Entscheidungen - der Bekanntheitsgrad des Kommunalpolitikers ist hoch - die Verantwortlichkeit gegenüber dem Bürger ist hoch	K1: Die kommunalpolitische Tätigkeit hat einen hohen Stellenwert, weil sie - den unmittelbaren Kontakt zum Bürger beinhaltet - den Bekanntheitsgrad und und das Ansehen des Kommunalpolitikers erhöht - große Verantwortung für die Probleme der Menschen am Ort mit sich bringt - dadurch interessant und erlebnisreich ist - die Lebensqualität für den Bürger beeinflußt
112	10	- im Umbruch; Überschätzung der Möglichkeiten in der Kommunalpolitik - Kommunalpolitik = starke Verwaltungsangelegenheit - Rat als Gesamtheit nicht sehr stark	- Kommunalpolitik wird in der Praxis von der Verwaltung dominiert - Kompetenz des Rates zu gering - enge Anbindung an Menschen vor Ort	K2: Kommunalpolitik ist überschaubar und kontrollierbar und ist als Lernfeld und Erfahrungsfeld für komplexere politische Systeme geeignet

Fall	S.	Aussagen	Bündelung/Zusammenfassung	Kategorien
		- einige starke Persönlichkeiten - Kommunalpolitik für Menschen vor Ort sehr wichtig, Umsetzen schwierig, starke Verwaltung		K3: Im Verhältnis zur "großen" Politik wird Kommunalpolitik zwar als wichtig für das "gute Leben" der Bürger gesehen, jedoch sind die Kompetenzausstattung und die Handlungsmöglichkeiten zu gering; die Verwaltung dominiert K4: Im Sinne von Politik als Machtausübung, Konfliktträchtigkeit und Kompromißfähigkeit wird Kommunalpolitik hier eingeordnet; Kommunalpolitik setzt die große Politik vor Ort um K5: Kommunalpolitik findet grösseres Interesse bei den Bürgern als Landes- oder Bundespolitik. Ebenso steht der Kommunalpolitiker mehr im Lichte der örtlichen Öffentlichkeit als Abgeordneter auf Landes- oder Bundesebene
113	9	- viel Kleinarbeit, die geleistet wird - konkrete Dinge, Kindergärten, Jugendheime usw. - wichtig, gute Kommunalpolitik zu machen - Kommunalpolitik ist Politik und sehr wichtig - Schwierigkeiten in der Durchsetzung mit der Verwaltung	- Kommunalpolitik ist geprägt von viel Kleinarbeit - Kommunalpolitik ist Politik - Durchsetzungsschwierigkeiten gegenüber der Verwaltung	
114	8	- außerordentlich wichtig - besonders interessant - schön zum Anfassen, hautnah - Identifikation mit den Problemen vor Ort	- Kommunalpolitik ist wichtig für den Bürger - Identifikation mit den Problemen vor Ort - interessant und erlebnisreich, Spaß	

Fall	S.	Aussagen	Bündelung/Zusammenfassung	Kategorien
		- bewegende Erlebnisse	- Kommunalpolitik als Lernfeld für Arbeitstechniken und Methoden der "großen Politik"	
		- Landes- und Bundespolitik in die Ferne gerückt		
		- nur Papierform	- Kommunalpolitik bedeutet Konflikte austragen und Kompromisse machen	
		- macht nicht so viel Spaß		
	9	- Arbeitstechniken, Methoden, das gleiche wie im Großen		
		- Kommunalpolitik muß man lernen, dann Erfahrung ohne weiteres übertragbar auf Landes- und Bundesebene		
		- Konfliktsituationen auch auf kommunaler Ebene		
		- macht Spaß		
		- man muß sich um jede Sache bemühen		
		- man kann Einfluß nehmen		
		- viele Kompromisse werden gemacht		

Fall	S.	Aussagen	Bündelung/Zusammenfassung	Kategorien
115	10	- Landtagsabgeordnete kennt keiner	- hoher Bekanntheitsgrad des Kommunalpolitikers	
		- Probleme müssen für den Bürger optimal gelöst werden	- Politik für den Bürger	
	8	- Schwierigkeiten mit der Durchsetzbarkeit gegenüber der Verwaltung	- Durchsetzungsschwierigkeiten gegenüber der Verwaltung	
121	7	- kommunalpolitische Erfahrungen unheimlich wichtig	- Kommunalpolitik als Lernfeld für Politik	
		- man kann eine Menge lernen, Haushaltsrecht u. a.	- Kommunalpolitik stärkt das Selbstbewußtsein	
	8	- stärkt das Selbstbewußtsein		
122	11	- Kommunalpolitik wichtiger als Landespolitik	- größeres Interesse der Bürger für Kommunalpolitik	
		- Bürger weiß von Landespolitik zu wenig		
		- Landtagsabgeordneter kaum bekannt		
		- größeres Interesse für Kommunalpolitik		
		- Bundespolitik am wichtigsten		

Fall	S.	Aussagen	Bündelung/Zusammenfassung	Kategorien
123	16	- Kommunalpolitik gleichbedeutend mit Bundespolitik - Landespolitik kein gutes Verhältnis: gegen Separatismus, Einheitlichkeit geht verloren - Kommune, wie auch die Familie, eine Einheit	- Kommunalpolitik ist so wichtig wie Bundespolitik - Kommune als soziale Einheit	
124	7	- Kommunalpolitik = harte Politik, mit harten Bandagen gekämpft, des Vorteils wegen gearbeitet	- Kommunalpolitik ist "harte" Politik - der eigene Vorteil wird gesucht	
131	10	- sehr hohen Stellenwert - bedingt durch das eigene Engagement - wenn es in der Kommune nicht funktioniert, funktioniert es auch höher nicht - Kommunalpolitik im höchsten Maße politisch - das Leben der Bürger, sollen sich wohlfühlen in ihrer Stadt	- Kommunalpolitik ist staatstragend - Kommunalpolitik ist politisch - für den Bürger wichtig	

Fall	S.	Aussagen	Bündelung/Zusammen assung	Kategorien
		- insgesamt für den Staat von großer Bedeutung		
132	6	- Reiz: Kontakt zu Leuten - andere Probleme kennenlernen - sich einsetzen können für andere - Leute kennen einen besser	- hoher Bekanntheitsgrad des Kommunalpolitikers - Kommunalpolitik ist wichtig für den Bürger - zu wenig Kompetenz für Kommunalpolitiker	
	9	- wenig Kompetenzen, Entscheidungen fallen höher - "eigentliche Politik" wird auf Landes- oder Bundesebene gemacht	- geringe Handlungsmöglichkeiten	
141	9	- für die Menschen der wichtigste Faktor - durch persönliches Engagement die wichtigste Stufe - Gesetze werden aber auf Bundesebene gemacht, dadurch Auswirkungen auf die unterste Basis - Kommunalpolitik ist Politik	- Kommunalpolitik für die Menschen sehr wichtig - Kommunalpolitik ist Politik - Eigenvorteile durch Kommunalpolitik gesucht - eingeschränkte Kompetenz der Kommunalpolitiker	

Fall	S.	Aussagen	Bündelung/Zusammenfassung	Kategorien
	10	- Kommunalpolitiker arbeiten z. T. für ihre eigenen Vorteile (Bauland, Geschäfte)		
142	8	- für Lebensqualität sehr wichtig - große Entscheidungen fallen auf Bundesebene - Kommunalpolitik eher Kompromisse, Gemeinsamkeiten	- Kommunalpolitik für Lebensqualität wichtig - Kommunalpolitik bedeutet Kompromisse, Gemeinsamkeiten	
143	11	- Kommunalpolitik sehr wichtig - auf Bundesebene kann nur das betrieben werden, was vor Ort umsetzbar ist - wichtig, daß der untere Bereich im Einklang mit dem oberen ist (gleiche Partei)	- wichtig - Kommunalpolitik setzt große Politik vor Ort um	
144	10	- möchte nicht Bundestagsabgeordnete oder Landtagsabgeordnete sein - in Kommunalpolitik wenig zu bewegen - Stadt mitzugestalten ist toll	- zu geringe Kompetenz - wichtig für Politik vor Ort - kontrollierbar, überschaubar - Ansehen wächst	

Fall	S.	Aussagen	Bündelung/Zusammenfassung	Kategorien
	11	- Kommunalpolitik ist auch Macht - Kommunalpolitik ist überschaubar, näher vor Ort - Kommunalpolitik kontrollierbar - Kommunalpolitik läßt einen nicht mehr los - Ansehen wächst, obwohl Bekanntheitsgrad oft überschätzt wird		
161		- ---		

10.1 Zusammenfassung:

Stellenwert der Kommunalpolitik

Zu unterscheiden ist hier die Einschätzung und Einordnung der Kommunalpolitik in das politische System und die Gewichtung der Auswirkungen kommunalpolitischer Entscheidungen für den Bürger in der Kommune.

Zum einen wird Kommunalpolitik als staatstragend in dem Sinne gesehen, daß sie die sogenannte "große Politik" vor Ort umsetzen muß in konkrete Handlungen, z. B. die Sparpolitik auf Bundes- und Landesebene wird in der Kommune spürbar durch erhöhte Soziallasten und verminderte Finanzmittelzuweisungen für investive Maßnahmen, aber staatstragend auch im Sinne von Demokratie von unten.

Beispiel 1: "Ich meine, wenn wir jetzt an die Menschen denken, die hier in unserem Bereich wohnen, meine ich, die Kommunalpolitik ist der wichtigste Faktor. Bloß, die Bundesregierung macht ja die Gesetze, die ja für den Lebensstandard der Menschen zuständig sind, also kann für mich praktisch nur das oberste Gremium die Bundesregierung sein."

(Fall 141, S. 9)

Beispiel 2: "Letztendlich bin ich der Meinung, daß auf Bundesebene nur das betrieben werden kann, was im Grunde vor Ort verwirklicht werden kann. ... Es ist also schon wichtig - und jeder kämpft für seinen Bereich - daß der untere Bereich im Einklang ist mit den aufbauenden Bereichen."

(Fall 143, S. 11)

Nach Aussage aller Interviewten stellt sich die Kommunalpolitik für den Bürger wesentlich direkter, überschaubarer und kontrollierbarer dar, als Landes- oder Bundespolitik. Ebenso verhält es sich mit dem Bekanntheitsgrad und dem öffentlichen Ansehen der in der Kommunalpolitik handelnden Personen. Dieses bedeutet jedoch auch, daß Kommunalpolitiker mit der Zustimmung oder Ablehnung der getroffenen Entscheidungen der Bürger unmittelbar konfrontiert werden und damit vermehrt der öffentlichen, direkten Kritik ausgesetzt sind.

Beispiel 1: "Also, ich mag Kommunalpolitik sehr gern, weil, du kannst eigentlich sämtliche Entscheidungen sofort überprüfen, überprüfen lassen durch den Bürger. Du bist eigentlich auch immer in unmittelbarem Kontakt zu ihnen und du siehst auch sofort Reaktionen ... Du wirst als Kommunalpolitiker für alles verantwortlich gemacht. Ob das im Land ist oder im Bundestag, egal, die rufen mich an und die kennen auch die Unterschiede nicht. ... Du hast zu verantworten, du hast alles zu wissen und du kriegst auch die Schläge für alles."

(Fall 111, S. 13)

Diese Tatsache wird aber auch von den Frauen als motivierend für ihre Tätigkeit angesehen, weil dadurch eine größere Identifikation mit den Problemen vor Ort gegeben ist und wird als der Faktor bezeichnet, der die Arbeit interessant, erlebnisreich und hautnah nachvollziehbar macht.

Kommunalpolitik wird von den Interviewten nicht nur als Feld zu Harmonisierung des Zusammenlebens innerhalb relativ eng bemessenen regionalen Abgrenzungen einer sozialen Einheit gesehen, sondern durchaus als "harte" Politik im Sinne von Machtausübung, Interessengegensätzen, Konfliktträchtigkeit, aber auch Kompromißfähigkeit empfunden.

Beispiel: "Normal ist es also auch Politik und da wird auch mit harten Bandagen gekämpft und da wird also auch um des Vorteils wegen gearbeitet. Das ist so und das bringt eben auch die Härte in die kommunalen Parlamente hinein."

(Fall 124, S. 7)

Als Belastung für die Erledigung der kommunalpolitischen Aufgaben wird die mangelnde Kompetenzzuweisung innerhalb des politischen Systems angegeben und vor allem die dominierende Rolle der Verwaltung, die zu Durchsetzungsschwierigkeiten der getroffenen Gremienentscheidungen führt.

Beispiel: "Ich glaube, Kommunalpolitik ist wichtiger als Landespolitik, aber ich halte die Wirkungsmöglichkeiten des Einzelnen in der Kommunalpolitik für geringer als es scheint. ... Kommunalpolitik ist einfach eine ganz starke Verwaltungsangelegenheit. ... Ich erlebe die Verwaltung als eine sehr, sehr starke Macht und dann erlebe ich einige wenige Politiker als außerordentlich stark, ich erlebe aber den Rat als Gesamtheit nicht als besonders stark. Ich denke, es müßte politisch weitergehende Kompetenzen geben, stärkere Kontrollrechte auf die Verwaltung, Sanktionsmöglichkeiten, die ausgeübt werden könnten. ... Nur, wenn ein Beschluß gefaßt wird und die Verwaltung setzt sich drauf und nach einem Jahr fragen wir nach, ob das nun freundlicherweise mal in Angriff genommen wird und sie sagen nein, und dann ist es zu Ende, dann können wir zwar reden und schimpfen, dann finde ich das ziemlich frustrierend, wie eng das gezogen ist."

(Fall 112, S. 10)

Kommunalpolitische Mandatsübernahme wird als wichtige Erfahrungsbasis und als Lernfeld für politische Tätigkeiten auch für höher angesiedelte Gremien benutzt.

Beispiel: "Es ist im Grunde das Kleine. Ich vermute, daß die Arbeitstechniken, die Methoden sich gleichen. Man kann, wenn man Kommunalpolitik gelernt hat, und das muß man ja richtig lernen, dann kann man auch ohne weiteres diese Erfahrungen auf die Landes- oder Bundespolitik übertragen. Die Zahlen sind größer, aber im Endeffekt ist es das gleiche. Also, ob es um einen Tausendmarkschein geht oder um Millionen geht - die Konfliktsituation haben wir hier auch."

(Fall 114, S. 9)

11. <u>Unterstützung durch Vereine, Verbände usw.</u>

Fall	S.	Aussagen	Bündelung/Zusammenfassung	Kategorien
111	11	- großer Freundeskreis	- durch Freundeskreis	K1: Die aktive Mitarbeit in Vereinen wird aus folgenden Gründen abgelehnt, bzw. für nicht wichtig erachtet: - keine Zeit für intensive Vereinsarbeit - innere Sperre gegen Vereinsarbeit ("Vereinsmeierei") - Zweifel, daß Vereinsarbeit sich auf den Stimmenanteil positiv auswirkt K2: - Für Frauen ist es besonders wichtig, in den Verbänden mitzuarbeiten und nach Möglichkeit in den Vorständen respektiert zu sein, weil - der Bekanntheitsgrad in der Öffentlichkeit dadurch steigt - die Unterstützung bei anstehenden Wahlen oder der Durchsetzung von Anliegen gegeben ist.
112	11	- nein, keine festgefügten Gruppen - Einzelpersonen, die in anderen Bereichen angebunden sind	- über Einzelpersonen	
113	9	- nein, in Vereinen überhaupt nicht tätig, auch nicht Mitglied - sehr guten Draht zu Sportvereinen - sehr guten Kontakt zum Altenkreis - tätig in der AWO und im Gartenverein - keine besondere Unterstützung	- nicht Mitglied in einem Verein - gute Kontakte zu Vereinen - keine besondere Unterstützung	
114	11	- nein, nichts dergleichen - kann das nicht, will das nicht - Vereine liegen mir nicht	- bewußt in keinem Verein - Wirkung der Vereine in bezug auf Stimmenzahl wird bezweifelt	

Fall	S.	Aussagen	Bündelung/Zusammenfassung	Kategorien
		- Zweifel, daß durch Vereine usw. große Stimmenzahlen zustande kommen		
115		- ---		
121		- ---		
122	8	- Kirchenvorstand	- Kirche	
123	16	- nein, (Gewerkschaften eingeschränkt)	- nein	
124	14	- Mitglied in allen Vereinen, in etlichen Vorständen, entsprechende Unterstützung - Unterstützung durch die IG-Metall	- Mitglied, z. T. im Vorstand in allen Vereinen und der IG-Metall - entsprechende Unterstützung	
131	11	- nein, gar nicht, in keinem Verein Mitglied (überhaupt kein sozial engagierter Mensch)	- nein, nirgendwo Mitglied - Zweifel an positiver Unterstützung durch Vereine	
	12	- Männer, die glauben, weil sie in vielen Vereinen sind, daß sie dann auch unterstützt werden, überschätzen sich ungeheuer		

Fall	S.	Aussagen	Bündelung/Zusammenfassung	Kategorien
132	11	- Bürgerinitiative = Unterstützung	- Unterstützung durch Vereine, Bürgerinitiativen	
		- Sportvereine, Lebenshilfe, Reichsbund		
141	5	- Vorsitzende der AWO, dadurch hoher Bekanntheitsgrad	- hoher Bekanntheitsgrad durch Vorsitz in der AWO	
	6	- Funktionen in den Vorständen wichtig, um bekannt zu werden	- Vorstandsfunktionen wichtig in bezug auf Bekanntheitsgrad	
142		- ---		
143	15	- nein, in keinem Verein, kein Vereinstyp	- nein, in keinem Verein	
		- bin totaler Individualist		
144	12	- Kirche, eingeschränkt	- Kirche, eingeschränkt	
161		- ---		

11.1 Zusammenfassung:

Unterstützung durch Vereine, Verbände u. ä.

Die Mehrzahl der interviewten Frauen (9 von 12) gab an, keine oder nur unwesentliche Unterstützung durch Vereine oder Verbände zu erhalten und auch nicht aktiv in Vereinen mitzuarbeiten. Begründet wird diese Inaktivität bezüglich Vereinsarbeit zum einen mit der fehlenden Zeit für zusätzliche Aufgaben, zum anderen wird es bewußt abgelehnt, weil man "Vereinsmeierei" nicht will.

Darüber hinaus werden Zweifel angeführt, daß die Vereinstätigkeit dem Stellenwert entspricht, der ihr in bezug auf Wahlerfolge zugeschrieben wird.

Beispiel 1: "Die noch Mitkandidierenden sind alles gestandene Männer, Gewerkschaftler der eine, ehemaliger Landtagsabgeordneter, tausend Vereine, Vorsitzender von XYZ. Etwas, was mir überhaupt nicht liegt. Ich will das ganz bewußt nicht."

(Fall 114, S. 11)

Beispiel 2: "Die Männer, die in vielen Vereinen sind und so weiter und glauben, dann auch von da gewählt zu werden, die überschätzen sich ungeheuer. Das kann man nachvollziehen. Das wird wirklich überschätzt. Das wird genauso überschätzt, wie die Frau mit ihrer Frauenvereinigung. Ich habe das bei meinem eigenen Stimmenergebnis das letzte Mal festgestellt, ich bin nicht in einem einzigen Verein."

(Fall 131, S. 12)

Drei Frauen gaben eine aktive Mitarbeit in Vereinen an und sehen diese als äußerst wichtig an, weil dadurch der Bekanntheitsgrad und die Wahlchancen steigen.

Beispiel: "Bei der Persönlichkeitswahl suchen die Leute sich die aus, die sie kennen ... Ja, dann guck dich doch mal um in Vereinen: wer hat den Vorsitz, die Männer, die Arbeit machen die Frauen ... Und das finde ich ungerecht. Das sollten die Frauen, die auch die Arbeit machen, die sollten auch die Positionen einnehmen. ... Und eben durch diese Funktionen, die diese Männer dann in vielen Bereichen innehaben, sich da vorne hinstellen und ihre Begrüßungsreden halten, da werden sie gesehen und ach ja, der hat ganz gut gesprochen, den wählen wir."

(Fall 141, S. 5/6)

Diese Einstellung entspricht dem Aufstiegsmuster für politische Karrieren (siehe S. 37 f.). Interessant dabei ist, daß zwei der drei Frauen bereits ein Landtagsmandat angestrebt haben und die dritte Frau selbst Vorsitzende eines sozialen Verbandes ist.

12. Zufriedenheit mit Ratsarbeit

Fall	S.	Aussagen	Bündelung/Zusammenfassung	Kategorien
111	13	- macht noch Spaß, weil interessantes Arbeitsgebiet (Jugendarbeitslosigkeit) - unzufrieden, weil der Bereich nicht den notwendigen Stellenwert in der Fraktionsarbeit hat - nicht genügend Unterstützung	- interessantes Arbeitsgebiet - unzufrieden wegen zu geringer Anerkennung des Sachbereiches - zu geringe Unterstützung	K1: Frauen sind mit Ratsarbeit zufrieden - bei interessanten Aufgabenzuweisungen - bei Anerkennung ihrer Arbeit - weil der Bekanntheitsgrad steigt - weil das Selbstbewußtsein gestärkt wird K2: Unzufriedenheit wird begründet mit - zu geringer Anerkennung des zugewiesenen Aufgabengebietes - zu geringer Unterstützung und Informationen durch Fraktion und Partei - zu starkem Fraktionszwang - Zeitmangel und Überbelastung
112	11 12	- nicht zufrieden; Erklärung: durch Nachrücken waren die Funktionen im Fachbereich bereits vergeben = Sprecherunwesen - in 2 1/2 Jahren aus der Statistenrolle nicht rausgekommen	- unzufrieden wegen mangelnder Aufgabenzuweisung	
113	10	- Jugendwohlfahrtsausschuß macht Spaß, was Greifbares, Soziales - Finanzausschuß unbefriedigend, nichts Greifbares, nur Zahlen, muß Kontakt mit Menschen haben - insgesamt Ratsarbeit nicht voll befriedigend	- unzufrieden wegen Fraktionszwängen	

Fall	S.	Aussagen	Bündelung/Zusammenfassung	Kategorien
		- muß Entscheidungen mittragen, wo ich gerne dagegenstimmen möchte (Fraktionszwang)		
114	6	- mache Ratstätigkeit furchtbar gern, macht mir riesig Spaß - gebe aber nicht mein ganzes Herzblut rein - suchen von Mehrheiten für einzelne Vorhaben macht Spaß	- sehr zufrieden	
115		- ---		
121	21	- es ist schön, bekannt zu sein, als Ratsherrin in der Zeitung zu stehen - stärkt mein Selbstbewußtsein - jemand sein, auf den man auch mal hört, dem sich alle Türen öffnen - bringt persönliche Befriedigung	- zufrieden - persönliche Betätigung - stärkt das Selbstbewußtsein	
122	11	- es gibt noch eine Menge, was man tun könnte, aus zeitlichen Gründen nicht machbar	- unzufrieden wegen Zeitmangel	

Fall	S.	Aussagen	Bündelung/Zusammenfassung	Kategorien
123	16 17	- nein, nicht zufrieden Grund: zu hohe Belastung; beruflich zu sehr angespannt Zeit zur Entspannung, zum Auftanken zu kurz; keine Zeit, sich aktiver zu kümmern; keine Möglichkeit der Selbstbesinnung - kandidiere nicht wieder, reicht mir - Verlust und Vernachlässigung anderer Fähigkeiten	- unzufrieden wegen Überbelastung - kandidiert nicht wieder	
124	14 15	- insgesamt mit Ratsarbeit zufrieden - als Einzelkämpferin ein schweres Los, aus der Situation bedingt - blicke vorwärts, bedeutet viel Arbeit - wenig Zeit für andere Interessen	- zufrieden	
131	12	- ja, rundum zufrieden - richtig glücklich über diese Tätigkeit	- zufrieden und glücklich	

Fall	S.	Aussagen	Bündelung/Zusammenfassung	Kategorien
		- macht mir ungeheuer viel Spaß - nicht enttäuscht, wenn etwas nicht sofort gelingt - bin nicht auf irgendetwas angewiesen - bin völlig frei		
132	12	- nicht ganz zufrieden - es geht alles zu langsam - keinerlei Hilfe von der Partei bei der Einarbeitung in neue Bereiche - Unzufriedenheit mit der Verwaltung - als Allround-Kämpfer überfordert	- unzufrieden wegen mangelnder Unterstützung von Partei und Verwaltung	
141	11	- zufrieden kann man nie sein - Wunsch: mehr Leute im Rat, die auch mal was tun wollen und nicht nur den Titel haben wollen	- nicht zufrieden	

Fall	S.	Aussagen	Bündelung/Zusammenfassung	Kategorien
142	10	- insgesamt zufrieden - man hätte mehr Zeit haben müssen - es ist für mich einfach nicht mehr zu schaffen - zeitlich nicht mit meinem Beruf vereinbar	- zufrieden, aber Zeitmangel - kandidiert nicht wieder	
143	13	- Verlust des Mandats wäre keine Tragödie	- zufrieden, macht Spaß, spannend	
	14	- Beruf ist immer noch die Hauptsache - mir macht die Arbeit Freude - finde ich sehr interessant - hat meinem Leben eine zusätzliche Dimension gegeben - Dynamik und Ratsarbeit ist unwahrscheinlich spannend und kribbelnd und faszinierend		
144	13	- ja, macht Spaß, vor allem die Ausschußarbeit	- zufrieden, macht Spaß	

Fall	S.	Aussagen	Bündelung/Zusammenfassung	Kategorien
161	10	- im großen und ganzen zufrieden - am Anfang interessanter, weil noch nicht formalisiert	- zufrieden	

12.1 Zusammenfassung:

Zufriedenheit mit Ratsarbeit

Zusammenfassend läßt sich feststellen, daß die Zufriedenheit mit der Ratsarbeit wesentlich mit den Aufgabenstellungen und den Funktionen in der Fraktion zusammenhängt. Ist der zugewiesene Arbeitsbereich den Interessen der Frauen entsprechend, scheint auch der erforderliche Zeitaufwand für die Frauen nicht unangemessen zu sein. Zwei Frauen gaben an, aus Zeitmangel, zu hoher Belastung und aus Unvereinbarkeit mit Berufstätigkeit nicht wieder kandidieren zu wollen.

Die Aussagen der Frauen machen deutlich, daß sie nicht bereit sind, nur "Mitläufer" zu sein, sondern inhaltlich arbeiten, etwas bewegen und mitbestimmen wollen.

Beispiel: "Aber in meinen Fachbereichen z. B. habe ich nicht viel zu melden, weil da alles schon verteilt war. ... und die weiteren Mitglieder im Ausschuß, die haben eigentlich nur so eine Statistenrolle ... Und das habe ich als unbefriedigend empfunden ... Also, ich möchte nichts Formales unbedingt sein, aber ich möchte mehr Einwirkungsmöglichkeiten haben und ich möchte auch für mich eine bessere Basis finden, von der aus ich arbeiten kann, an mehr Informationen z. B. rankommen, weil auch immer die Sprecher nur diejenigen sind, die auch wirklich informiert werden ... aber wenn es dann so ist, daß nur die informiert werden, dann will ich, verdammt nochmal, Sprecherin werden.

(Fall 112, S. 12)

13. Ökonomische Unabhängigkeit der Frauen

Fall	S.	Aussagen
111	14	- wichtig
		- am schlimmsten ist die Gruppe dran, die finanziell von ihrem Mann abhängig ist
	15	- wird als Druckmittel verwendet, nicht politisch aktiv zu werden
112		- ---
113		- ---
114		- ---
115	12	- finanzielle Unabhängigkeit sehr wichtig, macht freier, unabhängiger gegenüber anderen
121		- ---
122	12	- mindestens sehr wichtig
		- eigenes Einkommen bedeutet mehr Selbstbewußtsein
		- für das Selbstbewußtsein der Frau ist es wichtig
123	18	- ist von untergeordneter Bedeutung
124		- ---
131	13	- halte ich nicht für wichtig
132		- ---
141		- ---
142	5	- ja, halte ich persönlich für wichtig
		- freue mich über Entgeld für den riesigen Zeitaufwand
143	16	- ja, wichtig
		- für politische Arbeit ist finanzielle Unabhängigkeit wichtig
		- Partei-Mitgliedsbeitrag, Sitzungen, Auto usw. kosten Geld
		- materielle Benachteiligung bedeutet weniger Unabhängigkeit
144	14	- eigentlich für Frauen kein Hinderungsgrund politisch aktiv zu werden
		- Aufwandsentschädigung reicht aus
		- Wahlkampf können Frauen nicht aus eigener Tasche finanzieren
161	9	- für Kommunalpolitik nicht ausschlaggebend

13.1 Zusammenfassung:

Ökonomische Unabhängigkeit der Frauen

Die Frage nach der Wichtigkeit des Einkommens und damit verbundener relativer finanzieller Unabhängigkeit für Frauen bei der Übernahme eines kommunalen Ratsmandates wurde von 9 Frauen beantwortet. Die sechs Frauen, die die ökonomische Unabhängigkeit für sehr wichtig oder wichtig hielten, begründeten dies mit einem durch eigenes Einkommen gesteigerten Selbstbewußtsein der Frauen und mit freieren Entscheidungsmöglichkeiten bezüglich der politischen Aktivitäten, wie z. B. Teilnahme an Versammlungen, Kosten für Auto und Fahrten oder Entgelt für Hilfe bei der Familienarbeit.

Für vier Frauen war das fehlende eigene Einkommen für eine kommunalpolitische Tätigkeit kein Hinderungsgrund. Sie verwiesen z. B. auf die Aufwandsentschädigungen oder den Verdienst des Ehemannes.

Die Meinungen der Frauen zu diesem Bereich korrespondieren mit den Beschäftigungsverhältnissen der Frauen: Die Frauen, die eigenes Einkommen für wichtig halten, sind erwerbstätig, die Frauen, die ökonomische Unabhängigkeit nachrangig beurteilen, verfügen über kein eigenes Einkommen.

Da die nicht-erwerbstätigen Frauen das fehlende eigene Einkommen nicht als Hemmnis für eine kommunale Ratstätigkeit ansehen, könnte vermutet werden, daß der Faktor Einkommen" erst zum Konfliktpotential wird, wenn die Partner der Frauen, die das Geld verdienen, eine kommunale Tätigkeit der Frau nicht wünschen.

Beispiel: "... Es gibt Frauen, die haben das Geld nicht, um den Beitrag zu zahlen. Und ihre Männer sind nicht bereit, dies zu bezahlen. Oder sie brauchen das Auto ... um zu Versammlungen zu kommen und sie bekommen es nicht vom Mann und dann das Geld für Kaffee und Kuchen bei den Sitzungen ... Wenn der Ehemann da nicht mitzieht, ist die Frau aufgeschmissen."

(Fall 143, S. 16 f.)

14. <u>Zeitaufwand</u>

Fall	S.	Aussagen
111	14	- fürchterlich viel Zeit - 160 bis 180 Stunden im Monat plus Parteiarbeit
112	13	- 10 Stunden wöchentlich für reine Ratsarbeit - viel Zeit muß für Besuche, Veranstaltungen usw. zusätzlich aufgewandt werden - für berufstätige Frauen mit Familie kaum zu bewältigen
113	11	- fast meine ganze Freizeit - kaum Zeit für andere Aktivitäten
114		- ---
115		- ---
121		- ---
122		- ---
123	18	- zeitliche Belastung zu groß
124	11	- wende alle Zeit außer meiner Berufstätigkeit für Politik auf - 6 bis 8 Stunden täglich, von sehr früh bis abends, auch an Wochenenden
131	13	- 40 bis 50 Stunden wöchentlich - echter Fulltime-Job
132		- ---
141		- ---
142	10	- zu groß
143	15	- nicht ganz wenig - Hobbys ruhen zur Zeit, Politik ist mein Hobby
144	13	- hält sich in Grenzen - 9 bis 12 Stunden im Monat - habe keine Parteifunktion
161	3	- Kommunalpolitik läßt sich zeitlich gut bewältigen

14.1 Zusammenfassung:

Zeitaufwand

Die Antworten auf diese Frage machen deutlich, daß mit der Ratstätigkeit für die Frauen ein erheblicher Zeitaufwand verbunden ist. Dies bedeutet, daß die Frauen in der Regel ihre gesamte Freizeit opfern und bei gleichzeitiger Familienarbeit und Berufstätigkeit einen enormen Energieaufwand betreiben müssen.

Beispiel: "Aber was ich ganz schwierig finde ist, das mit dem Beruf zu vereinbaren ... Wie überhaupt eine Frau, die nicht im Öffentlichen Dienst ist, wenn sie denn berufstätig ist, das aushalten soll, das müßte auch noch mal jemand ein bißchen genauer untersuchen."

(Fall 112, S. 13)

15. Konkrete Ziele

Fall	S.	Aussagen	Bündelung/Zusammenfassung
111	13	- möchte in den Fraktionsvorstand	- Fraktionsvorstand
		- Jugendpolitik mehr Gewicht geben	- mehr Einflußnahme/Jugendpolitik
112	12	- möchte mehr Einwirkungsmöglichkeiten haben	- mehr Einwirkungsmöglichkeiten
		- bessere Basis für Arbeit bekommen	- mehr Information
		- mehr Informationen bekommen	- Sprecherfunktion
		- strebe Sprecherfunktion an	
113	11	- würde gerne im Fraktionsvorstand sein	- Fraktionsvorstand
		- warte aber die Entwicklung ab	
114	11	- mehr als Kommunalpolitik	- höheres Mandat (Europa)
		- Wunschtraum: Europamandat	- Ausländerpolitik
	12	- auf kommunaler Ebene: Klinikum schaffen	
		- kommunales Wahlrecht für ausländische Mitbürger schaffen	
		- demokratische Mitbestimmung für hier wohnende Ausländer durchsetzen	
115	14	- aufgrund des Alters keine politische Karriere aufbauen	- keine politische Karriere
	15	- will noch was von meinem Leben haben	- mehr Einflußnahme

Fall	S.	Aussagen	Bündelung/Zusammenfassung
		- will nicht den ganzen Tag politisch tätig sein	
		- will in die Ausschüsse, die meinen Fähigkeiten angemessen sind	
		- will nicht nur rumsitzen, sondern die Hand heben	
		- will dafür sorgen, auch mit persönlichem Einsatz, daß Frauen bessere Listenplätze bekommen	
121	18	- wichtig ist, bestimmte Sachen durchzusetzen	- mehr Einflußmöglichkeiten
		- Landtagsmandat	- höheres Mandat (Landtag)
122	11	- Gesundheitspolitik	- höheres Mandat (Landtag)
	12	- persönlich um Landtagsmandat bemüht	
123	19	- parteipolitisch tätig bleiben, ist so wichtig wie vorher	- Parteiarbeit, kein Mandat
		- Ortsvereinsvorsitzende werden	
		- möchte wieder zu mir selber kommen	
124	15	- wollen als Unabhängige in den nächsten Rat einziehen	
	14	- sonst für den Betriebsrat kandidieren als Alternative	

Fall	S.	Aussagen	Bündelung/Zusammenfassung
131	13	- eigentlich nicht - nur Politik zu machen, ist nicht der Lebensinhalt - möchte Privatleben haben, was Spaß macht	- mehr Privatleben
132	12	- auf Kreisebene Jugendtreffs einrichten - Altenarbeit - strebt Landtagsmandat an	- Jugendpolitik / Altenarbeit - höheres Mandat (Landtag)
141	11	- sich um benachteiligte Kinder kümmern	- Jugendpolitik
142	12	- zu mir selber kommen, mich neu ausrichten - parteipolitisch tätig bleiben	- kein Mandat - Parteipolitik
143		- ---	
144	13	- vernünftige Jugendarbeit - Umweltplanung - Personennahverkehr	- konkrete Sachpolitik
161	10	- hätte Lust, für den Landtag zu kandidieren	- höheres Mandat (Landtag)

15.1 Zusammenfassung:

Konkrete Ziele

Nach ihren persönlichen konkreten Zielsetzungen in bezug auf ihre Mandatsausübung befragt, gaben von den 16 Interviewten neun Frauen an, daß sie eine Funktion anstreben, die ihnen mehr Einflußnahme - auch über die Kommunalarbeit hinaus - ermöglicht. Drei von diesen 9 Frauen gaben an, einen Sitz im Fraktionsvorstand bzw. die Sprecherfunktion übernehmen zu wollen, vier streben eine Landtags- und eine Frau das Europamandat an. Gemessen an der Erhebungsbasis von 16 Probanden streben über 50 % eine herausgehobene Funktion an, fast 30 % ein höheres Mandat.

Als Motivation wird von allen neun Frauen angegeben, daß sie mehr Einfluß auf Entscheidungen nehmen möchten und erfahren mußten, daß dieses nur durch entsprechende Funktionen möglich ist.

Drei Frauen streben nicht erneut ein Mandat an. Sie wollen mehr Privatleben, parteipolitisch aber aktiv bleiben.

16. Zusammenfassung der Analyseergebnisse der Interviews

Die Analsyse der Interview hat für die festgelegten zu anlysierenden Problemfelder (s. Seite 76) zusammenfassend folgende Ergebnisse gebracht:

Nach Aussagen der interviewten aktiven Frauen ist davon auszugehen, daß ein politisch interessiertes und/oder politisch aktives Elternhaus sich positiv auf die Bereitschaft der Frauen, sich politisch zu engagieren, auswirkt. Zu unterscheiden ist hier die politische Mitarbeit in Parteien allgemein und die Besonderheit der Übernahme eines Ratsmandates. Die Motivation für die Mitarbeit in Parteien besteht im wesentlichen darin, gesamtgesellschaftlich auf ausgewählten Politikfeldern etwas zu verändern und basiert auf der Einsicht, dieses innerhalb unseres politischen Systems nur in einer Partei aussichtsreich anstreben zu können. Dieses gilt auch als Erklärungsansatz für den seit den siebziger Jahren erhöhten Anteil der Frauen in den Parteien.

Die Entscheidung, ein kommunales Ratsmandat anzustreben, traf die Mehrzahl der Frauen nach einer konkreten Aufforderung durch Funktionsträger der jeweiligen Partei. Die Begründungen für diese Aufforderungen sind in dem Ziel zu sehen, den Frauenanteil in den Räten zu erhöhen. Es ist davon auszugehen, daß aufgrund dieser parteipolitischen Zielsetzung Frauen nach folgenden Kriterien gezielt angesprochen wurden:

- Funktion in der Partei,
- Aktivitäten in Vereinen, Verbänden und Institutionen,
- Kenntnisse in bestimmten Politikbereichen.

Die Mitarbeit in den Frauenvereinigungen und Engagement in der Frauenpolitik gehören nicht zu den Politikfeldern, die eine Kandidatur begünstigen, sondern wirken sich nach Meinung der Frauen eher negativ aus.

Die Wichtigkeit der Forderung nach mehr Frauen in kommnalen und politischen Mandaten wird von den Interviewten durchgängig unterstützt.

Als Begründung für die Unterrepräsentanz der Frauen werden neben den rollenspezifischen Erklärungen auch mangelndes Selbstvertrauen, fehlende Solidarität und große Passivität der nicht-aktiven Frauen angeführt.

Diese vermeintlichen Einstellungen der nicht-aktiven Frauen zur politischen Partizipation und die gegebenen Schwierigkeiten der Mehrfachbelastung der Frauen, das Rekrutierungsverhalten der Parteien und das Abwehrverhalten der Partner der Frauen führen zur geringen Motivation für Frauen, sich um ein Mandat zu bemühen bzw. eine Kandidatur erfolgreich zu bestehen.

Die Aussagen der Frauen in den Interviews dokumentieren eindrucksvoll, welche psychisch-sozialen Kosten für eine erfolgreiche Partizipation von den Frauen aufzubringen sind. Sie konstatieren erhebliche Diskriminierungen sowohl in der Öffentlichkeit als auch innerhalb der Ratsarbeit. Die Frauen haben lernen müssen, durch Distanzierung und individuelle Verhaltensänderung diese Diskriminierungen zu kompensieren.

Die Frage, warum sie sich dennoch kommunalpolitisch in dieser Form betätigen, kann nicht eindeutig geklärt werden. Im Gegensatz zur geäußerten Annahme, daß Männer die Ratstätigkeit vielfach mit ihren beruflichen Interessen verbinden wollen, muß dieses Argument für die Frauen aufgrund ihrer beruflichen Situation im Sinne von unmittelbarer Auswirkung ausgeschieden werden.

Gravierend ist jedoch die Aussage der Frauen, nach der 50 % von ihnen eine herausgehobene Funktion innerhalb ihrer Fraktion und 30 % ein höheres Mandat auf Landes- oder Europaebene anstreben. Das bedeutet, daß die Mehrheit der befragten Frauen mindestens während der Zeit der Mandatsausübung sehr karriereorientiert sind.

Diese Aussage wird durch die Bewertung der Kommunalpolitik im politischen System unterstützt. Zwar wird von den Frauen der enge gesetzliche Rahmen der Selbstverwaltung bedauert, die Auseinandersetzungen um die kommunalpolitischen Entscheidungen aber durchaus mit der 'großen' Politik gleichgesetzt. Kommunalpolitik wird von ihnen als "Grundschule der Demokratie" und als Lernfeld für politische Tätigkeiten gesehen.

Außerdem scheint der Öffentlichkeitscharakter eines Ratsmandates nicht nur als erlebte soziale Kontrolle negativ belegt, sondern durchaus mit Ansehen und Aufwertung der eigenen Person und mit persönlichem Stolz auf die erbrachten Leistungen verbunden zu sein. Das öffentliche Mandat stärkt das Selbstbewußtsein der Frauen, hierin dürfte ein weiterer Motivationsfaktor für die Frauen liegen.

Die Unterstützung ihrer politischen Arbeit durch Partner und Familie wird von den Frauen als wesentliche Voraussetzung ihrer Tätigkeit gesehen. Ohne diese Unterstützung scheint eine Mandatstätigkeit kaum möglich zu sein, wenn das Familienleben intakt bleiben soll. Die Annahme, daß die meisten Männer eine Ratstätigkeit ihrer Frauen nicht wünschen, wird von den aktiven Frauen bestätigt.

Bei der Frage nach der Unterstützung durch Partei und/oder Fraktionsmitglieder wurde der Unterschied zwischen der Mitarbeit in Parteien und der Kandidatur für ein Ratsmandat deutlich: Die Arbeit als Parteimitglied wurd gefördert und unterstützt, solange die Frauen nicht als Konkurrenz betrachtet wurden. In Konkurrenzsituationen um Mandate wurden den Frauen vielfach erhebliche Barrieren aufgebaut.

Es ist anzunehmen, daß ein ähnliches Verhalten auch gegenüber Männern, die nicht als Kandidaten gewollt werden, vorzufinden ist. Die in den Interviews geschilderten realen Erlebnisse der Frauen decken sich aber mit den oben angeführten Erklärungsansätzen aus der Forschung, wonach Politik noch immer als männliche Domäne betrachtet wird und ein geschlechtsspezifisches Diskriminierungsverhalten gegenüber kandidaturwilligen Frauen anzunehmen ist.

Die Meinung der Mehrheit der interviewten Frauen zum Stellenwert der Mitarbeit in Vereinen und Verbänden hinsichtlich einer Steigerung der Wahlerfolge widerspricht dem eingangs dargestellten Rekrutierungsverhalten der Parteien. Danach haben Personen, die durch Vereins- und Verbandsarbeit einen hohen Bekanntheitsgrad in der Öffentlichkeit haben, bei der Aufstellung der Kandidatenlisten Vorrang. Die Frauen, die ohne Vereinsarbeit gewählt wurden, sind der Meinung, daß sie deswegen von den Wählerinnen und Wählern nicht weniger Stimmen erhalten haben. Zu erforschen wäre - was in dieser Studie nicht geleistet werden kann - ob "Vereinspersonen" gewählt werden, <u>weil</u> oder <u>obwohl</u> sie in Vereinen und Verbänden aktiv sind. Sollte sich herausstellen, daß der Faktor 'Mitgliedschaft in Vereinen und Verbänden' nur eine nachgeordnete Rolle spielt, könnte er bei der Rekrutierung der Kandidaten nicht mehr als Manko der Frauen gegen sie vorgebracht werden.

Für den Zeitaufwand, den die aktiven Frauen für ihre Tätigkeiten angeben, kann kein Durchschnittswert angegeben werden, weil er individuell nach Funktionen und Engagement stark differiert. Es kann allerdings durch die hohe Korrelation 'persönliche Zielsetzungen' und 'Zeitaufwand' gesagt werden, daß die karriereorientierten aktiven Frauen einen sehr hohen Zeitaufwand betreiben. Es ist dabei zu berücksichtigen, daß keine allgemein gültige Annahme, wieviel Zeitaufwand für eine effektive Ratsarbeit benötigt wird, genannt werden kann.

Bei der Bewertung der Frage nach der ökonomischen Unabhängigkeit kann aus den Antworten der aktiven Frauen keine Mehrheitsmeinung abgeleitet werden: Einige Frauen halten die ökonomische Selbständigkeit der Frauen in Verbindung mit der Ausübung eines politischen Mandates für sehr wichtig, weil sich dadurch nicht nur das Selbstwertgefühl der Frauen steigert, sondern weil damit eine Unabhängigkeit gegenüber Partnern, die mit den finanziellen Kosten gegen eine partizipatorische Tätigkeit der Frauen argumentieren, gegeben ist. Die anderen befragten Frauen halten diesen Faktor für eine kommunalpolitische Tätigkeit nicht für so wichtig, auch mit der Begründung der finanziellen Entschädigung für diese ehrenamtliche Tätigkeit.

Die nach gesetzten Kriterien erfolgte eingeschränkte Auswertung der Interviews läßt folgende Aussagen zu:

Die psychischen und sozialen Kosten, die Frauen für die Ratsarbeit aufzubringen haben, sind enorm hoch. Sie beinhalten im einzelnen:

- Geschlechtsspezifische Diskriminierung in der Öffentlichkeit durch Männer und Frauen, im Rahmen der Ratstätigkeit von männlichen Kollegen und innerhalb der Partei- und Fraktionsarbeit durch verstärktes Konkurrenzverhalten der Männer;

- die familiären Belastungen ergeben sich durch den hohen Zeitaufwand für die Ratsarbeit und die rollenspezifischen Erwartungen der Partner und Familienangehörigen.

Kompensiert werden diese Erfahrungen durch:

- das Ansehen in der Öffentlichkeit,

- die Erfolge in der Kommunalpolitik,

- persönliche Karriereorientierung.

Die Gründe für die Unterrepräsentanz der Frauen werden von den Interviewten gesehen

- in der hohen zusätzlichen Belastung für die Frauen neben Berufs- und Familienarbeit;

- im mangelnden Interesse der Frauen, fehlendem Selbstwertgefühl, unzureichenden Sachkenntnissen, in der Angst vor Öffentlichkeit und der damit verbundenen sozialen Kontrolle und in dem mangelnden Durchsetzungsvermögen der Frauen;

- in dem Rekrutierungsverhalten der Parteien, das Frauen benachteiligt, dem Konkurrenzverhalten bei Kandidaturen und der unzureichenden Unterstützung und mangelnder Solidarität unter Frauen.

VI. AUSWERTUNG DER FRAGEBOGEN

Aufgrund des relativ geringen Datenmaterials muß noch einmal darauf hingewiesen werden, daß keineswegs repräsentative Ergebnisse erwartet werden können. Es soll eine "unmittelbare Beschreibung einer Menge vorhandener Daten in quantitativer Hinsicht"[142] erfolgen, die mit den qualitativen Ergebnissen der Interviewanalyse zusammengefaßt werden sollen. Aus diesem Grunde wurde für die Darstellung der Fragebogenergebnisse die Technik der deskriptiven Statistik gewählt. Die Codierung und Datenerfassung erfolgte nach SPSS.[143]

Bei Fragen mit freien Antwortmöglichkeiten wurden aus den Antworten zusammenfassende Kategorien gebildet, um eine Codierung zu ermöglichen. Dieses gilt für die Fragen 1, 7, 9, 11, 16, 21 und 24.

1. Darstellung der Ergebnisse

Im Verlauf der Analyse stellte sich heraus, daß einige der erhobenen Daten für das Ergebnis und die Beantwortung der zugrunde liegenden Fragestellung dieser Arbeit weniger relevant zu sein scheinen. Dieses gilt für folgende Fragen:

Frage 1: Anlaß für politisches Interesse/politische Tätigkeit

Von den aktiven Frauen wurde diese Frage differenziert beantwortet und ist im wesentlichen deckungsgleich mit den Antworten aus den Interviews (vgl. S. 100 ff). Sie beziehen sich auf die Kategorien "Sozialisation in Elternhaus, Familie und Schule" und "Sozial- und gesellschaftspolitisches Engagement".

Die Antworten der nicht-aktiven Frauen sind den Kategorien "Aktuelle politische Themen" und "Frauenthemen" zuzuordnen. Ein Vergleich der Frage 1 zwischen den beiden befragten Gruppen erscheint jedoch fragwürdig, weil die aktiven Frauen im Interview mehr Möglichkeiten hatten, ihre Sozialisation bezüglich ihres politischen Interesses darzulegen. Nachfragen in Form von Kurz-Interviews zu diesem Schwerpunkt hätten hier unter Umständen zu anderen Aussagen der nicht-aktiven Frauen geführt.

---

142 Heller, Kurt/Rosemann, Bernhard: Planung und Auswertung empirischer Untersuchungen, Stuttgart 1974, S. 93 vgl. auch: König, Rene, a. a. O.; Mayntz, Renate, a. a. O.

143 SPSS = Statistical Package for the Social Sciences Bauer, Felix: Datenanalyse mit SPSS, Berlin/Heidelberg/New York/Tokio: 1974

Die jetzt vorliegenden Antworten sind so jedoch nicht verwertbar, wenn die Objektivität gewahrt bleiben soll.

<u>Frage 2:</u> Mitgliedschaft in einer Partei

Die aktiven Frauen sind bis auf eine (Wählergemeinschaft) alle in einer Partei organisiert. Die nicht-aktiven Frauen gehören zu 25,5 % einer Partei an und repräsentieren damit etwa den Frauenanteil in den Parteien allgemein. In dieser Arbeit wird aber nicht untersucht, wie die Einstellungen und Meinungen der Frauen je nach Parteizugehörigkeit sind; insoweit kann der Faktor "Parteimitgliedschaft" bei der Analyse vernachlässigt werden.

<u>Frage 4:</u> Steigerung des Interesses an Politik

Alle befragten Frauen beantworteten diese Frage mit "ja", so daß lediglich ein möglicher Vergleich mit einer männlichen Kontrollgruppe Differenzierungen hätte ergeben können.

Dieses gilt ebenso für die Antworten auf

<u>Frage 6:</u> Verstärkte Teilhabe der Frauen und auf

<u>Frage 14:</u> Mehr Frauen in kommunale Räte.

<u>Frage 16:</u> Tätigkeit in Ausschüssen

Von den nicht-aktiven Frauen konnte logischerweise diese Frage nicht beantwortet werden und es ergibt sich von daher keine Vergleichsmöglichkeit.

Dieses gilt auch für die

<u>Frage 19:</u> Einstieg in die Kommunalpolitik und

<u>Frage 23:</u> Einschätzung der Stellung im Rat.

Diese Themenkomplexe werden in den Interviews von den aktiven Frauen abgefragt.

<u>Frage 25:</u> Mitgliederstärke des Rates/der Fraktion

Diese Frage konnte nicht in die Auswertung einbezogen werden, da sie von den nicht-aktiven Frauen durchgehend nicht beantwortet wurde. Daraus allerdings generell auf mangelndes Interesse an der Ratsarbeit zu schließen, erscheint nicht legitim, vielmehr hätten auch hier zusätzliche Fragen gestellt werden müssen. Wichtig und interessant - auch im Vergleich zu den Aussagen der Interviews - sind die Antworten auf folgende Fragen:

Frage 3: Interesse der Frauen an Politik

Frage 5: Möglichkeiten der Interessenserhöhung

Frage 7: Wichtige Aufgabenfelder in der Kommunalpolitik

Frage 8: Stellenwert der Räte und Parlamente

Frage 9: Einschätzung der Anforderungen an kommunale Ratstätigkeit mit Entscheidungsbegründungen

Frage 10: Ratstätigkeit mit Entscheidungsbegründungen

Frage 11: Vor- und Nachteile einer kommunalpolitischen Ratstätigkeit

Frage 12: Interessen und Zielsetzungen, die mit einer Ratstätigkeit verbunden werden

Frage 13: Ausschüsse, in denen Frauen vorwiegend tätig sein sollten

Frage 15: Begründungen für einen erhöhten Frauenanteil in den Räten

Frage 17: gewünschte Ausschußmitarbeit

Frage 18: Hemmnisse für die Übernahme eines Ratsmandates

Frage 20: Begründungen für die Unterrepräsentanz der Frauen in den Räten

Frage 21: Faktoren der Lebenssituation, die das Partizipationsverhalten begünstigen

Frage 22: Faktoren, die die Repräsentanz der Frauen in den Räten erhöhen können

Frage 24: Bereitschaft zur Kandidatur

Frage 26: Zeitaufwand

Hieraus ergeben sich folgende Themenkomplexe, die zusammengefaßt in ihren Ergebnissen dargestellt werden:

1. Interesse der Frauen an Politik und Möglichkeiten der Veränderung (Frage 3 und 5)

2. Stellenwert der kommunalen Räte und Präferenz der Aufgabenbereiche und der Ausschüsse (Frage 7, 8, 13 und 17)

3. Einschätzung der Anforderung an kommunale Ratsmitglieder und Vertrauen in die eigenen Fähigkeiten (Frage 9, 10, 21 und 24)

4. Motivationsfaktoren für die Mitarbeit im Rat (Frage 11 und 12)

5. Begründungen für die Unterrepräsentanz von Frauen in den kommunalen Räten (Frage 18, 20 und 26)

6. Begründungen für die Forderung nach Erhöhung des Frauenanteils und Motivationsfaktoren zur Aktivierung von Frauen (Frage 15 und 22)

Bevor im nachfolgenden auf die Ergebnisse zu diesen Fragenkomplexen näher eingegangen wird, erfolgt eine kurze Darstellung der soziodemographischen Daten der Befragten.

1.1 Soziodemographische Daten

1.1.1 Alter

Tabelle 1: Altersgliederung der Befragten

Jahre	aktive Frauen abs.	aktive Frauen Prozent	nicht-aktive Frauen abs.	nicht-aktive Frauen Prozent
20 - 30	-	-	4	7,3
31 - 40	1	5,9	15	27,2
41 - 50	10	58,8	22	40,0
51 - 60	4	23,5	8	14,6
61 - 70	2	11,8	3	5,4
71 - 80	-	-	1	1,8
ohne Angaben			2	3,6
	N = 17	100,0	N = 55	99,9

Der Schwerpunkt der Altersstruktur liegt in beiden Befragungsgruppe bei 41 - 50 Jahren, wobei bei den aktiven Frauen die Alterangabe 44 Jahre mit 17,6 % eindeutig am höchsten vertreten ist. Diese Konzentration auf das mittlere Lebensalter der Frauen läßt vermuten, daß Frauen aufgrund ihres spezifischen Lebenszusammenhanges - Erziehung der Kinder, Familienarbeit - in diesem Alter wieder abkömmlicher von ihrer Familie sind und sich verstärkt anderen Interessen zuwenden können.

1.1.2 Bildungsstand

Nach dem weiter o. a. Rekrutierungsmuster kommunaler Mandatsträger/innen kommt der qualifizierten Schul- und Berufsausbildung zentrale Bedeutung zu. Ebenso wichtig ist die Berufstätigkeit als Auswahlkriterium, besonders in herausgehobenen beruflichen Stellungen. Zwischen den befragten Mandatsträgerinnen und den nicht-aktiven Frauen sind hier starke Divergenzen festzustellen:

Tabelle 2: Bildungsabschluß der Befragten

	N=17 aktive Frauen		N=55 nicht-aktive Frauen	
	abs.	Prozent	abs.	Prozent
Hauptschule	2	11,8	17	30,9
Realschule	4	23,5	22	40,0
Gymnasium	4	23,5	-	-
Fachschule	1	5,9	12	21,8
Hochsch./Universität	6	35,3	4	7,3
ohne Abschluß	4	23,5	7	12,7
abgeschlossene Berufsausbildung	15	88,2	40	72,7

Besonders auffällig sind die Unterschiede im gymnasialen und universitären Bereich. Hier liegen die aktiven Frauen mit fast 25 % im Vorsprung gegenüber den nicht-aktiven.

Berufstätig sind 64,7 % der aktiven und 41,8 % der nicht-aktiven Frauen. Damit liegt der Anteil der berufstätigen Frauen-die somit über ein eigenes Einkommen verfügen - bei den aktiven Frauen um über 20 % höher als bei den nicht-aktiven.

Dieses wird auch gestützt durch die Aussagen der Frauen, daß am ehesten

> berufstätige Frauen mit hohem beruflichen Status, die in der Stadt leben und keine Familie haben,

eine kommunalpolitische Tätigkeit anstreben werden.
(vgl. Frage 21)

1.2 Interesse der Frauen an Politik

Die befragten Frauen schätzen das Interesse ihrer Geschlechtsgenossinnen an Politik als gering ein. Auf einer Werteskala 1 - 5 (sehr gering - sehr hoch) gab aus beiden Gruppen keine der Frauen den Wert 5 (sehr hoch) an, jeweils eine Frau gab den Wert 1 (sehr gering) an. Für den geringen Wert 2 bis zum Mittelwert 3 entschieden sich rund 90 % der befragten Frauen. Alle Frauen, bis auf eine, waren der Meinung, daß das Interesse der Frauen an Politik gesteigert werden sollte und gaben dafür aus einer vorgegebenen Antwortbatterie folgende Möglichkeiten vorrangig an:

An erster Stelle für die aktiven Frauen steht mit 64,7 % die "grundsätzliche Änderung der Erziehung in allen Institutionen"; die "finanzielle Unabhängigkeit der Frauen" und die "Entlastung im häuslichen Arbeitsbereich" nehmen mit jeweils 52,9 % den zweiten Platz ein; als dritthäufigste Nennung mit 35,3 % folgt "menschlicheres Miteinanderumgehen in der Politik".

Die nicht-aktiven Frauen sind der Meinung, daß sich folgendes vorrangig ändern müßte, um das Interesse an Politik bei Frauen zu steigern: 63,6 % nennen zuerst "eine bessere Darstellung von Frauenthemen in den Medien/der Öffentlichkeit", dann mit 52,7 % die "finanzielle Unabhängigkeit" und mit 45,5 % "menschlicheres Miteinanderumgehen in der Politik" und "qualifizierte Schul- und Berufsausbildung auch in sog. männlichen Berufen".

Interessant dabei ist, daß das Item "Frauenthemen in der Öffentlichkeit" mit 17,6 % von den aktiven Frauen als letztes genannt wird. Es kann darauf hinweisen, daß aktive Frauen sich nicht mehr so sehr von Frauenthemen angesprochen fühlen, sie demnach in ihrer politischen Arbeit auch nicht vehement vertreten, während die nicht-aktiven Frauen sich mit diesen Themen stark identifizieren.

Die mögliche Folgerung, daß nicht-aktive Frauen sich durch aktive Frauen aus diesem Grunde nicht genügend vertreten fühlen, müßte näher untersucht werden. Hier könnte eine Ursache dafür liegen, warum - gemessen an den Frauenkandidaturen - so wenige Frauen auch gewählt werden. Ein Indiz für diese Annahme könnte auch die geringe Nennung (14,5 %) des Items "Frauen in hohen politischen Funktionen", was als Vorbildfunktion zu verstehen ist, sein. Auf jeden Fall wird von den nicht-aktiven Frauen die Behandlung von Frauenthemen in der Öffentlichkeit als positiver Motivationsfaktor angesehen.

Die unterschiedliche Bewertung der Entlastung im häuslichen Bereich kann wohl darauf zurückgeführt werden, daß die passiven Frauen nicht konkret erlebt haben, wie groß das Ausmaß der Belastung in mehrfacher Hinsicht für politisch aktive Frauen ist: Haushalt, Familie, Kinder, Beruf und Politik. Hier hat für die aktiven Frauen sicher die persönliche, gelebte Erfahrung den Stellenwert bestimmt.

Überraschend für d. Verf. waren die übereinstimmenden Aussagen zu dem Problembereich "finanzielle Unabhängigkeit". Finanzielle Unabängigkeit bedeutet immer eigenes Einkommen, in der Regel durch Berufstätigkeit; diese jedoch verstärkt die Mehrfachbelastung der politisch aktiven Frau. Dieser Themenbereich muß bei der Bewertung der Gesamtergebnisse (Kap. VII) näher beleuchtet werden.

1.3 Stellenwert der kommunalen Räte und Präferenz der Aufgabenbereiche und der Ausschüsse

Die Frage 8 des Fragebogens "In welchen der nachstehend aufgeführten Gremien sollten Frauen vorzugsweise stärker als jetzt vertreten sein?" intendiert zum einen eine Antwort über den Stellenwert der kommunalen Parlamente im politischen System und zum anderen Meinungen darüber, wo Frauen am meisten bewegen und umsetzen können.

Tabelle 3: Stellenwert der kommunalen Räte [1)]

Gremien	aktive Frauen N= 17 abs.	Prozent	nicht-aktive Frauen N= 55 abs.	Prozent
Ortsrat / Gemeinderat	7	41,2	28	50,9
Stadtrat / Kreistag	16	76,5	19	34,5
Landtag	6	29,4	22	40,0
Bundestag	9	52,9	35	63,6
Europ.Parlament	-	--	6	10,9

1) Es wurde eine Antwortskala 1 - 5 vorgegeben.
Berücksichtigt sind hier die Nennungen 1 und 2 als höchste Werte

Beide Gruppen bescheinigen mit ihren Antworten, daß die Kommunalpolitik nach der Bundespolitik einen hohen Stellenwert einnimmt. Sie lassen den Schluß zu, daß Kommunalpolitik als "hautnah" für die Problemlagen und Interessen der Frauen angesehen werden und verkennen dabei nicht die realistische Situation, daß Kommunalpolitik abhängig ist von Rahmenbedingungen, die auf Bundes- und Landesebene gesetzt werden.

Von besonderem Interesse ist, welche Bereiche der Kommunalpolitik als wichtige Felder im Sinne von Gestaltungsmöglichkeiten angesehen werden und desweiteren, in welchen Aufgabenbereichen Frauen ihre Interessen vorrangig durch Frauen vertreten sehen möchten (Frage 7 und 13).

Beide Befragungsgruppen setzten als wichtigstes Aufgabenfeld der Kommune an erster Stelle den Bereich Jugend/Famlie/Soziales; die Gruppe der nicht-aktiven Frauen mit dem gleichen Wert auch den Bereich Schule/Kindergarten. Einen ebenfalls hohen Stellenwert nehmen für beide Gruppen die Aufgabenfelder Infrastruktur/Bau/Planung und Umwelt ein. Für die aktiven Frauen steht an dritter Stelle zusammen mit Umwelt der Bereich Haushalt/Wirtschaft/Finanzen, während die nicht-aktiven Frauen diesen mit der letzten Bewertung belegen. Der Bereich Frauenpolitik nimmt bei den Befragten nur einen sehr geringen Stellenwert ein.

Tabelle 4: Wichtigste Aufgabenfelder in der Kommunalpolitik

Rangfolge der Nennungen

aktive Frauen: N = 17		nicht-aktive Frauen: N = 55	
1. Jugend/Familie/Soziales	88,5 %	1. Jugend/Fam./Soz.	60 %
2. Infrastruktur/Bau/Planung	52,9 %	2. Schule/Kindergarten	60 %
3. Haushalt/Wirtschaft/Finanzen	47,1 %	3. Infrastruktur/Bau/Plan.	36,4 %
4. Umwelt	47,1 %	4. Umwelt	27,3 %
5. Schule/Kindergarten	23,5 %	5. Kultur/Sport	21,8 %
6. Kultur/Sport	17,6 %	6. Gesundheit/Altenpflege	20,0 %
7. Gesundheit/Altenpflege	5,9 %	7. Haushalt/Wirtsch./Fianzen	12,7 %
7. Frauenpolitik	5,9 %	7. Frauenpolitik	12,7 %

Die Aussagen lassen erkennen, daß die klassischen Aufgaben der Kommunalpolitik, nämlich die Versorgungsaufgaben innerhalb der kommunalen Gemeinschaft, auch für die Frauen einen hohen Stellenwert haben. Diese Aufgaben sind als rollenspezifische Aufgaben der Frau in unserer Gesellschaft definiert und werden von ihnen, mindestens in den unteren Hierarchien der Institutionen - sehr oft in ehrenamtlicher Tätigkeit - wahrgenommen, bzw. als Beruf gewählt. Die Aufgaben in den Bereichen Jugend/Familie/Soziales und Schule/Kindergarten sind als "Dienste am Menschen" definiert und dienen im weitesten Sinne der "natürlichen Reproduktion der Gesellschaft".[144]

Für den Bereich Infrastruktur/Bau/Planung gilt die Rollenerklärung nicht, im Gegenteil: sie sind als typisch männliche Domäne zu bezeichnen. Die hohe Nennung bei beiden Frauengruppen ist dadurch zu erklären, daß Frauen mit den Ergebnissen dieses Bereiches in ihrem täglichen Alltag verstärkt konfrontiert werden und die Auswirkungen bewußt erleben müssen. Sie sind es, die vermehrt auf ein gut ausgebautes Nahverkehrssystem, auf erreichbare ärztliche Versorgung und Krankenhäuser, auf eine reibungslose Ver- und Entsorgung, auf kindergerechte Spielplätze usw. angewiesen sind, weil ihnen die funktionierende Versorgung der Familie, verbunden mit dem sozialen Netz der Nachbarschaft, in erster Linie zugeteilt ist.

Erklärbar scheint auch die hohe Diskrepanz zwischen den befragten aktiven und den nicht-aktiven Frauen bezüglich der Wertigkeit des Bereiches Haushalt/Wirtschaft/Finanzen. Die aktiven Frauen werden die Erfahrung gemacht haben, daß viele Ideen und Notwendigkeiten zur Verbesserung der Leistungsfähigkeit der Kommunen an den finanziellen Bedingungen scheitern. Jede Umsetzung politischer Planung ist in der Realität abhängig von der Finanzierbarkeit und den wirtschaftlichen Rahmenbedingungen innerhalb der Kommune. Bei den nicht-aktiven Frauen scheint dieses nicht so stark im Bewußtsein zu sein.

---

144 Smaus, Gerlinda: Soziale Kontrolle durch Frauen: Vermittlung repressiver Inhalte in Erziehung und Hilfe, in: Heck, Rita/Kleinhorst, Annette (Hrs.): Frauen - Alltag - Politik: Eine Zwischenbilanz; München 1986, S. 110 f.

Die Frage nach den Ausschüssen, in denen Frauen vorrangig tätig sein sollten, ergab folgende Reihenfolge:[145]

Tabelle 5: Ausschüsse, in denen Frauen vorrangig tätig sein sollten.

aktive Frauen: N = 17	nicht-aktive Frauen: N = 55
1. Bau- und Planungsausschuß	1. Ausschuß für Jugend, Familie, Soziales
2. Verwaltungsausschuß	2. Haushalts- und Finanzausschuß
3. Ausschuß für Jugend, Familie, Soziales	3. Umweltausschuß
4. Haushalts- und Finanzausschuß	4. Schulausschuß
4. Schulausschuß	4. Gesundheitsausschuß
6. Umweltausschuß	6. Verwaltungsausschuß
7. Ausschuß für Gesundheitswesen	7. Bau- und Planungsausschuß
8. Gleichstellungsausschuß	8. Feuerwehrausschuß
8. Fremdenverkehrsausschuß	9. Gleichstellungsausschuß
10. Feuerwehrausschuß	10. Fremdenverkehrsausschuß

Auffällig sind hier die Diskrepanzen zwischen den beiden Gruppen bei den Nennungen "Bau- und Planungsausschuß" und "Verwaltungsausschuß" und die hohe Einordnung des "Haushalts- und Finanzausschusses" bei den nicht-aktiven Frauen. Im wesentlichen wurden von den Frauen dafür folgende Begründungen gegeben:

Die aktiven Frauen nehmen die Tatsache, daß in den Bau- und Planungsausschüssen in der Regel kaum Frauen vertreten sind zum Anlaß, hier das Einbringen von Frauenkompetenz und weiblichen Sichtweisen zu fordern. Bei den nicht-aktiven Frauen scheint noch die Meinung vorzuherrschen, daß hier Männer sachkompetenter sind nach der Einstellung: was sollen hier Frauen ausrichten, wenn sie davon nichts verstehen. Dieses würde korrespondieren mit der Forderung der nicht-aktiven Frauen nach qualifizierter Berufsausbildung auch in sog. männlichen Berufen (Frage 5). Noch scheinen sie den aktiven Frauen eine Mitgestaltung in dieser Männerdomäne nicht zuzutrauen.

Demgegenüber lautet die Begründung der nicht-aktiven Frauen für die Forderung nach mehr Frauen in den Haushalts- und Finanzausschuß, daß Frauen mit Geld besser umgehen können, besser einteilen können, weil sie dieses in der Familie, im eigenen Haus-

[145] Gewertet wurden hier die drei möglichen Nennungen, unabhängig der Wertungsnoten 1 - 3

halt gelernt haben. Hier also wird die sachliche Kompetenz gesehen, die Wichtigkeit des Bereiches Haushalt/Wirtschaft/Finanzen für die Kommune jedoch gering eingeschätzt (s. Tabelle 4).

Die aktiven Frauen fordern einen erhöhten Frauenanteil im Verwaltungsausschuß mit der Begründung, daß in diesem Gremium wichtige Vorentscheidungen, bzw. Entscheidungen getroffen werden. In diesem Ausschuß laufen alle Informationen zusammen; wer hier Mitglied ist, ist informiert und nicht auf informelle Informationsstrukturen angewiesen. Die geringe Nennung des Verwaltungsausschusses bei den nicht-aktiven Frauen wird darauf zurückzuführen sein, daß sie über die Kompetenzen dieses Ausschusses zu wenig wissen und eine entsprechende Einschätzung von daher nicht geben können.

Zu dem Bereich Frauenpolitik/Gleichstellungsausschuß ist festzustellen, daß beide Befragungsgruppen hier augenscheinlich keinen großen Handlungsbedarf sehen, obwohl die nicht-aktiven Frauen eine vermehrte Öffentlichkeitsarbeit zu diesem Thema im Hinblick auf die Motivation von Frauen fordern. Eine Erklärung könnte sein, daß die Frauen diesen Bereich als gesamtgesellschaftliches Problem, nicht aber als primäre Aufgabe der Kommunen sehen.

Die Antworten der aktiven Frauen auf die Frage nach den Ausschüssen, in denen sie gerne mitarbeiten würden (Frage 17), deckt sich im wesentlichen mit den Angaben in Tabelle 5. Aufgrund der geringen Antwortquote der nicht-aktiven Frauen auf diese Frage, kann hierzu keine Aussage getroffen werden.

1.4 Einschätzung der Anforderungen an kommunale Ratsmitglieder und Vertrauen in die eigenen Fähigkeiten

Die These, daß es für Frauen leichter ist, in den Kommunalparlamenten als im Landtag oder Bundestag mitzuarbeiten, wurde damit begründet, daß ein Ratsmandat besser mit den Familienpflichten vereinbar ist, der Aufgabenbereich überschaubarer und faßbarer und die Akzeptanz der Frauen auf dieser Ebene größer ist. 49 der 55 befragten nicht-aktiven Frauen schlossen sich dieser Argumentation mit folgenden Entscheidungsbegründungen an:

22 Frauen (40 %) gaben an, daß Kommunalpolitik leichter zu überblicken ist und von daher geringere Anforderungen stellt. Für 13 Frauen (23,6 %) war die Vereinbarkeit mit den Familienaufgaben wichtigste Begründung; 7 Frauen gaben die größere Akzeptanz durch den höheren Bekanntheitsgrad der Frauen und 6 Frauen die stärkere und unmittelbare Betroffenheit der Frauen als Begründungen für ihre Antworten an.

Von den aktiven Frauen war nur die Hälfte der Meinung, daß die Mitarbeit im Rat für Frauen leichter ist als in höher angesiedelten Parlamenten. Die Begründungen liegen im wesentlichen bei der Vereinbarkeit mit Familienaufgaben und den geringeren Anforderungen.

Auffällig ist, da die andere Hälfte eine Gleichwertigkeit der Anforderungen im Vergleich zur Landes- oder Bundesebene sieht und zwar sowohl in den Arbeitsweisen als auch im Arbeitseinsatz und eine geringere Akzeptanz in Form von verstärkter sozialer Kontrolle konstatiert.

Auch hier kann als Erklärung die unterschiedliche Erfahrungssituation herangezogen werden. Ebenso kann eine psychologische Begründung, nämlich die eigene Tätigkeit nicht 'unter Wert' verkaufen zu wollen, gelten.

Zusammenfassend lassen aber die Aussagen der Befürworterinnen der o. a. These darauf schließen, daß Ängste vor der Bewältigung der Aufgaben, die mit einem kommunalen Mandat verbunden sind, grundsätzlich nicht vorhanden sind und somit auch nicht hemmend auf die Motivation zur Partizipation in diesem Bereich wirken können. Positiv ausgedrückt: Die Frauen trauen es sich zu, in kommunalen Räten tätig zu sein.

1.4.1 Eigenschaften und Fähigkeiten eines/r Kommunalpolitikers/in

Wenn die Bedingungen, die sich im wesentlichen auf die Lebenssituation der Frauen beziehen, nicht als negativ eingestuft werden können, ist zu fragen, welche Eigenschaften und Qualifikationen mit der Person, die ein Ratsmandat ausübt, verbunden werden und ob die Frauen in einer Selbsteinschätzung diesen Anforderungen entsprechen.

Durch Kartenabfrage wurden in Frage 10 personale Eigenschaften und Qualifikationen bewertet, die sowohl eine Einordnung der eigenen Persönlichkeit, wie auch die Erwartungen an die Persönlichkeit eines/er Kommunalpolitikers/in deutlich machen sollen. Im einzelnen handelt es sich um folgende Persönlichkeitsmerkmale:

1. Kontaktfreudigkeit / Interesse an Menschen

2. Selbstbewußtsein / Darstellungsvermögen

3. Mut haben, unpopuläre Themen ansprechen

4. Aufgeschlossenheit für andere / Einfühlungsvermögen

5. Arbeits- und Energieaufwand

6. Anpassungsfähigkeit an Erwartungen anderer

7. Redegewandtheit / Schlagfertigkeit

8. Zuvorkommend sein / Wärme ausstrahlen / charmant sein
9. Problemanalyse / Kritikfähigkeit
10. Konfliktfähigkeit
11. Überzeugungskraft / Vertrauen erwecken
12. Gesunder Menschenverstand
13. Mit Niederlagen umgehen können
14. Ausstrahlung / Persönlichkeit
15. Toleranz gegenüber Andersdenkenden
16. Fachkompetenz

Dieses mögliche Anforderungsprofil an Kommunalpolitiker/innen zeigt Merkmale auf, die aufgrund der oben geführten Diskussion über Rollenzuweisung und geschlechtsspezifische Verhaltensweisen eher als 'typisch männlich' oder eher 'typisch weiblich' eingeordnet werden können. Diese Zuordnung ist begründet in dem Vorurteil zur Politikunfähigkeit der Frau (vgl. S. 22 f), z. B.:

- Frauen trauen sich zu wenig zu, können sich nicht durchsetzen
- haben Angst vor Öffentlichkeit und Kritik
- verbringen ihre Zeit mit anderen Dingen
- Politik ist Männersache, für Frauen nicht nachvollziehbar

<u>Typisch männliche Eigenschaften:</u>

(2) Selbstbewußtsein / Darstellungsvermögen

(3) Mut haben, unpopuläre Themen ansprechen

(5) Arbeits- und Energieaufwand

(7) Redegewandtheit / Schlagfertigkeit

(9) Problemanalyse / Kritikfähigkeit

(10) Konfliktfähigkeit

(13) Mit Niederlagen umgehen können

(16) Fachkompetenz

Typisch weibliche Eigenschaften:

(1) Kontaktfreudigkeit / Interesse an Menschen

(4) Aufgeschlossenheit für andere / Einfühlungsvermögen

(6) Anpassungsfähigkeit an Erwartungen anderer

(8) Zuvorkommend sein / Wärme ausstrahlen / charmant sein

1.4.1.1 Objektive Einschätzung

Die aktiven Frauen entschieden sich bei der Frage nach den Eigenschaften und Fähigkeiten, die für ein Ratsmandat besonders wichtig sind, mit den Höchstwertungen für:

(3) Mut haben, unpopuläre Themen ansprechen	= 100 %
(4) Aufgeschlossenheit für andere / Einfühlungsvermögen	= 100 %
(5) Arbeits- und Energieaufwand	= 100 %
(9) Problemanalyse / Kritikfähigkeit	= 100 %
(1) Kontaktfreudigkeit / Interesse an Menschen	= 94,1 %
(2) Selbstbewußtsein / Durchsetzungsvermögen	= 94,1 %
(13) Mit Niederlagen umgehen können	= 94,1 %
(10) Konfliktfähigkeit	= 88,2 %
(11) Überzeugungskraft / Vertrauen erwecken	= 88,2 %
(12) gesunder Menschenverstand	= 88,2 %
(15) Toleranz	= 82,4 %

Im Mittelfeld der Bewertung (50-80 %) lagen folgende Merkmale:

(14) Ausstrahlung / Persönlichkeit	= 64,7 %
(16) Fachkompetenz	= 64,7 %
(7) Redegewandtheit	= 58,8 %

Einen geringen Stellenwert nahmen die Item 6 und 8 ein:

(6) Anpassungfähigkeit an Erwartungen anderer = 11,8 %

(8) Zuvorkommend sein / Wärme ausstrahlen / charmant sein = 35,3 %

Schaubild Nr. 1 Eigenschaften und Fähigkeiten

objektive Einschätzung

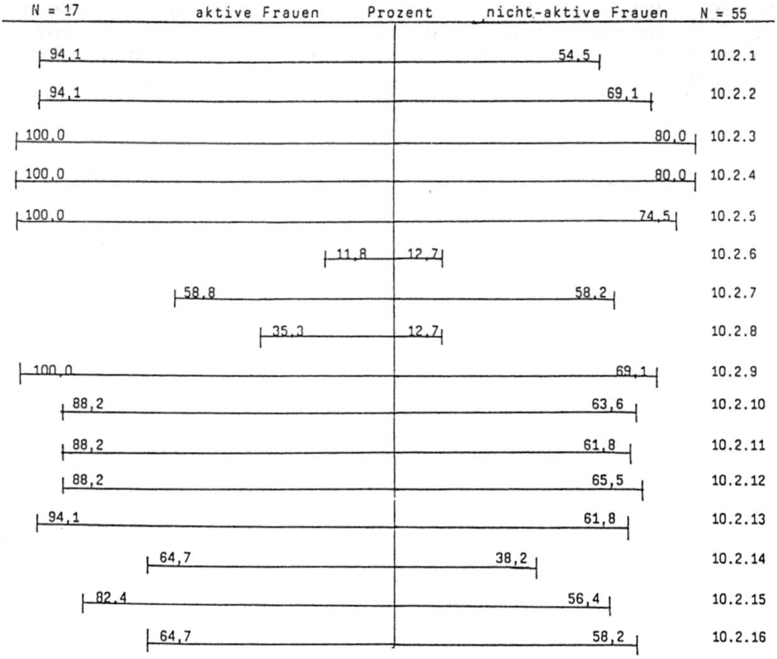

Die nicht-aktiven Frauen stellen mit ihrer Bewertung folgende Rangliste auf:

(3) = 80,0 %	(12) = 65,5 %	(7) = 58,2 %
(4) = 80,0 %	(10) = 63,6 %	(15) = 56,4 %
(5) = 74,5 %	(11) = 61,8 %	(1) = 54,5 %
(9) = 69,1 %	(13) = 61,8 %	(14) = 38,2 %
(2) = 69,1 %	(16) = 58,2 %	(6) = 12,7 %
		(8) = 12,7 %

Von der Häufigkeit der Nennungen sind bei beiden Gruppen die vier Erstgenannten identisch; geht man von den elf häufigsten Nennungen aus (ca. 2/3), so ergeben sich noch neun identische Nennungen.

Schaubild Nr. 2

Eigenschaften und Fähigkeiten - objektive Einschätzung

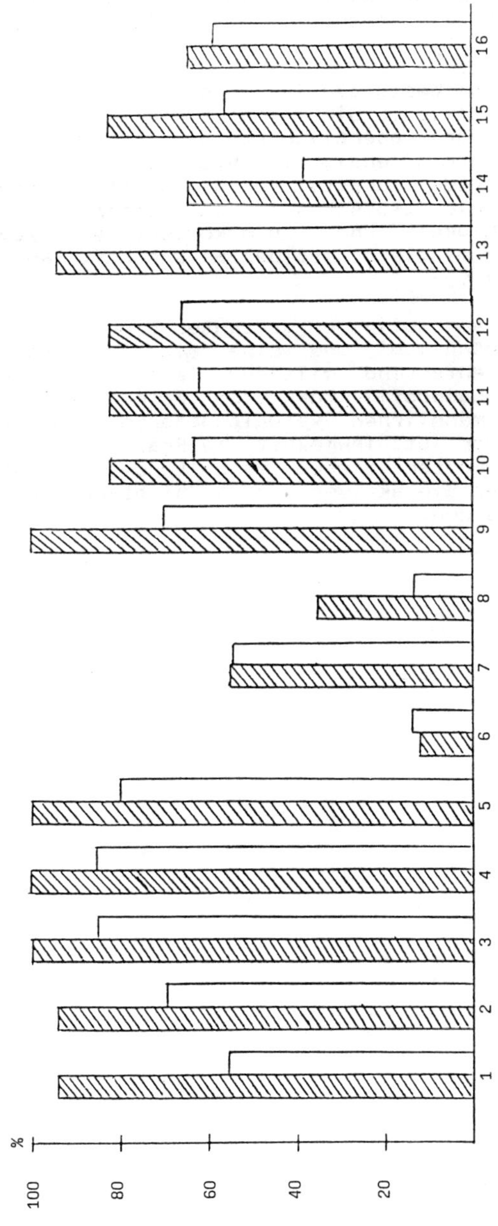

Legende: gestreift = aktive Frauen
weiß = nicht-aktive Frauen
1 - 16 = Eigenschaftsmerkmale siehe S. 242

Es kann somit gesagt werden, daß die befragten Frauen fast übereinstimmende Vorstellungen von den Eigenschaften und Fähigkeiten, die für die Ausübung eines Ratsmandates erforderlich sind, haben.

Unterschiedliche Wertungen lassen sich besonders bei den Item 1 und 14 feststellen. Die nicht-aktiven Frauen halten diese Eigenschaften für wesentlich weniger relevant als die aktiven Frauen (1 = Kontaktfreudigkeit/Interesse an Menschen, 14 = Ausstrahlung / Persönlichkeit). Auffällig ist außerdem der geringe Wert, der den als 'typisch weiblich' definierten Eigenschaften "Anpassungsfähigkeit" und "Zuvorkommend sein" zugemessen wird; ebenso der nur mittlere Wert der Eigenschaft "Redegewandtheit / Schlagfertigkeit".

Von den vier am häufigsten genannten Eigenschaften wurden drei als 'typisch männlich' und eine als 'typisch weiblich' bestimmt. Zusammenfassend gilt für die befragten Frauen, daß sie das Anforderungsprofil für eine kommunale Ratstätigkeit am ehesten mit männlichen Verhaltensnormen und -formen besetzt haben. Zu fragen ist, inwieweit die Frauen ihrer Bewertung der eigenen Fähigkeiten diesem Verhaltensmuster entsprechen, und worin sich hier die aktiven von den nicht-aktiven Frauen besonders unterscheiden.

1.4.1.2 Subjektive Einschätzung

Die nachfolgende Tabelle gibt die Rangfolge der Nennungen im Vergleich wieder:

Tabelle 6: Subjektive Einschätzung

N = 17 aktive Frauen Merkmale / %	Rangfolge der Nennungen (in %)	N = 55 nicht-aktive Frauen Merkmale / %
1. (3) = 100		1. (4) = 87,3
2. (11) = 100		2. (11) = 81,8
3. (9) = 94,1		3. (10) = 80,0
4. (13) = 88,2		4. (12) = 76,4
5. (10) = 82,4		5. (9) = 70,9
6. (16) = 82,4		6. (16) = 65,5
7. (4) = 76,5		7. (15) = 58,2
8. (1) = 70,6		8. (13) = 56,4
9. (2) = 70,6		9. (1) = 52,7
10. (5) = 64,7		10. (8) = 49,1
11. (12) = 64,7		11. (3) = 45,5
12. (15) = 47,1		12. (2) = 30,9
13. (8) = 41,2		13. (14) = 27,3
14. (7) = 29,4		14. (7) = 16,4
15. (14) = 5,9		15. (6) = 10,9
16. (6) = 0		16. (5) = 5,5

Legt man die vier von beiden Gruppen bei objektiven Einschätzungen am häufigsten genannten Item zugrunde, entsprechen die aktiven diesen mit Item 3 und 9 (Mut, unpopuläre Themen ansprechen und Problemeanalyse / Kritikfähigkeit), die nicht-aktiven Frauen lediglich mit dem Item 11 (Aufgeschlossenheit / Einfühlungsvermögen), eine Eigenschaft, die als typisch weiblich definiert wurde.

Schaubild Nr. 3 Eigenschaften und Fähigkeiten

subjektive Einschätzung

N = 17 aktive Frauen Prozent nicht-aktive Frauen N = 55

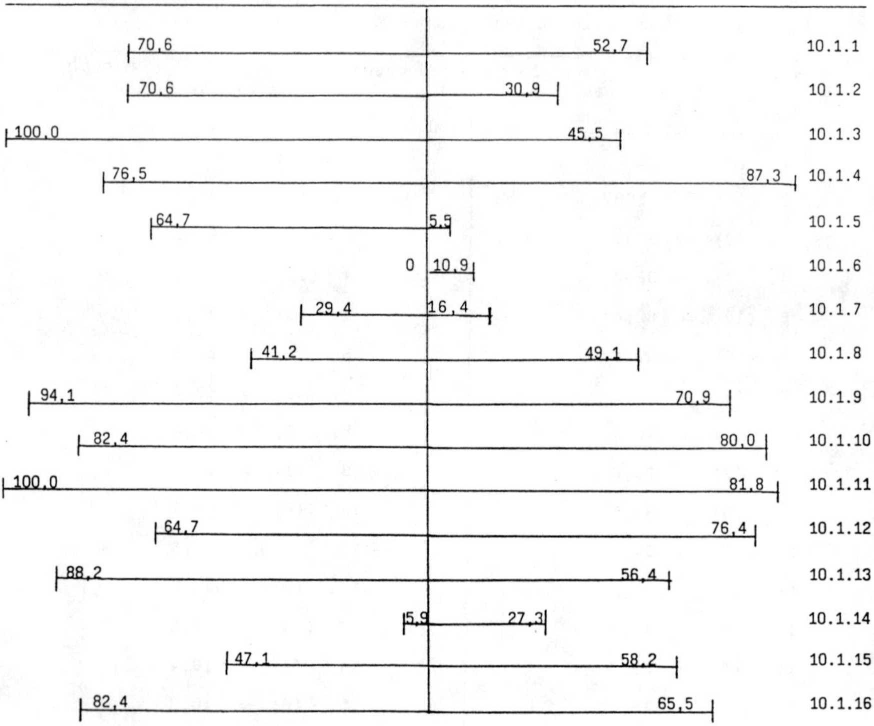

Schaubild Nr. 4

Eigenschaften und Fähigkeiten - subjektive Einschätzung

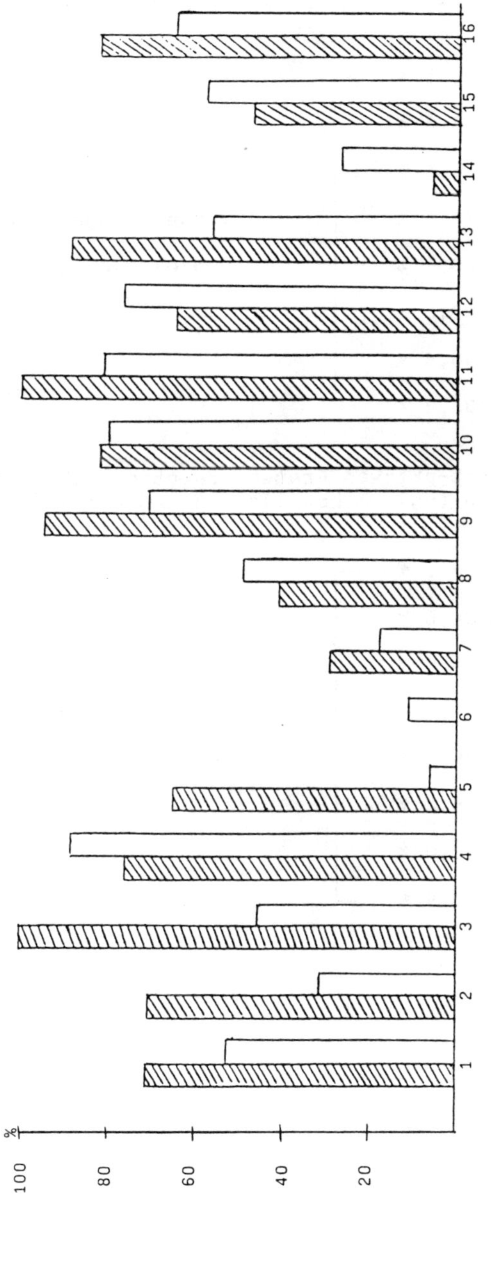

Legende: gestreift = aktive Frauen
weiß = nicht aktive Frauen
1 - 16 = Eigenschaftsmerkmale siehe S. 247

Gravierende Unterschiede im Vergleich objektive - subjektive Einschätzung ergeben sich bei den aktiven Frauen (vgl. Schaubilder 3 und 4) besonders bei den Merkmalen

(1) mit - 23,5 %	Abweichungen zur objektiven Einschätzung
(2) mit - 23,5 %	
(4) mit - 23,5 %	
(5) mit - 35,5 %	
(7) mit - 29,1 %	
(12) mit - 23,5 %	
(14) mit - 58,8 %	
(15) mit - 35,3 %	

Bei den nicht-aktiven Frauen zeigten sich folgende erhebliche Unterschiede (vgl. Schaubilder 3 und 4):

(2) mit - 38,2 %	Abweichungen zur objektiven Einschätzung
(3) mit - 34,5 %	
(5) mit - 69,0 %	
(7) mit - 41,8 %	
(8) mit + 36,4 %	
(10) mit + 16,4 %	
(11) mit + 20,0 %	
(12) mit + 10,9 %	

Schaubild Nr. 5 Eigenschaften und Fähigkeiten

aktive Frauen

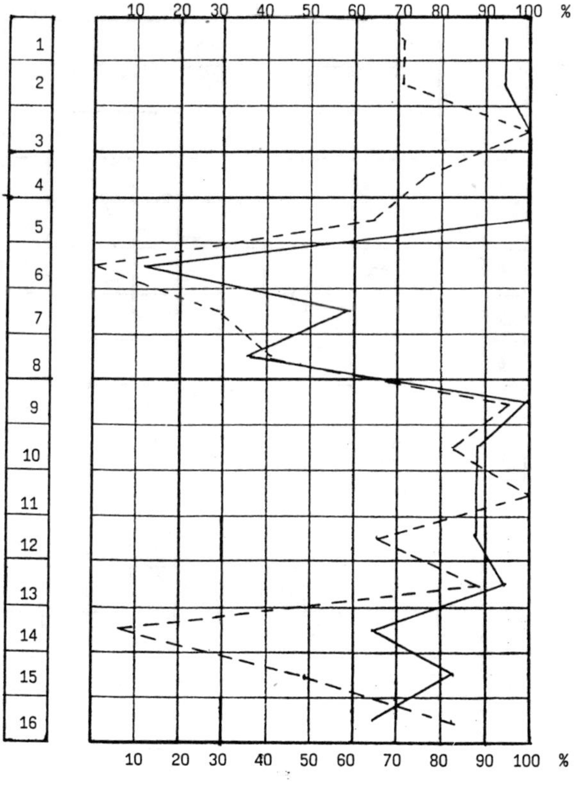

______ objektive Einschätzung

\- - - - - subjektive Einschätzung

1 - 16 Eigenschaftsmerkmale siehe S. 250

Schaubild Nr. 6 Eigenschaften und Fähigkeiten

nicht-aktive Frauen

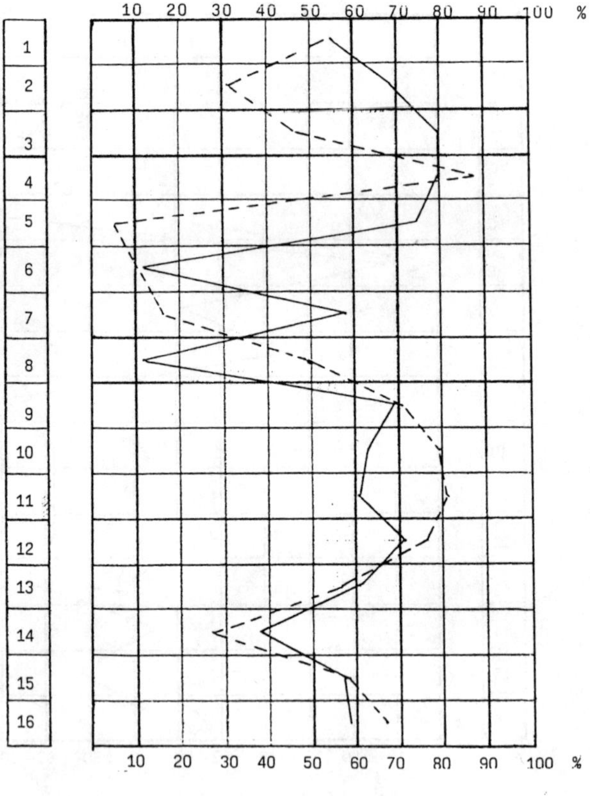

——— objektive Einschätzung

– – – – – subjektive Einschätzung

1 - 16 Eigenschaftsmerkmale siehe S. 250

Bei den aktiven Frauen ist auffällig, daß sie ihre Fähigkeiten und Eigenschaften grundsätzlich geringer einschätzen, als sie sie vom Idealtypus erwarten. Sie setzen ihre Anforderungen an ihr Amt sehr hoch an und - dieses belegen auch die hohen prozentualen Nennungen (vgl. Schaubild 3) - werden mit der Einschätzung ihrer eigenen Fähigkeiten diesen Ansprüchen nicht gerecht.

Besonders hoch sind die Unterschiede zwischen Anspruch und Wirklichkeit bei den Merkmalen (14) Ausstrahlung und Persönlichkeit, (5) Arbeits- und Energieaufwand und (15) Toleranz.

Item 14 muß aufgrund der absolut geringen Nennung aus einer bewertenden Analyse herausgenommen werden. Es kann angenommen werden, daß die aktiven Frauen sich selbst nicht als Persönlichkeit bezeichnen mochten und dieses auch nicht mit mangelndem Selbstbewußtsein gleichzusetzen ist.

Für die Merkmale (16) Fachkompetenz, (11) Überzeugungskraft / Vertrauen erwecken und (8) Zuvorkommend sein, geben die Frauen höhere Wertungen ab, als im Anforderungsprofil gefordert.

Aus diesen Daten soll folgendes geschlossen werden:

- Die aktiven Frauen stellen an eine kommunale Ratstätigkeit hohe Anforderungen bezüglich Eigenschaften und Fähigkeiten der Person, die das Amt ausübt.

- Die Einschätzung der eigenen Fähigkeiten liegt vielfach unter diesem Anforderungskatalog.

- Sie versuchen, ihre eigene Meinung gegenüber Andersdenkenden (15) mit Fachkompetenz (16), Überzeugungskraft (11) und weiblichem Charme (8) durchzusetzen.

- Größtes Hemmnis ist der mangelnde Arbeits- und Energieaufwand (5).

Bei den nicht-aktiven Frauen sind die Unterschiede zwischen objektiver und subjektiver Einschätzung sowohl in den Minus- wie auch den Plus-Abweichungen deutlicher als bei den aktiven Frauen. Vor allem bei den als männlich definierten Eigenschaften zeigen sich gravierende Unterschiede. Hier schätzen die Frauen ihre Fähigkeiten wesentlich geringer ein, als es ihrem Anforderungsprofil entspricht: Selbstbewußtsein, Redegewandtheit, unpopuläre Themen ansprechen und vor allem den Arbeits- und Energieaufwand. Überzeugungskraft, Konfliktfähigkeit und Fachkompetenz wird dagegen für die eigene Person höher eingeschätzt, als es den objektiven Anforderungen entspricht, ebenso die als typisch weiblich definierte Eigenschaft 'zuvorkommend sein / Wärme ausstrahlen'. Für die nicht-aktiven Frauen gilt, wie für die aktiven Frauen, daß sie nach eigener Einschätzung über

- Fachkompetenz
- Überzeugungskraft und
- weiblichen Charme

verfügen, aber zu wenig Arbeit und Energie investieren. Hinzu kommt, daß diese Gruppe offensichtlich durch mangelndes Vertrauen in die eigenen Fähigkeiten, die in der Öffentlichkeit besonders zur Wirkung kommen, nämlich Redegewandtheit, Darstellungsvermögen, 'heiße Eisen' anfassen, große Hemmnisse aufgebaut haben, die es erschweren, ein Ratsmandat anzustreben. Sie scheinen das geschlechtsspezifische Rollenbild soweit internalisiert zu haben, daß sie Politik / Öffentlichkeit noch immer als männliche Domäne betrachten.

1.5 Motivationsfaktoren für die Mitarbeit im Rat

Wenn die vorgenannten Fragen zur Einschätzung von Fähigkeiten und Eigenschaften eher Antworten erwarten ließen, die Einstellungen, Wertvorstellungen und Vorurteile aufzeigen, soll nun der Frage nachgegangen werden, welche Vor- und Nachteile mit der konkreten Ratsarbeit verbunden werden, welche Zielvorstellungen und Interessen über eine Ratstätigkeit verwirklicht werden sollen (Frage 11 und 12).

Beide Gruppen waren sich mit graduellen Unterschieden darin einig, daß die Interessen der Frauen, die im Rat mitarbeiten, in erster Linie abzielen auf: Einflußnahme, Mißstände beheben, Entscheidungen durchschauen und politische Zielsetzungen einbringen (vgl. Tabelle 7).

Tabelle 7 : Motivationsfaktoren für die Mitarbeit im Rat
Frage 12: objektive Einschätzung (in Prozent)

	N = 17 aktive Frauen		N = 55 nicht-aktive Frauen	
	Zustimmung	Ablehnung	Zustimmung	Ablehnung
Vorbildfunktion für andere Frauen	52,9	47,1	60,0	40,0
persönlich profilieren	52,9	47,1	54,5	45,5
Sprungbrett für politische Karriere	47,1	52,9	56,5	43,6
politische Zielsetzungen einbringen	87,5	12,5	92,7	7,3
sich bestätigt fühlen	76,5	23,5	52,7	47,3
kommunalpolitische Mißstände beheben	100,0	-	89,1	10,9
sich mit den Männern messen	23,5	76,5	30,9	69,1
Einfluß auf Entscheidungen nehmen	100,0	-	100,0	-
Bestätigung außerhalb des häuslichen Bereiches	68,8	31,1	61,8	38,2
kommunalpolitische Entscheidungen durchschauen	88,2	11,8	83,6	16,4

Es wird hier eine Interessenslage gezeichnet, die keineswegs persönlich, sondern gesellschaftspolitisch am "Gemeinwohl" orientiert ist. Eigennützige Interessen wie: Sprungbrett für politische Karriere, persönliche Profilierung stehen am Schluß der Rangskala. Die Absicht, sich innerhalb der Ratsarbeit mit den Männern messen zu wollen, wird ebenfalls überwiegend verneint. Einen hohen Wert nehmen die Kriterien der persönlichen Bestätigung außerhalb des häulichen Bereiches ein, bei den aktiven Frauen noch deutlicher ausgeprägt als bei den nicht-aktiven.

Vergleicht man diese Einschätzung des allgemeinen Interesses von Ratsfrauen mit der subjektiven Interessenslage, die die aktiven Frauen für ihre Ratstätigkeit angegeben haben, stehen auch hier an oberster Stelle der Rangfolge die gesellschaftspolitisch orienterten Motivationsfaktoren (vgl. Tabelle 8). Die privat orientierte persönliche Bestätigung hat mit 41,2 % noch einen relativ hohen Wert - nur 23,5 % lehnen ihn als motivale Antriebskraft ab -, die Aussage jedoch, daß die Ratsarbeit sie entschädigt für Enttäuschungen in anderen Lebensbereichen lehnen die aktiven Frauen mit großer Mehrheit (88,3 %) ab; nur eine Minderheit (11,8 %) sieht hierin einen Reiz für die Tätigkeit im Rat. Noch eindeutiger sind die Aussagen zu persönlichen Interessen, beruflichen Interessen, karriereorientierten Interessen mit jeweils nur 5,9 % Zustimmung.

Die nicht-aktiven Frauen gaben auf die Frage nach den möglichen persönlichen Vorteilen, die mit einem Ratsmandat verbunden sind, weniger prononcierte Wertungen ab, was damit zu erklären ist, daß sie noch nicht die Erfahrungen einer Mandatsausübung gemacht haben. Insofern sind die Aussagen, die über vermeintliche Vorteile einer Ratstätigkeit gemacht werden, eher subjektive Klischees, allgemeine Einstellungen und Vorurteile.

Auch die nicht-aktiven Frauen konstatieren, daß die Möglichkeit der Einflußnahme auf Entscheidungen und der Ansatz der konkreten Veränderungen wesentliche Vorteile eines Ratsmandates sind. Im Gegensatz zu den aktiven Frauen geben die nicht-aktiven Frauen den auf persönliche Interessen ausgerichteten Kriterien einen hohen Stellenwert: Sprungbrett für höhere Gremien (58,2 %), Bekanntheitsgrad erhöhen (52,7 %), berufliche Interessen einbringen (36,4 %), persönliche Bestätigung finden (36,4 %). Die Argumentation von der uneigennützigen Ratstätigkeit der Frauen wird von ihnen nicht nachvollzogen. Sie bescheinigen den Mandatsträgerinnen zwar vorab ihre hehren Zielvorstellungen, sind aber der Meinung, daß die Vorteile einer Ratstätigkeit für die Frauen mit konkreten persönlichen Interessenslagen vorteilhaft verbunden werden können. Sie sehen aber noch weniger als die aktiven Frauen durch die Ratstätigkeit eine Entschädigung für Enttäuschungen in anderen Lebensbereichen (7,3 %).

Tabelle 8: Motivationsfaktoren für die Mitarbeit im Rat
Frage 11: subjektive Einschätzung (in Prozent)

	N=17 aktive Frauen		N=55 nicht-aktive Frauen	
	Zustimmung	Ablehnung	Zustimmung	Ablehnung
Einfluß nehmen/mitentscheiden	82,5	-	80,0	1,8
persönliche Interessen durchsetzen	5,9	82,3	32,7	52,8
konkret etwas verändern	76,5	5,9	58,2	11,0
parteipolitische Ziele durchsetzen	35,3	23,6	45,5	23,6
persönliche Bestätigung finden	41,2	23,5	36,4	38,1
berufliche Interessen einbringen	5,9	76,4	36,4	36,4
etwas gesellschaftlich Positives tun	70,6	-	51,9	25,9
Bekanntheitsgrad erhöhen	29,4	58,5	56,4	23,7
Kenntnisse für höher angesiedelte Gremien erwerben	5,9	64,7	58,2	27,3
Entschädigung für Enttäuschung in anderen Lebensbereichen	11,8	88,3	7,3	80,0
Einfluß in der Partei erhöhen	41,2	35,2	52,7	47,3

Über die möglichen Nachteile, die mit einer Ratstätigkeit verbunden werden, wurden von den Frauen erheblich divergierende Aussagen getroffen (vgl. Tabelle 9). Beide Gruppen sind sich einig, daß der notwendige Zeitaufwand als stärkster Nachteil wirkt (82,4 %) / 60,0 %). Für die aktiven Frauen folgt mit 47,1 % der Verlust an Privatheit und mit 41,2 % der Streß und die Mehrfachbelastung. Diese beiden Faktoren haben für die nicht-aktiven Frauen fast keine nachteilige Bedeutung (7,3 %). Für sie steht an zweiter Stelle die Belastung für die Familie (30,0 %) und Angst vor verstärkter sozialer Kontrolle und Diskriminierungen (20,0 %).

Für die aktiven Frauen stellt die Belastung für die Familie nur einen geringen Nachteil (11,8 %) dar, jedoch sehen sie mit 29,4 % eine Unvereinbarkeit mit einer Berufstätigkeit und zwar aufgrund des hohen Zeitaufwandes. Angst vor Diskriminierung und sozialer Kontrolle wurde von ihnen gar nicht genannt.

Tabelle 9: Nachteile einer kommunalen Ratstätigkeit
Frage 11 (in Prozent)

	aktive Frauen N = 17	nicht-aktive Frauen N = 55
Zeitaufwand	82,4	60,0
Unvereinbarkeit mit Beruf	29,4	14,5
Belastung für die Familie	11,8	30,9
Streß/Mehrfachbelastung	41,2	7,3
Verlust von Privatheit	47,1	7,3
soziale Kontrolle/ Diskriminierung	-	20,0

Zusammenfassend kann gesagt werden, daß die aktiven Frauen den hohen Zeitaufwand und die Mehrfachbelastung durch die Ausübung eines Ratsmandates als nachteilig empfinden und dieses zu Lasten der Berufstätigkeit und zu Verlust von Privatheit führt ("Man steht immer in der Öffentlichkeit").

Die nicht-aktiven Frauen befürchten, daß der hohe Zeitaufwand zur Belastung für das Familienleben führt und haben Angst vor Diskriminierungen und sozialer Kontrolle ("Jeder sagt, was macht die da im Rat, soll sich lieber um die Kinder kümmern"). Die nicht-aktiven Frauen scheinen die alten Rollenvorstellungen - die Frau gehört ins Haus, nicht ins Rathaus - noch nicht überwunden zu haben, äußern dieses durch ihre Wertungen und handeln danach.

1.6 Begründungen für die Unterrepräsentanz von Frauen in den kommunalen Räten

Mit der Frage nach den Vor- und Nachteilen, die mit einer Ratstätigkeit verbunden werden, korrespondiert die Frage nach den größten Hemmnissen, die zu überwinden sind oder waren, um ein Ratsmandat anzustreben (Frage 18). Es geht hier wiederum um individuelle, auf die eigene Person bezogene Gründe und in Frage 20 um eine allgemeine Einschätzung, warum Frauen sich nicht vermehrt zur Wahl stellen.

1.6.1 Allgemeine Begründungen

Erhebliche Unterschiede zwischen den Meinungen der aktiven und der nicht-aktiven Frauen sind bei den allgemeinen Begründungen für die Unterrepräsentanz der Frauen festzustellen.

Tabelle 10: Gründe für die Unterrepräsentanz von Frauen in kommunalen Räten
Frage 20: objektive Einschätzung (in Prozent)

	N=17 aktive Frauen zutreffend	n.zutreffen	N= 55 nicht-aktive Frauen zutreffen	n.zutreffend
Angst vor Niederlage	76,5	5,9	34,5	40,0
keine Erfahrung/wenig Zutrauen	88,2	5,9	58,2	23,6
Angst vor der Arbeit	29,4	70,9	21,8	69,1
keine Zeit/Doppelbelastung	64,7	5,9	72,7	14,5
Furcht vor politischen Auseinandersetzungen	58,8	17,7	23,6	56,4
werden von Parteien nicht aufgestellt	47,1	41,1	80,0	9,1
keine Lust/kein Interesse	29,4	47,0	21,8	56,4
Männer werden eher gewählt	58,8	35,2	74,5	16,4
Furcht vor Gerede der Leute	47,1	35,2	25,5	56,4
Angst vor Öffentlichkeit	76,5	5,9	25,5	56,3
Frauen wählen keine Frauen	47,1	29,4	14,5	70,9
Furcht vor Kritik	70,6	29,4	25,5	45,4
Partner sind dagegen	88,2	5,9	47,3	18,2
Frauen sind selber schuld, wenn sie ihre Rechte nicht wahrnehmen	52,9	47,1	36,4	41,8

Aus der Häufigkeit der Begründungen ist folgende Rangliste aufzustellen:

<u>aktive Frauen</u>

1. - keine Erfahrung/wenig Zutrauen
   - Partner sind dagegen

2. - Angst vor Niederlagen
   - Angst vor der Öffentlichkeit

3. - Furcht vor Kritik

4. - keine Zeit/Doppelbelastung

5. - Furcht vor politischen Auseinandersetzungen
   - Männer werden eher gewählt

6. - Frauen sind selber schuld

7. - Frauen werden von den Parteien nicht aufgestellt
   - Furcht vor Gerede der Leute
   - Frauen wählen keine Frauen

8. - Angst vor der Arbeit
   - keine Lust / kein Interesse

<u>nicht-aktive Frauen</u>

1. - Frauen werden von den Parteien nicht aufgestellt

2. - Männer werden eher gewählt

3. - keine Zeit/Doppelbelastung

4. - keine Erfahrung/wenig Zutrauen

5. - Partner sind dagegen

6. - Frauen sind selber schuld

7. - Angst vor Niederlagen

8. - Furcht vor Gerede der Leute
   - Angst vor Öffentlichkeit
   - Furcht vor Kritik

9. - Furcht vor politischen Auseinandersetzungen

10. - Angst vor der Arbeit
    - keine Lust / kein Interesse

11. - Frauen wählen keine Frauen

Während die aktiven Frauen bis zum 3. Platz der Rangskala Begründungen nennen, die eher den individuellen Einstellungen und Fähigkeiten entsprechen, sind es bei den nicht-aktiven Frauen Begründungen, die eher gesellschaftspolitisch und dem weiblichen Lebenszusammenhang zuzuordnen sind.

Bei den Begründungen: Angst vor Niederlagen, Furcht vor politischen Auseinandersetzungen, Furcht vor Gerede der Leute, Angst vor Öffentlichkeit, Furcht vor Kritik und Frauen sind selber schuld, ist bei den nicht-aktiven Frauen die Ablehnung dieser Aussage zum Teil erheblich höher als die Zustimmung. Bei den aktiven Frauen ist dieses nicht der Fall.

Bemerkenswert ist außerdem, daß die aktiven Frauen überwiegend der Aussage zustimmen, daß Frauen keine Frauen wählen (47,1 %), während die nicht-aktiven Frauen dieses mit 70,9 % ablehnen. Sie sehen die wichtigste Begründung mit 80 % Zustimmung in der Aufstellungspraxis der Parteien, während die aktiven Frauen hier nur mit 47,1 % zustimmen.

Nach diesen Angaben kann festgestellt werden, daß ein verändertes Verhalten der Parteien und eine Entlastung im häuslichen Bereich das Partizipationsverhalten der Frauen positiv beeinflussen könnte.

1.6.2 Individuelle Hemmnisse

Die Aussage der aktiven Frauen zu den persönlichen Hemmnissen, die sie vor Übernahme ihres Ratsmandates überwinden mußten, lassen keine Rückschlüsse zu, weil die Ablehnungen zu den angebotenen Begründungen in jedem Fall wesentlich höher waren als die Zustimmungen. Offensichtlich hatten die Frauen keine größeren Schwierigkeiten oder nur selektive. Immerhin gaben fast 30 % an, Angst vor Auseinandersetzungen in der Öffentlichkeit, keine Erfahrung und zu wenig Zutrauen in die Aufgabenerfüllung gehabt zu haben (vgl. Tabelle 11).

Tabelle 11: Hemmnisse, die einer Ratstätigkeit entgegen stehen
Frage 18: subjektive Einschätzung (in Prozent)

	aktive Frauen N = 17	nicht-aktive Frauen N = 55
keine Erfahrung/wenig Zutrauen	29,4	58,2
Angst vor Niederlage	5,9	25,5
Angst vor politischen Auseinandersetzungen in der Öffentlichkeit	29,4	36,4
Partei wollte nicht	-	(10,9)
keine Lust/kein Interesse	-	29,1
Familie/Arbeitgeber war dagegen	5,9	41,8
Furcht vor Öffentlichkeit und Gerede der Leute	17,6	45,5
Vernachlässigung der Familie	17,6	60,0

Die nicht-aktiven Frauen befürchten an erster Stelle, durch das Anstreben eines Ratmandates ihre Familienaufgaben zu vernachlässigen, gekoppelt mit der hohen Zustimmung, daß die Familie/ der Partner dagegen ist.

Die mangelnde Erfahrung und sich die Aufgabenerfüllung nicht zuzutrauen und die Angst vor Öffentlichkeit und dem Gerede der Leute werden von den nicht-aktiven Frauen ebenfalls als größere Hemmnisse dargestellt. Auch hier zeigt sich bei den nicht-aktiven Frauen die Internalisierung tradierten weiblichen Rollenverhaltens: Familie und Haus, keine Öffentlichkeit, Politik ist Frauen nicht zuzutrauen.

1.7 Begründungen für Erhöhung des Frauenanteils und Motivationsfaktoren zur Aktivierung von Frauen

Die befragten Frauen beider Gruppen waren sich voll darin einig, daß mehr Frauen in den kommunalen Räten vertreten sein sollten und gaben dafür nachstehende Begründungen ab:

Tabelle 12: Begründungen für die Forderung nach Erhöhung des Frauenanteiles in den kommunalen Räten
Frage 15 (in Prozent)

	N= 17 aktive Frauen		N=55 nicht-aktive Frauen	
	Zustimmung	Ablehnung	Zustimmung	Ablehnung
Frauen machen bessere Kommunalpolitik als Männer	41,2	23,6	90,9	9,1
Frauen sind von den kommunalpolitischen Entscheidungen stärker betroffen als Männer	82,4	11,8	74,5	14,5
Die kommunalpolitischen Probleme werden von den Frauen eher gesehen als von den Männern	70,6	11,8	63,6	36,4
Frauen können die Kommunalpolitik verändern, weil sie andere Maßstäbe anlegen	82,4	-	78,2	12,7
Die Kommunalpolitik ist für Männer eher durchschaubar als für Frauen	23,5	76,5	18,2	61,9
Frauen können ihre Fähigkeiten in anderen Bereichen, z.B. Familie, Ehrenamt, besser einbringen als im Rat	11,8	88,2	32,7	63,6
Das Grundgesetz schreibt die Gleichberechtigung von Mann und Frau vor. Deshalb sollten auch mehr Frauen in den Räten vertreten sein.	100,0	-	90,9	3,6
Frauen erkennen besser, welche gesellschaftspolitischen Gruppen von kommunalen Entscheidungen stärker betroffen sind und setzen sich für diese Gruppen stark ein	70,6	29,4	72,7	27,2
Die kommunalpolitische Tätigkeit einer Frau geht zu Lasten ihrer Aufgabenerfüllung als Hausfrau und Mutter	58,8	35,3	63,6	24,5
Um an kommunalpolitischen Entscheidungen mitzuwirken, fehlt es den meisten Frauen an entsprechenden Kenntnissen und Erfahrungen	52,9	47,0	49,1	40,0
Kommunalpolitische Entscheidungen müssen nach logischen und sachlichen Gesichtspunkten und nicht nach gefühlsmäßigen Empfindungen entschieden werden	70,6	17,7	78,2	5,4
Kommunalpolitik ist, wie Politik insgesamt, eher Männersache	5,9	94,1	3,6	91,0
Frauen sollten die Männer nicht von ihren Funktionen in der Kommunalpolitik verdrängen	5,9	88,2	14,5	69,1
Frauen sind zu wenig einsichtig und zu wenig kompromißbereit	-	88,3	3,6	83,6
Frauen verbessern das Arbeitsklima in den kommunalen Räten	94,1	-	61,8	38,2
Da die Ratsarbeit am Ort stattfindet, ist die Abwesenheit von der Familie eher tragbar	94,1	-	83,6	7,3

Die nicht-aktiven Frauen sind mit großer Mehrheit (90,9 %) der Meinung, daß Frauen bessere Kommunalpolitik machen als Männer, im Gegensatz zu den aktiven Frauen, die diese Meinung nur mit 41,2 % vertreten.

Beide Gruppen sehen, daß Frauen die Kommunalpolitik verändern können, weil Probleme in der Kommune von Frauen eher gesehen werden und sie von kommunalpolitischen Entscheidungen stärker betroffen sind. Aus diesen Gründen und weil das Grundgesetz die Gleichberechtigung von Männern und Frauen vorschreibt, sollen nach Meinung der Befragten, Frauen stärker in den Räten vertreten und damit an den Willensbildungs- und Entscheidungsprozessen beteiligt sein. Hinzu kommt, daß die Ratsarbeit vor Ort stattfindet und von daher mit den Familienaufgaben leichter zu veeinbaren ist.

Während die aktiven Frauen durch die Mitarbeit von Frauen im Rat ein verbessertes Arbeitsklima sehen, lehnen dieses immerhin 38,2 % der nicht-aktiven Frauen ab.

Eine stärkere Divergenz ist noch bei den Antworten zu Tätigkeiten für Frauen in anderen Bereichen festzustellen. 32,7 % der nicht-aktiven Frauen glauben, daß Frauen ihre Fähigkeiten besser in der Familie oder im ehrenamtlichen Bereich einbringen können. Insgesamt kann festgestellt werden, daß nach Meinung der befragten Frauen eine vermehrte Partizipation von Frauen in den Räten nicht nur eine geschlechtlich differenzierte quantitative Veränderung, sondern auch eine qualitative inhaltliche Veränderung der Kommunalpolitik mit sich bringen würde, und zwar im Sinne einer bürgernahen Politik.

Änderungen, um verstärkte Partizipation von Frauen zu erreichen, müßten in folgenden Bereichen ansetzen:

Tabelle 13: Motivationsfaktoren zur Aktivierung von Frauen
Frage 22 (in Prozent)

Was müßte sich vorrangig ändern, damit mehr Frauen in den Räten vertreten sind?	N=17 aktive Frauen Zustimmung	Ablehnung	N=55 nicht-aktive Frauen Zustimmung	Ablehnung
Die Solidarität unter den Frauen muß stärker werden	82,4	17,6	94,5	5,5
Frauen müssen verstärkt in die Parteien gehen	100,0	-	94,5	5,5
Frauen müssen ihre Anliegen mehr in die Öffentlichkeit tragen	82,4	17,6	94,5	5,5
Frauen müssen in Vereinen und Verbänden verstärkt mitarbeiten	70,6	29,4	63,6	36,4
Für Frauen müssen bestimmte Plätze auf den Wahllisten freigehalten werden (Quotierung)	47,1	52,9	57,4	42,6
Die Doppelbelastung der Frauen muß im familiären Bereich abgebaut werden	82,4	17,6	90,9	9,1
Es muß für alle "normal" werden, daß Frauen kandidieren	94,1	5,9	96,4	3,6
Das Konkurrenzverhalten der Männer muß sich ändern	82,4	17,6	85,5	14,5
Frauen müssen sich mehr zutrauen	94,1	5,9	98,2	1,8
Die Parteien müssen die Frauen mehr bei den Kandidaturen unterstützen	94,1	5,9	96,4	3,6

Die Aussagen beziehen sich auf Änderungen in individuellen, gesellschaftlichen und parteiinternen Bereichen und zeigen zwischen den Gruppen keine erheblichen Unterschiede auf. Wenn ein wichtiges Element des Rekrutierungsverhaltens der Parteien zur Aufstellung der Wahllisten, wie oben gezeigt, die Mitgliedschaft in Verbänden und Vereinen ist, muß auffallen, daß diese Forderung von den Frauen nicht voll unterstützt wird (aktive Frauen 70,6 %, nicht-aktive Frauen 63,6 %). Jede dritte Frau lehnt diese Forderung ab und hält die Vereins- und Verbandsarbeit somit nicht für wichtig.

Ebenso halten die Frauen nicht allzuviel von den Forderungen nach bevorzugten Listenplätzen für Frauen. Jede Gruppe stimmt etwa zur Hälfte der Forderung nach Quotierung zu, die andere Hälfte lehnt sie ab. Wichtiger scheint es für die Frauen zu sein, daß die Rahmenbedingungen sich ändern. Die hohen Zustimmungswerte auf die Aussagen: Frauenkandidaturen müssen für alle 'normal' werden, männliches Konkurrenzverhalten muß sich ändern, mehr Unterstützung durch die Parteien für Frauen lassen auf erlebte und vermutete Vorbehalte und Diskriminierungsmechanismen gegen kandidaturwillige Frauen schließen.

VII. ERGEBNISSE DER UNTERSUCHUNG

Ausgehend von der Tatsache, daß Frauen aufgrund ihrer Geschlechtszugehörigkeit im Bereich der politischen Partizipation stark unterrepräsentiert sind, wurden Determinanten festgemacht, die die These stützen sollen, daß gerade der Bereich Kommunalpolitik für Frauen ein bevorzugtes Arbeitsfeld sein könnte, in dem die Einstellungen und Vorurteile zum Thema Frauen und Politik aufgrund der örtlichen Gegenbenheiten weniger zum Tragen kommen, als im Bereich der sog. 'großen' Politik.

Die vorliegende Regionalstudie soll Ursachen für die dennoch vorhandene Unterrepräsentanz der Frauen in den kommunalen Räten und Motivationsfaktoren, die eine Erhöhung des Frauenanteils bewirken könnten, aufzeigen.

Die Ergebnisse dieser Studie lassen mindestens vier wichtige Aussagen zu, die allerdings aufgrund der geringen Basisrate nicht überregional generalisiert werden können. Zum einen kann gesagt werden, daß für die Kommunalpolitik die gleichen Einstellungen und Vorurteile gelten, wie für Politik insgesamt. Zum anderen sind die hemmenden Faktoren, die einer vermehrten Mandatstätigkeit von Frauen entgegenstehen, wesentlich auf die Geschlechtsdifferenzierung zurückzuführen. Dieses gilt für das individuelle Verhalten der Frauen, für das Wahlverhalten und für das Rekrutierungsmuster und für die inneren Strukturen und Entscheidungsprozesse der Parteien. Daneben gibt es eine starke Disparität zwischen dem Bewußtseinsstand der Frauen, ihren Ansprüchen nach mehr Beteiligung und dem Verhalten in der Realität, diesen Schritt zur Partizipation zu tun. Viertens wird eindrucksvoll deutlich, daß zwischen der Erkenntnis der besonderen Betroffenheit der Frauen durch kommunalpolitische Entscheidungen und der Bereitschaft der Frauen, sich an diesen Entscheidungen vermehrt zu beteiligen, vielfältige Aktivierungsmöglichkeiten für Parteien und gesellschaftspolitische Intstitutionen liegen, die zur gleichberechtigten Teilnahme der Frauen in diesem Bereich beitragen können.

Im einzelnen:

1. Kommunalpolitik muß, wie Politik insgesamt, immer noch als männliche Domäne bezeichnet werden. Die These von der besonderen Betroffenheit der Frauen durch kommunalpolitische Entscheidungen ist durch diese Studie eindruckvoll bestätigt worden.

   - Frauen erheben den Anspruch, vermehrt an den Entscheidungen auf kommunaler Ebene beteiligt zu sein. Sie trauen sich in einer Selbsteinschätzung diese Aufgabenerfüllung durchaus zu und sind der Meinung, daß mehr Frauen in den Räten die Kommunalpolitik verändern würde.

- Die Politikfähigkeit wird auch für Kommunalpolitik noch überwiegend mit männlichem Rollenverhalten und männlich besetzten Eigenschaften und Fähigkeiten gleichgesetzt. Die Frauen befürchten durch ein vermehrtes Partizipationsverhalten den Rollenkonflikt und dadurch bedingte Diskriminierungen.

- Das Rekrutierungsverhalten der Parteien steht im Widerspruch zur Verankerung der Frauen in sog. Vorfeldorganisationen. Frauen halten die Mitgliedschaft in Verbänden und Vereinen hinsichtlich einer Ratstätigkeit für nicht so wichtig. Die aktiven Frauen lehnen zum Teil eine solche Mitarbeit grundsätzlich ab, weil sie der Meinung sind, daß die Mitgliedschaft in diesen Organisationen keinen größeren Einfluß auf den Gewinn von Wählerstimmen hat, die notwendige Zeit fehlt und ihnen "Vereinsmeierei" nicht liegt.

- Besonders die nicht-aktiven Frauen sind der Meinung, daß Frauen von den Parteien nicht aufgestellt werden und Männer eher als Frauen gewählt werden. Die Parteien sollen Frauen bei Kandidaturen mehr unterstützen und das Konkurrenzverhalten der Männer sollte sich ändern.

- Die Aufstiegsmotivation bei den aktiven Frauen ist sehr hoch anzusetzen. Sie sind bereit, höhere Funktionen und Ämter zu übernehmen, um somit mehr Einfluß ausüben zu können.

2. Die Inaktivität der Frauen ist auf geschlechtsspezifisches Rollenverhalten und auf das gesellschaftliche Normen- und Wertesystem zurückzuführen.

   - Frauen befürchten, durch den Zeitaufwand, der mit der Übernahme eines Ratsmandates verbunden ist, ihren Familienaufgaben nicht gerecht zu werden. Für die nicht-aktiven Frauen gilt, daß sie mit der Gegenwehr des Partners rechnen müssen.

   - Mangelnde Erfahrung der Frauen und Angst vor der Öffentlichkeit, z. B. mangelnde Redegewandtheit, sind wesentliche Faktoren, die eine Teilhabe der Frauen verhindern. Hierin ist wohl auch das mangelnde Selbstbewußtsein der Frauen begründet, ein Mandat anzustreben.

   - Frauen die ein öffentliches Ratsmandat bekleiden, unterliegen verstärkt der sozialen Kontrolle. Unzulänglichkeiten im familiären Bereich werden auf die Ratstätigkeit der Frauen zurückgeführt und darauf reduziert. Diese soziale Kontrolle, auch bezüglich des Verhaltens der aktiven Frauen in der Öffentlichkeit, wird verstärkt auch von Frauen ausgeübt. Dieses weist darauf hin, daß Frauen ihr Rollenverhalten soweit internalisiert haben, daß ein Rollendurchbrechen negativ sanktioniert wird.

3. Ökonomische Unabhängigkeit ist für Frauen wesentliche Voraussetzung für verstärkte Partizipation.

- Der Bildungsstand der aktiven Frauen, sowohl für die schulische wie für die berufliche Bildung, liegt deutlich über dem der nicht-aktiven Frauen. Das gleiche gilt für die Berufstätigkeit der Frauen. Die Berufstätigkeit der Frauen bedeutet einen zusätzlichen Faktor bezüglich Zeitaufwendung, Streß und Mehrfachbelastung. Ohne berufliche Tätigkeit dürften die Frauen jedoch in der Regel über kein eigenes Einkommen verfügen.

- Die Verfügungsgewalt über eigene finanzielle Mittel trägt wesentlich zur Selbständigkeit und eigener Entscheidungsfreiheit der Frauen bei. Unbestritten ist für die Frauen, daß politische Aktivitäten nicht nur Zeit, sondern auch Geld kosten, angefangen von den Aufwendungen der Fahrtkosten bis zu den Verzehrkosten auf Veranstaltungen und Versammlungen, deren Besuch für politisch aktive Frauen unabdingbar ist.

- Bei der Ratstätigkeit handelt es sich um ein ehrenamtliches Engagement, das zwar mit Ehre und Ansehen - für Frauen gilt dieses aufgrund der Rollenzuweisungen nur eingeschränkt - verbunden ist, aber nicht als bezahlte Leistung gilt.[146] Für Frauen, die keinen bezahlten Beruf ausüben, läßt sich die mit der Ratstätigkeit verbundene Ehre und Macht auch nicht mit den beruflichen Interessen verbinden, sondern auf Arbeit-, Zeit- und Geldaufwand beschränken.

- Da bei beiden Befragungsguppen der Altersschwerpunkt bei 41 - 50 Jahre lag, ein Alter, in dem Frauen aufgrund ihrer Lebensphase ihren Arbeitseinsatz nicht mehr voll auf die Familie konzentrieren müssen, ist zu fragen, ob die Abkömmlichkeitsthese in der Realität nicht hinter die ökonomische Abhängigkeit tritt. Ökonomische Abhängigkeit bedeutet für die Frauen einen ständigen Kampf, zermürbende Auseinandersetzungen mit dem Partner, wenn er den politischen

---

[146] Backes, Gertrud unterscheidet zwei Haupttypen ehrenamtlicher Arbeit, das soziale und das politische Ehrenamt: "Das politische Ehrenamt besteht in Beteiligung und Planung, Organisation, Beratung und Entscheidung in Institutionen. Es ähnelt stark der Erwerbsarbeit, beruht oft auch auf formalen Qualifikationen und bringt faktisch "Ehre" im Sinne von gesellschaftlichem Ansehen, Macht und Vorteilen für das berufliche Fortkommen mit sich." Backes, Gertrud: Widersprüchliche Vergesellschaftungsformen des sozialen Ehrenamts für Frauen, in: Heck, Rita/Keinhorst, Annette (Hrs.): Frauen-Alltag-Politik, a. a. O., S. 89

Aktivitäten seiner Partnerin nicht wohlwollend gegenüber steht.

4. Neben der allgemeinen verstärkten sozialen Kontrolle findet in den kommunalen Parlamenten und den Parteifraktionen geschlechtsspezifische Diskriminierung statt. Es handelt sich dabei sowohl um verstecktes wie um offenes Diskriminierungsverhalten.

   - Die aktiven Frauen konstatieren nach wie vor diskriminierende Verhaltensweisen der männlichen Ratskollegen wie stören, nicht zuhören, frauenfeindliche Zwischenrufe, kürzere Redezeiten, übergehen bei Funktionsvergabe, zuweisen in typisch weibliche Bereiche usw.

   - Die Frauen haben Techniken entwickelt, die ihre Betroffenheit nicht mehr so sichtbar macht, weil dieses Sichtbarwerden als Schwäche ausgelegt wird. Sie versuchen, diese Diskriminierungen zu ignorieren und dadurch sie als Instrument unwirksam zu machen. Dabei wird die Gefahr der Gewöhnung durchaus gesehen, aber in Kauf genommen, weil nur so eine kontinuierliche Mitarbeit gewährleistet ist.

   - Um Anfechtungen innerhalb der Ratstätigkeit zu vermeiden, stellen die Frauen hohe Anforderungen an sich selbst, was zu einer vermehrten Arbeitsleistung und höherem Zeitaufwand führt ("Eine Frau muß immer besser sein als ein Mann"). Diese erhöhten Leistungen führen zu der Erkenntnis, daß Frauen ein Ratsmandat mindestens ebenso gut ausfüllen wie Männer, sie stärken das Selbstbewußtsein der Frauen und münden in vermehrte Ansprüche auf höherwertige Funktionen und Mandate.

   - Ein Ratsmandat wird als Privileg angesehen, daß in der Öffentlichkeit zu Vorteilen und Einwirkungsmöglichkeiten führt. Es stärkt das Selbstwertgefühl der Frauen, auch wenn es mit Verlust von Privatheit verbunden ist. Die Frauen sind der Meinung, daß die Männer sich diese Privilegien nicht ohne weiteres nehmen lassen und fordern deshalb ein verändertes Konkurrenzverhalten der Männer (der Parteien).

   - Die aktiven Frauen haben die Erfahrung gemacht, daß eine verstärkte Mitarbeit in den Frauenvereinigungen der Parteien und eine Konzentration auf frauenpolitische Themen bei der Kanidatur eher hinderlich als nützlich ist und aus dem Konkurrenzdenken der Männer herrührt. Frauenvereinigungen stellen im Hinblick auf Kandidaturen keine Hausmacht dar. Frauenthemen, öffentlich diskutiert, werden dagegen von den nicht-aktiven Frauen als starker Motivationsfaktor zur Aktivierung von Frauen gesehen.

- Zwar fordern die Frauen von den Parteien, mehr Frauen zur Kandidatur aufzustellen, lediglich die Hälfte der aktiven und der nicht-aktiven Frauen befürwortet jedoch eine Quotierungsregelung. Typische Begründung: Wir wollen nicht nur gewählt werden, weil wir Frauen sind, sondern weil wir es genau so gut können wie die Männer. Dieses macht deutlich, daß die Frauen sich vor einer Alibifunktion fürchten und sie nicht wollen. Gleichzeitig würde sie dieses vermeintliche 'nur als Frau gewählt worden' zu sein, unter zusätzlichen Leistungsdruck stellen. Es kommen hier die grundsätzlichen Pro- und Contraargumente, die inhaltlich in den Parteien und in der Frauenbewegung insgesamt geführt werden, voll zum Ausdruck. Gemeinsam sehen die Frauen aber, daß sich auch in der Kommunalpolitik vieles ändern würde, wenn Frauen verstärkt in den Räten vertretn wären.

VIII. ZUSAMMENFASSUNG

Ausgehend von den eingangs formulierten Thesen zur Erklärung der Unterrepräsentanz von Frauen in kommunalen Räten, läßt sich aufgrund der Ergebnisse dieser Studie folgendes Resümee ziehen: Die These, daß Kommunalpolitik wegen ihrer Besonderheiten ein bevorzugter Tätigkeitsbereich für Frauen sein könnte, wurde bestätigt. Dabei ist der wichtigste Motivationsfaktor für eine verstärkte Partizipation der Frauen die besondere Betroffenheit durch die kommunalpolitischen Entscheidungen. Diese besondere Betroffenheit ist im Zusammenhang mit den Lebensbedingungen der Frauen zu sehen.

Die Tatsache der subjektiven und objektiven Betroffenheit führt zu einem erhöhten Partizipationsanspruch der Frauen. Die Diskrepanz zwischen dem theoretischen Anspruch nach mehr Beteiligung und der individuellen Bereitschaft der Frauen, sich um ein Mandat zu bemühen, ist im wesentlichen auf die eingangs beschriebenen Erklärungsansätze für die Unterrepräsentanz von Frauen zurückzuführen.

Die Interviews der aktiven Frauen machten eindrucksvoll deutlich, daß die gesellschaftlichen Vorurteile über den Status der Frau in der Gesellschaft eine direkte Partizipation auch auf kommunaler Ebene erheblich behindern. Dieses gilt für das Diskriminierungsverhalten gegenüber aktiven Frauen, für die vorgefundenen männlich geprägten Strukturen der Gremien und für das Erleben von Rollenkonflikten, wenn es um die Vereinbarkeit von Politik, Beruf und Familie geht. Diese konkreten Erfahrungen und das daraus resultierende Bild von den sozialen und psychischen Kosten, welche Frauen für eine Partizipation aufbringen müssen, sind gleichzusetzen mit den Faktoren, die die nichtaktiven Frauen an der Übernahme eines kommunalen Mandates hindern.

Die Meinung der Frauen, daß die Parteien bei der Kandidatenaufstellung Frauen nicht genügend berücksichtigen, und daß Männer eher gewählt werden als Frauen, ist ein weiterer wesentlicher Hinderungsgrund im Partizipationsverhalten der Frauen. Gleichzeitig bestehen erhebliche Bedenken der Frauen gegen eine weibliche Quotierung für Ämter und Mandate.

Die aktiven Frauen geben an, bei der Kandidatur selbst keine erheblichen Schwierigkeiten gehabt zu haben. Es ist dabei zu beachten, daß es sich bei den interviewten Frauen um bereits erfolgreiche Mandatsinhaberinnen handelt, die kandidaturwilligen aber erfolglosen Frauen jedoch nicht in die Befragung einbezogen wurden. Die Statistiken belegen, daß die Mehrzahl der kandidaturwilligen Frauen sich mit unsicheren Listenplätzen begnügen muß (vgl. Seite 118). Unter dieser Berücksichtigung sind die Einstellungen der nicht-aktiven Frauen gegenüber dem Rekrutierungsverhalten der Parteien nicht unbegründet. Insofern könnte ein Quotierungsbeschluß in den Parteien die Chancen der Frauen wesentlich erhöhen.

Wenn die Frauen mehrheitlich der Meinung sind, daß die Mitarbeit in Verbänden und Vereinen nicht wesentlich bessere Voraussetzungen für das Erringen von Mandaten bedeutet, steht dieses im krassen Widerspruch zu dem tatsächlichen Rekrutierungsverhalten der Parteien. Es ist jedenfalls nicht zu leugnen, daß sich der Bekanntheitsgrad durch die Arbeit in den Vorfeldorganisationen erhöhen kann. Eine verstärkte Mitarbeit in diesen Organisationen würde aber eine weitere zeitliche Belastung für die Frauen darstellen.

Gerade der Faktor "Mehrfachbelastung" läßt die Frauen - gekoppelt mit der Verantwortung für Familie - vor einer Kandidatur zurückschrecken. Sie räumen dem innerhäuslichen Aufgabenbereich nach wie vor erste Priorität ein. Die aktiven Frauen haben diese Einstellung relativiert, geraten zwar auch in erhebliche Rollenkonflikte, haben aber Organisationsformen gefunden, die die Schwierigkeiten reduzieren. Die Vereinbarkeit von Familie, Beruf und Politik stellt auch auf kommunaler Ebene die größte Barriere für Frauen dar. Dieses gilt sowohl für die Bereitschaft, ein kommunales Amt zu übernehmen, wie auch für die Realität der Ratstätigkeit. Demgegenüber wird von allen Frauen gesehen, daß kommunale Ratstätigkeit im Vergleich zur Tätigkeit auf Landes- oder Bundesebene noch am ehesten mit den Berufs- und/oder Familienpflichten zu vereinbaren ist.

Inwieweit ein vermehrter Anteil von Frauen im Rat auch tatsächlich eine inhaltliche Verbesserung der Ratsarbeit herbeiführen würde, kann durch diese Studie nicht belegt werden. Die befragten nicht-aktiven Frauen sind zwar der Meinung, daß Frauen bessere Kommunalpolitik machen als Männer, die aktiven Frauen bestätigen diese Meinung aber nicht so absolut. Dieses kann auch in Verbindung mit den Aussagen der Interviewten gebracht werden, daß die wenigen Frauen in den Räten sich nicht immer solidarisch zeigen und sich von den Männern gegenseitig "ausspielen" lassen. Zu erklären wäre dieses Verhalten mit der hohen Karriereorientierung der aktiven Frauen und das dafür notwendige "Wohlverhalten" gegenüber den männlichen Kollegen, deren Unterstützung sie benötigen.

Ob ein wesentlich erhöhter Anteil von Frauen in den Räten auch eine veränderte Politik im Sinne von Frauenpolitik oder Politik von Frauen für Frauen ergeben würde, kann nicht vorausschauend durch diese Studie gesagt werden. Die These, daß ein erhöhter Frauenanteil eine andere Organisationsform der politischen- auch der kommunalpolitischen - Arbeit bringen würde, kann aufrecht erhalten werden und plausibel durch die Antworten der Frauen und durch ihre Forderungen nach Berücksichtigung der Familienpflichen erklärt werden.

Wesentlicher Hinderungsgrund für eine Partizipation ist nach Aussage der Frauen die ökonomische Abhängigkeit. Sie verstärkt automatisch die Konflikte innerhalb der privaten Bindungen. Hier ist mit Hoecker festzustellen, daß im Rekrutierungsprozeß der Parteien die Tätigkeiten als Hausfrau und Mutter nicht die notwendige Berücksichtigung finden und Frauen in der Konkurrenz um Mandate durch die geschlechtsspezifische Arbeitsteilung Benachteiligungen erfahren.

Daneben gilt, daß eine Ratstätigkeit der Frauen Veränderungen sowohl im privaten wie im politischen Bereich mit sich bringt, ein Ratsmandat Privilegien in der Öffentlichkeit beinhaltet und das Selbstwertgefühl der einzelnen Person steigert. Da aber ein vermehrter Anspruch der Frauen auf Mandate in jedem Fall bedeutet, daß Männer ihre Überrepräsentanz abbauen müssen, weil Mandate nur in begrenzter Anzahl zur Verfügung stehen, ist anzunehmen, daß dieses kaum ohne Gegenwehr und freiwillig passiert.

Die große Diskrepanz zwischen dem Anspruch der Frauen und dem tatsächlichen Partizipationsverhalten kann auf Sozialisationsbedingungen, auf das gesellschaftliche Normen- und Wertesystem und auf das Rekrutierungsverhalten der Parteien zurückgeführt werden, wie oben bereits beschrieben.

Das individuelle Verhalten der Frauen kann letztlich nur durch wirkliche gesellschaftliche Gleichheit beeinfluß werden. Auch wenn es sich bei der vorliegenden Arbeit nur um eine begrenzte Regionalstudie handelt, deren Ergebnisse nicht auf die Makro-Ebene ohne weiteres zu übertragen sind, wird hier als Fallbeispiel deutlich, daß der individuelle Handlungsrahmen begrenzt wird von gesellschaftlichen Normen und Werten. Individuelles Durchsetzen gleichberechtigter Teilnahme am kommunalpolitischen Geschehen bedeutet für die Frauen Auseinandersetzungen mit Familienaufgaben und Partneransprüchen, Kampf im innerparteilichen Geschehen um die Durchsetzung und Anerkennung ihrer Rechte, Konfliktbereitschaft in öffentlichen Auseinandersetzungen und soziale Kontrolle nicht nur durch die männlichen, sondern auch durch die weiblichen Gesellschaftsmitglieder. Dieses bedeutet auch, ständig dem erwarteten Rollenverhalten zuwider zu handeln und sich damit freiwillig und bewußt in Rollenkonflikte zu begeben.

Wenn die These, daß Kommunalpolitik aufgrund ihrer spezifischen Anforderungen als bevorzugtes Aufgabenfeld für Frauen gelten kann, durch die Ergebnisse der vorliegenden Studie bestätigt wird, sind dennoch die anfangs gegebenen Begründungen zu erläutern, bzw. zu ergänzen:

a) Kommunalpolitik wird wegen der gringeren Abwesenheit von zu Hause zwar als eher für Frauen machbar angesehen. Die hohe zeitliche Belastung, die Angst vor Öffentlichkeit, die soziale Kontrolle eben durch die engen sozialen Beziehungen am Ort und damit befürchtete einhergehende Diskriminierungen stellen jedoch hohe Barrieren für Frauen dar.

b) Die Kommunalpolitik mit ihren örtlichen, relativ abgegrenzten Problemfeldern wird von den befragten Frauen als besonders frauenrelevant angesehen, weil sie im hohen Maße die Lebenssituationen von Frauen betrifft und von den Entscheidungen in der Kommune Frauen stärker betroffen zu sein scheinen als Männer. Es fehlt den Frauen aber am notwendigen Selbstvertrauen und an den entsprechenden Fähigkeiten, die theoretische Erkenntnis in praktisches Partizipationsverhalten einmünden zu lassen.

c) Die Einstellung der Frauen, daß eine vermehrte Verbands- und Vereinsarbeit nur begrenzt die Wahlchancen erhöht, steht im Widerspruch zum tatsächlichen Rekrutierungsverhalten der Parteien. Es erscheint daher sinnvoll, daß Frauen im ehrenamtlichen Tätigkeitsbereich vermehrt Führungspositionen anstreben, um so öffentlichkeitswirksam zu arbeiten. Die Aussage der aktiven Frauen, die über Verbandsarbeit gekommen sind, belegen ebenfalls diese These.

d) Nach den Ergebnissen der Interviewanalyse müßte den kandidaturwilligen Frauen geraten werden, sich im Vorfeld nicht zu intensiv mit Frauenpolitik zu beschäftigen, weil dieses die Chancen der Nominierung negativ beeinflußt. Auf der anderen Seite erwarten die nicht-aktiven Frauen eine vermehrte Auseinandersetzung mit frauenrelevanten Themen in der Öffentlichkeit und von den aktiven Frauen, daß diese sich besonders damit beschäftigen. Hier kann der Ansatz zur Veränderung nur in einr Änderung der Ziel- und Kriterienbestimmung der Parteien liegen.

e) Die Parteien sollten bei der Kandidatenaufstellung verstärkt die Erfahrungen und Kenntnisse der Frauen aus Familienarbeit, Berufswelt und kommunale Wirklichkeit im Sinne einer effektiven Kommunalpolitik mit einbeziehen.

Um ein erhöhtes Partizipationsverhalten der Frauen in dem von ihnen als besonders frauenrelevanten Aufgabengebiet Kommunalpolitik zu bewirken, könnten nach den Ergebnissen dieser Studie, die sich auf die subjektiven Einstellungen und Meinungen der Frauen stützt und die konkreten Erlebnisse der aktiven Frauen beinhaltet, folgende Veränderungen als positive Motivationsfaktoren für die Frauen wirken:

- Frauenpolitische Belange müßten in der Kommunalpolitik mehr Beachtung und Berücksichtigung finden. Frauen, die ein Mandat innehaben, sollten verstärkt die Vorbildfunktion für andere Frauen erfüllen und dafür Sorge tragen, daß frauenspezifische Themen auf kommunaler Ebene durchgängig in den Fraktionen und im jeweiligen Rat und damit in der Öffentlichkeit diskutiert werden.

- Kandidaturwillige Frauen sollten sich in den Vorfeldorganisationen und in den Parteien Bündnispartner/innen zur Unterstützung suchen. Es ist anzunehmen, daß auch Männer die These von der Politikunfähigkeit der Frauen aufgrund der öffentlichen Diskussion nicht mehr durchgängig unterstützen.

- Frauen sollten lernen, ihre Forderungen und Ansprüche zu formulieren: Das bedingt auch mehr Solidarität der Frauen untereinander und ein informelles Informationsnetz ebenso wie Absprachen, wenn es um die Durchsetzung gemeinsamer Interessen geht.

- Parteien sollten bei ihrer Kandidatenaufstellung Kriterien berücksichtigen, die die Erfahrungen und Kenntnisse der Frauen im Sinne einer effektiven Kommunalpolitik gleichberechtigt mit einbeziehen. Sie sollten dafür Sorge tragen, daß der Anteil der Frauen in den Räten durch eine entsprechende Absicherung auf den Listen erreicht wird. Damit würden sie der Einstellung der nicht-aktiven Frauen, daß die Parteien die Frauen bei der Aufstellung der Kandidaten nicht genügend berücksichtigen, entgegenwirken.

- Da die ökonomische Abhängigkeit besonders für nichtberufstätige Frauen ein entscheidender hemmender Faktor für politische Partizipation zu sein scheint, müßte neben einer ausreichenden Aufwandentschädigung auch ein Entgelt für Ersatzkraft in der Familienarbeit gezahlt werden. Dieses ist nicht in allen Kommunen gegeben, könnte aber die Streßsituation, die sich infolge der Mehrfachbelastung für Frauen ergibt, erheblich entschärfen.

- Frauen müssen diskriminierendes Verhalten öffentlich ansprechen, entlarven, bewußt und somit "gesellschaftsunfähig" machen.

Neben gesellschaftspolitischen Rahmenbedingungen, wie mehr Kinderbetreuungsmöglichkeiten, kürzere Erwerbsarbeitszeiten für alle, Bewußtseinsveränderung bezüglich der Rolle der Frau in unserer Gesellschaft könnten diese Maßnahmen dazu beitragen, den vorhandenen Partizipationsanspruch der Frauen nachhaltig zu unterstützen, gesellschaftliche Vorurteile gegen politische Betätigung der Frauen abzubauen, Diskriminierungen durch Normalität zu ersetzen, Innovationen auf kommunaler Ebene freizusetzen und für Frauen eine Vereinbarkeit von Familie, Beruf und kommunalpolitischer Betätigung zu erleichtern.

Wenn diese Bedingungen erfüllt sind, müssen Frauen sich an ihrem individuellen Verhalten messen lassen, inwieweit sie bereit sind, in der Praxis der Kommunalpolitik politische Partizipation gleichberechtigt anzustreben.

LITERATURVERZEICHNIS

ADOLPHY, Erika: Einige Gedanken zu der Frage: Was ist eigentlich eine normale Frauenbiographie? in: Sozialwissenschaftliche Forschung Praxis für Frauen (Hrs.): Beiträge zur feministischen Theorie und Praxis, Weibliche Biographien 7, München 1982, S. 8 - 9

ALEMANN, Hein von: Der Forschungsprozeß. Eine Einführung in die Praxis der empirischen Sozialforschung. Stuttgart: Teubner 1977

ALEMANN, Ulrich von/FORNDRAN, Erhard: Methoden der Politikwissenschaft. Stuttgart-Berlin-Köln-Mainz: Kohlhammer Verlag 1974

- (Hrs.): Partizipation - Demokratisierung - Mitbestimmung. Opladen 1975

ALHEIT, Peter/GLASS, Christian: Beschädigtes Leben: Soziale Biogaphien arbeitsloser Jugendlicher. Ein soziologischer Versuch über die Entdeckung neuer Fragestellungen. Frankfurt-New York: Campus Verlag 1986

ALLENSBACHER Jahrbuch der Demoskopie 1976-77, Hrs. Noelle-Neumann, Wien-Innsbruck 1977

ALTERNATIVE Kommunalpolitik. Informationsdienst 4/84, Juli/August, 4. Jahrgang

AMMEN, Alfred: Die Frau in den Parteiprogrammen der CDU, FDP und SPD. in: Gegenwartskunde 3/71, S. 265 - 275

BADER, BERGER, GAUSSMANN, KNESEBECK: Gesellschaftstheorie 1 u. 2. Frankfurt/Main: Campus Verlag 1976

BAHR, Egon/MATTHÖFER, Hans/von OERTZEN, Peter: Vorwärts, Bonn Nr. 33 vom 16. August 1986

BAUER, Felix: Datenanalyse mit SPSS, Berlin-Heidelberg-New York-Tokio: Springer-Verlag 1984

BEBEL, August: Die Frau und der Sozialismus, Bonn 1977

- Die Sozialdemokratie und das allgemeine Stimmrecht, 1885

BECK-GERNSHEIM, Elisabeth: Vom "Dasein für andere" zum Anspruch auf ein Stück "eigenes Leben". Inidividualisierungsprozesse im weiblichen Lebenszusammenhang. in: Soziale Welt, 34. Jg., 3/1983, S. 307 - 340

- Das halbierte Leben. Männerwelt Beruf - Frauenwelt Familie. Frankfurt 1980

BELOTTI, Elena Gianini: Was geschieht mit kleinen Mädchen? München: Verlag Frauenoffensive 1975

BENNINGHAUS, Hans: Deskriptive Statistik. Stuttgart: Teubner 1982

BENZ, Wolfgang (Hrs.): Die Bundesrepublik Deutschland, Band 2: Gesellschaft. Frankfurt: Fischer TB-Verlag 1983

BERKMANN, Else: "Klagt nicht, organisiert Euch!". Frauen in den Kommunalparlamenten Baden-Württemberg. in: Der Bürger im Staat 1/1975, S. 23 - 25

BERNADONI, Claudia/WERNER, Vera: Erfolg statt Karriere. Deutsche UNESCO-Kommission, Bonn 1985

BESSLER, Hans-Jörg: Aussageanalyse, Bielefeld: Bertelsmann 1970

BINDER-WEHBERG, Friedelind: Ungleichbehandlung von Mann und Frau. Berlin: Duncker + Humblot 1970

BOCK, Ulla/WITYCH, Barbara: Bibliographie: Thema Frau. Bielefeld: AJZ Druck und Verlag 1980

BOCK-ROSENTHAL, Erika/HAASE, Christa/STREECK, Silvia: Wenn Frauen Karriere machen. Frankfurt-New York: Campus 1978

BÖHRET, Carl/JANN, Werner/JUNKERS, Marie Therese/KRONENWETT, Eva: Innenpolitik und politische Theorie. Opladen: Westdeutscher Verlag 1979

BRANDT, K.-W./BÜSSER, D./RUCHT, D.: Aufbruch in eine andere Gesellschaft. Neue soziale Bewegungen in der Bundesrepublik. Frankfurt-New York: Campus 1983

BREMME, Gabriele: Die politische Rolle der Frau in Deutschland. Göttingen: Vandenhoeck & Ruprecht 1956

BUNDESMINISTER für Jugend, Familie und Gesundheit (Hrs.): Empfehlungen zur Gestaltung von Bildungsangeboten für Frauen. Stuttgart: Kohlhammer Verlag 1982

CDU: Leitsätze der CDU: Die neue Partnerschaft zwischen Mann und Frau, Bonn

- Grundsatzprogramm, Bonn 1978

- Satzung der Frauenvereinigung

DAHRENDORF, Rolf: Über den Ursprung der Ungleichheit unter den Menschen, Tübingen: Mohr 1961

DANN, Otto: Gleichheit und Gleichberechtigung, Berlin: Duncker + Humblot 1980

DAS PARLAMENT, 33. Jg./Nr. 34 vom 27.08.1983

DEGENHADT, A./TRAUTNER, H. M. (Hrs.): Geschlechtstypisches. Mann und Frau in psychologischer Sicht, München: Beck (Beck'sche Schwarze Reihe, Bd. 205) 1979

DEUTSCHER Frauenrat (Hrs.): Informationen für die Frau, Sonderheft 4, Mehr Frauen in die Parlamente, 1980

DIE demokratische Gemeinde, Nr. 26/1974

DIE Niedersächsische Gemeinde, 36. Jg./Nr. 6, 1984

DOORMANN, Lottemi: Keiner schiebt uns weg: Zwischenbilanz der Frauenbewegung in der Bundesrepublik. Weinheim-Basel: Beltz 1979

- Willy Brandts Lösung der Frauenfrage. Zum 100. Erscheinungsjahr von August Bebels "Die Frau und der Sozialismus". in: Blätter für deutsche und internationale Politik 11/1978, S. 1357 - 1367

ECKART, Christel: Frauenarbeit in Familie und Fabrik. Forschungsbericht vom Institut für Sozialforschung Frankfurt. Frankfurt: Campus Verlag 1979

ECKERT, R. (Hrs.): Geschlechtsrollen und Arbeitsteilung. Mann und Frau in soziologischer Sicht. München: Beck (Beck'sche Schwarze Reihe Bd. 206) 1979

ENQUETE-KOMMISSION Frau und Gesellschaft (II) Zur Sache 1/81. Bonn 1981

FDP Die Liberalen: Gleichberechtigung durchsetzen, Bonn

- Konzentrierte Aktion für Frauen, Hannover 1985

FEUERSENGER, Marianne: Die garantierte Gleichberechtigung. Breisgau: Herder Verlag 1980

FLOHR, Heiner: Parteiprogramm in der Demokratie, Göttingen 1968

FRAU UND GESELLSCHAFT, Sozialdemokratischer Informationsdienst, November 1983, Dokumente Nr. 21

FRAUENFORSCHUNG: Sektion Frauenforschung in den Sozialwissenschaften in der DGS (Hrs.) Frankfurt-New York: Campus Verlag 1985

FRIEDRICHS, Jürgen: Methoden empirischer Sozialforschung. Reinbek: Rowohlt TB-Verlag 1973

FROEMER, Fried (Hrs.): Parteiprogramme. Leverkusen: Heggen-Verlag 1982

FÜLLER, Mechthild: Frauen in Partei und Parlament, Köln 1969

GRAUHAN, Rolf-Richard: Lokale Politikforschng Band 2. Frankfurt 1975

HAASIS, Hans-Arthur: Kommunalpolitik und Machtstruktur. Eine Sekundäranalyse deutscher empirischer Gemeindestudien. Frankfurt: Haag + Herchen 1978

HAGEMANN-WHITE, Carol: Können Frauen die Politik verändern? in: Aus Politik und Zeitgeschichte. Beilage zur Wochenzeitschrift "Das Parlament". B 9-10/87, 28.02.1987

HECK, Rita/KEINHORST, Annette (Hrs.): Frauen - Alltag - Politik. München: Minerva-Publikation 1986 (Kommunale Sozialpolitik 4)

HEINZE, Margarete: Politisches Bewußtsein der Frauen. München: Goldmann-Verlag 1971

HELLER, Kurt/ROSEMANN, Bernhard: Planung und Auswertung empirischer Untersuchungen. Stuttgart: Klett 1974

HELLWIG, Renate: Frauen verändern die Politik. Stuttgart: Verlag Bonn Aktuell 1975

HERZOG, Dietrich: Politische Karrieren. Selektion und Professionalisierung politischer Führungsgruppen. Opladen 1975

HOECKER, Beate: Politik: Noch immer kein Beruf für Frauen? in: Aus Politik und Zeitgeschichte. Beilage zur Wochenzeitschrift "Das Parlament". B 9-10/87, 28.02.1987

\- Frauen in der Politik. Opladen: Leske und Budrich 1987

HÖRNBURGER, Hortense: Papier ist geduldig - Die Umsetzung des EG-Rechts zur Gleichstellung von Frau und Mann in nationales Recht der Mitgliedstaaten. Frankfurter Hefte Nr. 7/1987

HOLM, Kurt (Hrs.): Die Befragung, Band 1 - 6. München: Francke-Verlag 1975

HOFMANN-GÖTTING, Joachim: Emanzipation mit dem Stimmzettel. Bonn: Verlag Neue Gesellschaft 1986

HOPF, Christel/NEVERMANN, Kurt/SCHMIDT, Ingrid: Wie kamen die Nationalsozialisten an die Macht: eine empirische Analyse von Deutungen im Unterricht. Frankfurt-New York: Campus Verlag 1985

HOPF, C. und WEINGARTEN, E. (Hrs.): Qualitative Sozialforschung. Stuttgart: Klett-Cotta 1979

INFAS-REPORT: Frau und Gesellschaft. Bonn-Bad Godesberg 1964

JAHN, Fritz: Niedersächsische Landkreisordnung 14. Aufl., Hannover: Boorberg Verlag 1986

JANSSEN-JURREIT, Marieluise: Sexismus. Über die Abtreibung der Frauenfrage. München-Wien 1976

KAACK, Heino: Geschichte und Struktur des deutschen Parteiensystems. Opladen 1971

KÖNIG, Rene: Das Interview, Formen - Technik - Auswertung. Köln: Verlag Kiepenheuer + Witsch 1974, Neue Auflage

- Soziologie der Gemeinde. Opladen: Westdeutscher Verlag 1972

- Grundform der Gesellschaft: Die Gemeinde. Hamburg: Rowohlt TB-Verlag 1958

- (Hrs.): Handbuch der empirischen Sozialforschung, Band 2: Grundlegende Methoden und Techniken, Erster Teil und zweiter Teil. Stuttgart: Enke Verlag 1973

- (Hrs.): Handbuch der empirischen Sozialforschung, Band 10: Großstadt - Massenkommunikation - Stadt-Land-Beziehungen. Stuttgart: Enke Verlag 1977

SCHEUCH, Erwin K.: Studien zum Interview. Meisenheim am Glan: Verlag Anton Hain 1973

KÖSER, Helmut (Hrs.): Die Bürger in der Gemeinde. Hamburg: Hoffmann und Campe 1979

KOHLHAGEN, Norgard: Nicht nur dem Manne Untertan. Frankfurt: Fischer TB-Verlag 1981

KOHLI, M.: "Offenes" und "geschlossenes" Interview: Neue Argumente zu einer alten Kontroverse. in: Soziale Welt 29/1978, S. 2 - 25

KREMMENDAHL, Hans: Einführung, in: FROEMER, Friedel (Hrs.): Parteiprogramme. Leverkusen 1982

KROMREY, Helmut: Empirische Sozialforschung. Opladen: Leske u. Budrich 1980

KUHN, Annette: "Wer die menschliche Gesellschaft will, muß die männliche Gesellschaft überwinden" - Gedanken zum Irseer Entwurf aus feministischer Sicht. Frankfurter Hefte Nr. 7/1987

KUNZ, Rainer/MAIER, Herbert/STAMMEN, Theo: Programme der politischen Parteien in der Bundesrepublik Deutschland. München: Beck-Verlag 1979

LANDKREIS GIFHORN: 85 Information. Planungsamt Gifhorn, Dezember 1985

LENK/NEUMANN: Theorie und Soziologie der politischen Parteien, Bd. 2, 1974

LEWENHAK, Sheila: Frauenarbeit: ihre soziale Stellung von der Steinzeit bis heute. München: Kösel Verlag 1981

LINNHOFF, Ursula: Die neue Frauenbewegung USA - Europa seit 1968. Köln 1974

LIPPERT, Ekkehard/RÖSSLER, Tjarlk: Weibliche Soldaten für die Bundeswehr? in: Aus Politik und Zeitgeschichte. Beilage zur Wochezeitung "Das Parlament", B 8/1981, S. 11 - 21

LISCH, Ralf/KRITZ, Jürgen: Grundlagen und Modelle der Inhaltsanalyse. Reinbek: Rowohlt 1978

MABRY, Hannelore: Unkraut in Parlament. Gießen-Lollar: Achenbach Verlag 1974, 2. akt. Auflage

MARTINY, Anke: Wer nicht kämpft, hat schon verloren. Frauen und der Mut zur Macht. Reinbek 1968

MATTHÄUS, Hildegard: Sind unsere Kommunalpolitiker Kavaliere? oder Die Stellung der Frau in der Kommunalpolitik. Kommunalpolitische Blätter 14/1970, S. 869 - 870

MAUNZ/DÜRIG/HERZOG: Grundgesetz Kommentar. München: Beck-Verlag

MAYNTZ, Renate/HOLM, Kurt/HÜBNER, Peter: Einführung in die Methoden der empirischen Soziologie. Opladen: Westdeutscher Verlag 1978, 5. Aufl.

MAYRING, Philipp: Qualitative Inhaltsanalyse. Grundlagen und Techniken. Weinheim und Basel: Beltz Verlag 1983

MENSCHIK, Jutta: Gleichberechtigung oder Emanzipation? Frankfurt 1971

MERTEN, Klaus: Inhaltsanalyse: Einführung in Theorie, Methode und Praxis. Opladen: Westdeutscher Verlag 1983

METTKE, Jörg R. (Hrs.): Die Grünen - Regierungspartner von morgen? Reinbek: Rowohlt TB-Verlag 1982

MEYER, Birgit: Frauen an die Macht?! Politische Strategien zur Durchsetzung der Gleichberechtigung von Mann und Frau. in: Aus Politik und Zeitgeschichte. Beilage zur Wochenzeitschrift "Das Parlament", B 9-10/87, 28.02.1987

MICHEL, Karl Markus/SPENGLER, Tilmann: Kursbuch, Die Mutter (76). Berlin Kursbuch-Verlag 1984

MÜNDER, Johannes/SLUPIK, Vera/SCHMIDT-BOTT, Regula: Rechtliche und politische Diskriminierung von Mädchen und Frauen. Opladen: Leske + Budrich 1984

NASSMACHER, Hiltrud/NASSMACHER, Karl-Heinz: Kommunalpolitik in der Bundesrepublik. Möglichkeiten und Grenzen. Opladen: Leske + Budrich 1979

NAVE-HERZ, Rosemarie: Die Geschichte der Frauenbewegung in Deutschland. Schriftenreihe der Niedersächsischen Landeszentrale für Politische Bildung 1982

NIEDERSÄCHSISCHES Landesverwaltungsamt - Statistik: Statistik Niedersachsen: Kommunalwahlen am 27.09.1981, Hannover 1981

OPP, Karl-Dieter: Methodologie der Sozialwissenschaften. Reinbek: Rowohlt TB-Verlag 1976

ORIENTIERUNGSRAHMEN 85 der SPD. Bonn 1985

PAUL, Regine: Zum Entstehungsprozeß politischer Handlungsbereitschaft. Unveröffentlichte Diplomarbeit am Fachbereich 2, Gesellschafts- und Planungswissenschaften, Institut für Psychologie, Technische Universität Berlin

PETERMANN, Franz: Einstellungsmessung - Einstellungsforschung. Göttingen: Verlag für Psychologie 1980

PREISER, Siegfried (Hrs.): Kognitive und emotionale Aspekte politischen Engagements. Weinheim und Basel: Beltz-Verlag 1982

PRESSE und Informationsamt der Bundesregierung (Hrs.): Politik für Frauen. Bonn 1986

PROSS, Helge: Von der Rechtsgleichheit zur Gleichberechtigung. in: Aus Politik und Zeitgeschichte. Beilage zur Wochenzeitschrift "Das Parlament", B 45/81, 07.11.1981

- Die Männer. Reinbek: Rowohlt-Verlag 1984

RATH, Eva: Küche und Parlament. Kronshagen: Morgenroth-Verlag 1982

REES, John: Soziale Gleichheit. Anspruch und Wirklichkeit eines politischen Begriffs. Frankfurt-New York: Herder-Verlag 1974

REICH-HILWEG: Männer und Frauen sind gleichberechtigt. Art. 3 Abs. 2 GG. Frankfurt: Europäische Verlagsanstalt 1979

RENGER, Annemarie: Freiheit der Lebensgestaltung für Mann und Frau. Frankfurter Hefte 7/1987

RENTMEISTER, Cillie: Frauenwelten - Männerwelten. Opladen: Leske + Budrich 1985

RICHTLINIEN für die Arbeitsgemeinschaft sozialdemokratischer Frauen, 1972

RICKERT, Heinrich: Zur Lehre von der Definition. Tübingen: Morh Verlag 1929

RITSERT, Jürgen: Inhaltsanalyse und Ideologiekritik. Ein Versuch über kritische Sozialforschung. Frankfurt: Athenäum Fischer TB-Verlag 1972

ROEMHELD, Regine in: VOIGT, Rüdiger (Hrs.): Handwörterbuch zur Kommunalpolitik. Opladen: Westdeutscher Verlag 1986

ROTH, Erwin: Sozialwissenschaftliche Methoden. München-Wien: Oldenbourg Verlag 1984

ROTH, Karin u. a.: Träumen verboten. Gewerkschaftliche Frauenpolitik für die 90er Jahre. Hamburg: VSA-Verlag 1984

SANDMANN-BREMME, Gabriele (Hrs.): Frauen in Partei und Parlament. Köln: Vrlag Wissenschaft und Politik 1969

SCHAUMBERGER, Christine: Visionär und konkret: Frauenmacht. Frankfurter Hefte 1/1987

SCHEU, Ursula: Wir werden nicht als Mädchen geboren - wir werden dazu gemacht. Frankfurt: Fischer TB-Verlag 1980

SCHMITZ, Mathias: Parteien als Partizipationssysteme. in: Studien zur Kommunalpolitik. Strukturprobleme des lokalen Parteiensystems, herausgegeben von der Konrad-Adenauer-Stiftung 1975, S. 161 - 234

SCHNEIDER, Herbert: Lokalpolitik in einer Landgemeinde. in: Aus Politik und Zeitgeschichte. Beilage zur Wochenzeitschrift "Das Parlament". B 3/77

SEE, Hans: Grundwissen einer kritischen Kommunalpolitik. Köln: Kiepenheuer & Witsch 1975

SPECK, J.: Handbuch wissenschaftstheoretischer Begriffe, Band 1 - 3, Göttingen: Vandenhoeck + Ruprecht 1980

SPD-Vorstand, Bonn (Hrs.): Beschluß zur Gleichstellung der Frauen in der SPD und Beschluß zu Verhaltensregeln

STADT Braunschweig: Braunschweig in der Statistik. Sechzehnte Folge 1984, Amt für Statistik und Stadtforschung, Braunschweig Dezember 1984

STADT Braunschweig: Braunschweiger Statistischer Monatsbericht: Ergebnisse der Kommunalwahlen vom 27. September 1981. Ratswahl und Stadtbezirksratswahl, Dezember 1981

STADT Gifhorn: Daten, Fakten, Zahlen 86, Gifhorn

STATISTIK des Niedersächsischen Wahlleiters: Schnellbrief KW 81/12 - LWL - 320/24, Hannover

STATISTISCHES Jahrbuch Deutscher Gemeinden 1981

STRECKER, Gabriele: Der Weg der Frauen in die Politik. Bonn 1965

STRELITZ, Haidi: Frauen in der kommunalen Politik (I und II. in: Die demokratische Gemeinde 2/1974, 3/1974

TASCHENATLAS Wahlen in der Bundesrepublik Deutschland. Braunschweig: Höller und Zwick 1986

THIELE, Grete (Hrs.): Kommunalpolitik. Gegenwart und Perspektive. Frankfurt: Verlag Marxistische Blätter 1980

THIELE, Robert: Niedersächsische Gemeindeordnung, 25. Aufl., Deutscher Gemeindeverlag. Hannover 1986

TILLMANN, Berthold/Friedrich-Ebert-Stiftung (Hrs.): Kommunale Politik, Bonn 1978

TWELLMANN, Margrit: Die deutsche Frauenbewegung. Ihre Anfänge und erste Entwicklung 1843 - 1889. Kronberg: Athenäum Verlag 1976

VOIGT, Rüdiger: Handwörterbuch zur Kommunalpolitik. Opladen: Westdeutscher Verlag 1984

VOIGT, Rüdiger: Kommunalpolitik im ländlichen Raum. Ein Plädoyer für die Wiederbelebung der lokalen Politik. in: Aus Politik und Zeitgeschichte. Beilage zur Wochenzeitschrift "Das Parlament", B 46-47/86, 15.11.1986

VORHOLZ, Angelika: Sozialdemokratie und Frauen, 1908 - 1914 in Düsseldorf. Reinbek: Rowohlt 1982

WALD, Renate: Das war die Antwort auf meine Fragen: Berufliche Nachqualifizierung als Lernprozeß in der Lebensgeschichte erwachsener Frauen. in: Gegenwartskunde, Heft 2/86, S. 203 - 216

WARNAT, Bernd: Gleichberechtigung von Männern und Frauen - Ist der Staat am Zuge? in: Aus Politik und Zeitgeschichte. Beilage zur Wochenzeitschrift "Das Parlament", B 45/81, 7.11.81

WEHLING, Hans-Georg: Kommunalepolitik in der Bundesrepublik Deutschland. Berlin: Colloquim Verlag 1986

- (Hrs.): Dorfpolitik. Opladen 1978

WICKERT, Christel: Zwischen Familie und Parlament. Kassel 1983

WIGGERSHAUS, Renate: Feministische Positionen. in: Aus Politik und Zeitgeschichte. Beilage zur Wochenzeitschrift "Das Parlament", B 45/81, 07.11.1981

- Geschichte der Frauen und der Frauenbewegung (BRD + DDR nach 1945). Wuppertal: Hammer-Verlag 1979

WINDHOFF-HERITIER, Adrienne: Sind Frauen so, wie Freud sie sah? Weiblichkeit und Wirklichkeit. Reinbek: Rowohlt 1976

WISBAR, Renate: Frauenpolitik in der Bundesrepublik und die Entwicklung politischen Bewußtseins. in: Demokratische Erziehung 2/1975, S. 14 - 21

WITZEL, Andreas: Verfahren der qualitativen Sozialforschung: Überblick und Alternativen. Frankfurt-New York: Campus 1982

ZEDLER, Peter/MOSER, Heinz (Hrs.): Aspekte qualitativer Sozialforschung: Studien zur Aktionsforschung, empirischer Hermeneutik und reflexibler Sozialtechnologie. Opladen: Leske u. Budrich 1983

ZWEIWOCHENDIENST (Hrs.): Frauen und Politik, Nr. 0 - Juni/Juli 1986. Bonn 1986